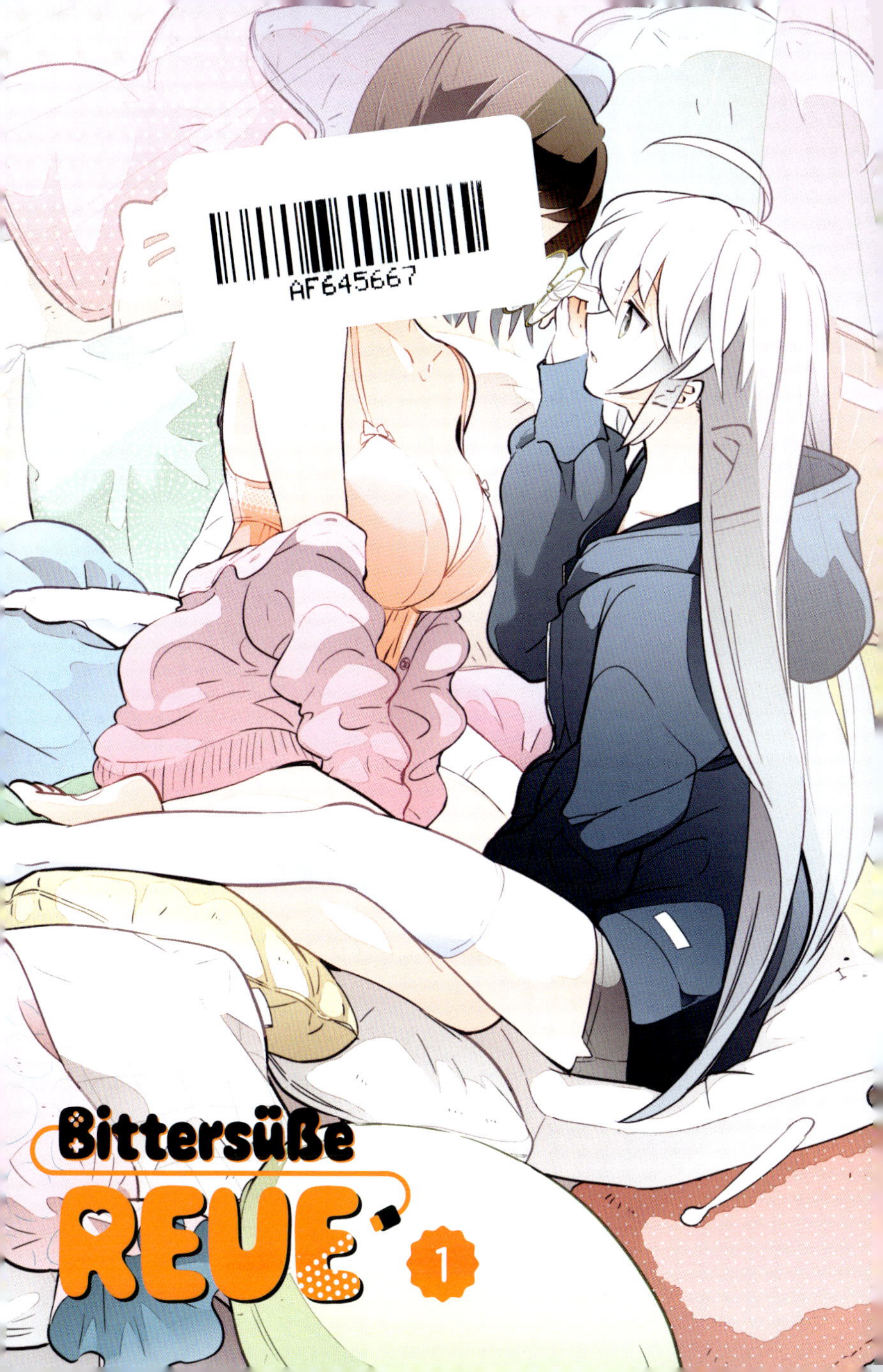
Bittersüße
REUE
1

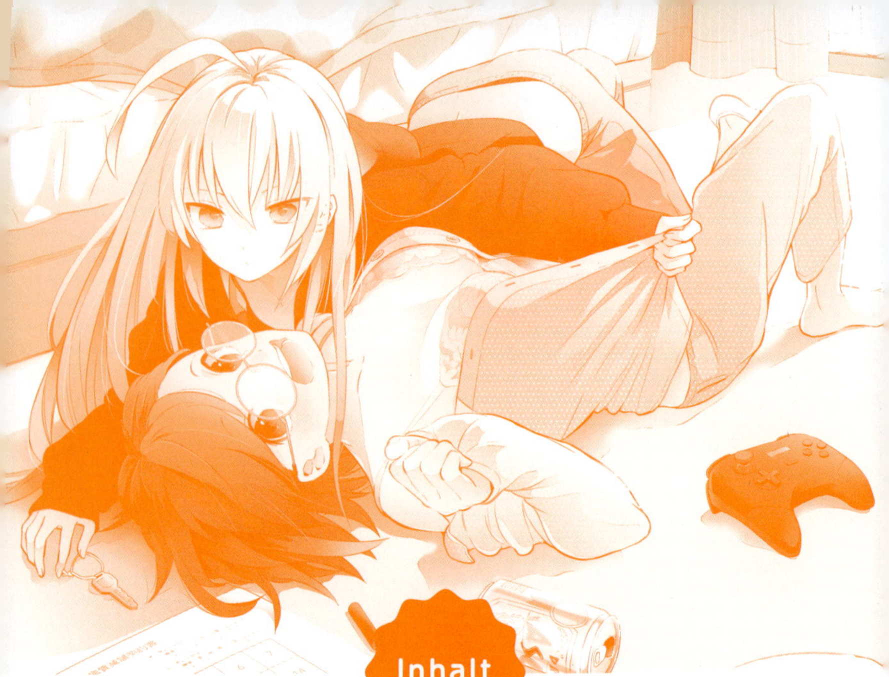

Inhalt

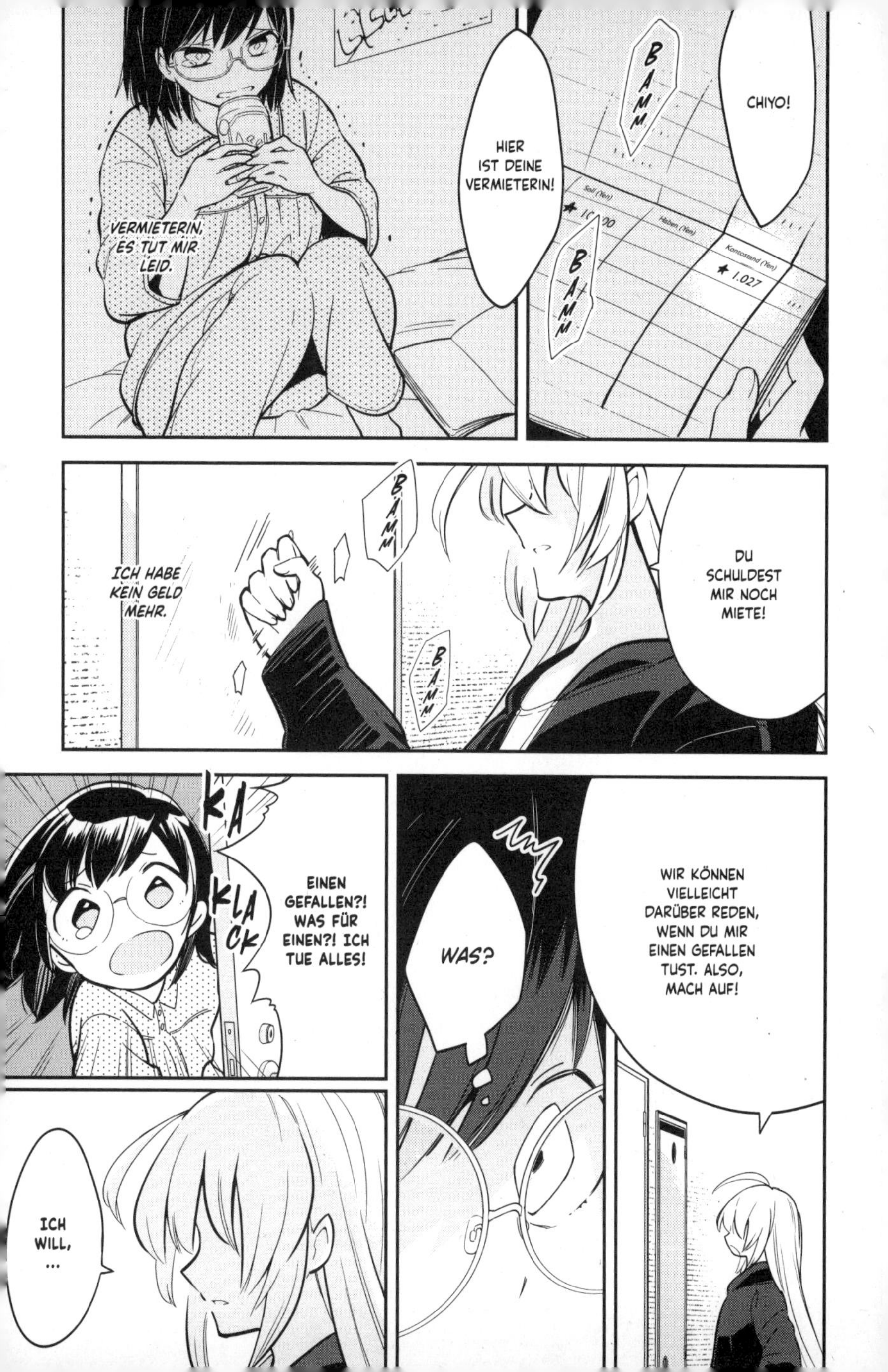
CHIYO!
BAMM
HIER IST DEINE VERMIETERIN!
BAMM
Kontostand (Yen)
1.027
VERMIETERIN, ES TUT MIR LEID.
BÄMM
DU SCHULDEST MIR NOCH MIETE!
BÄMM
ICH HABE KEIN GELD MEHR.
WIR KÖNNEN VIELLEICHT DARÜBER REDEN, WENN DU MIR EINEN GEFALLEN TUST. ALSO, MACH AUF!
WAS?
KA
KLACK
EINEN GEFALLEN?! WAS FÜR EINEN?! ICH TUE ALLES!
ICH WILL, ...

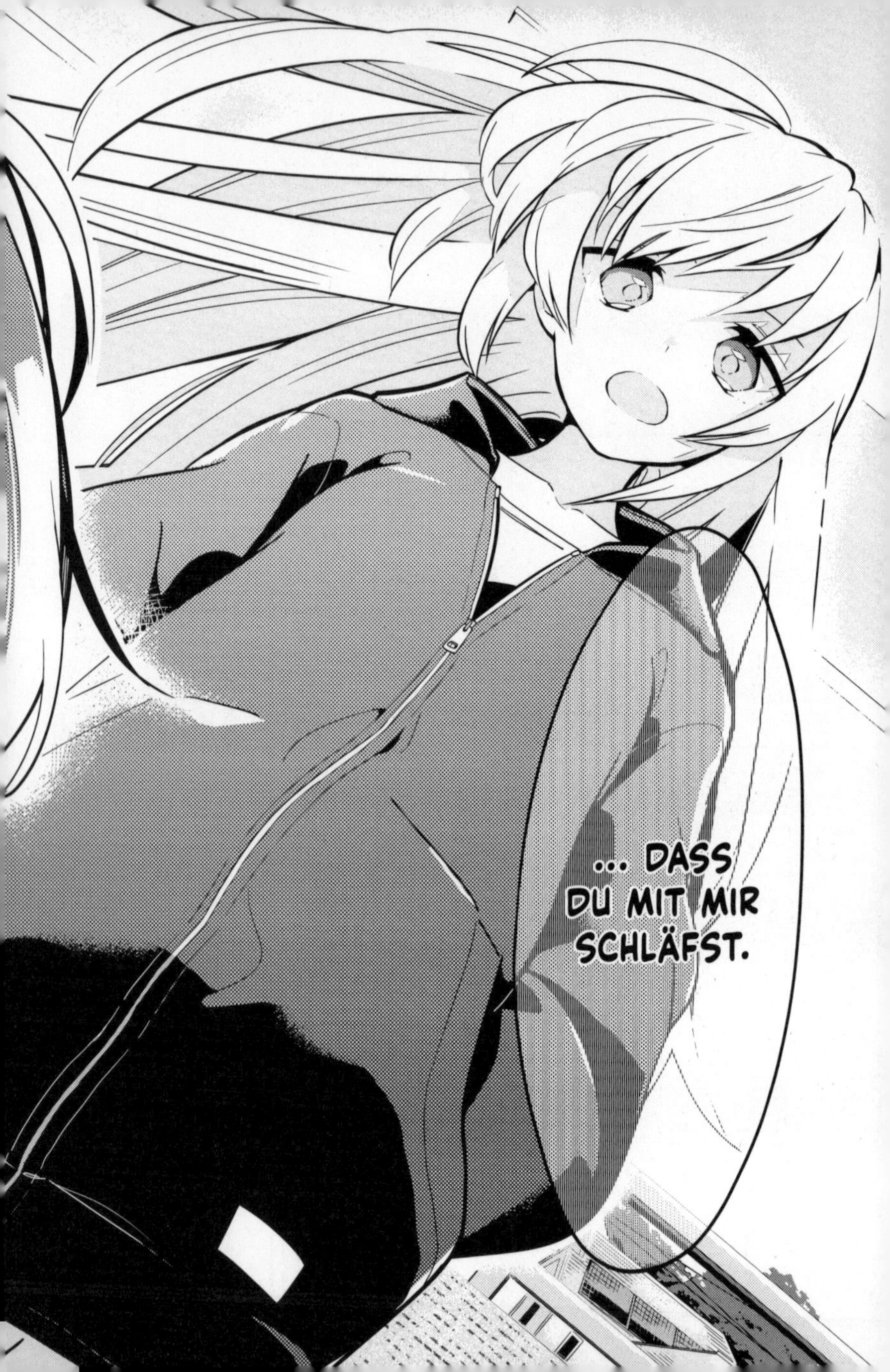
... DASS DU MIT MIR SCHLÄFST.

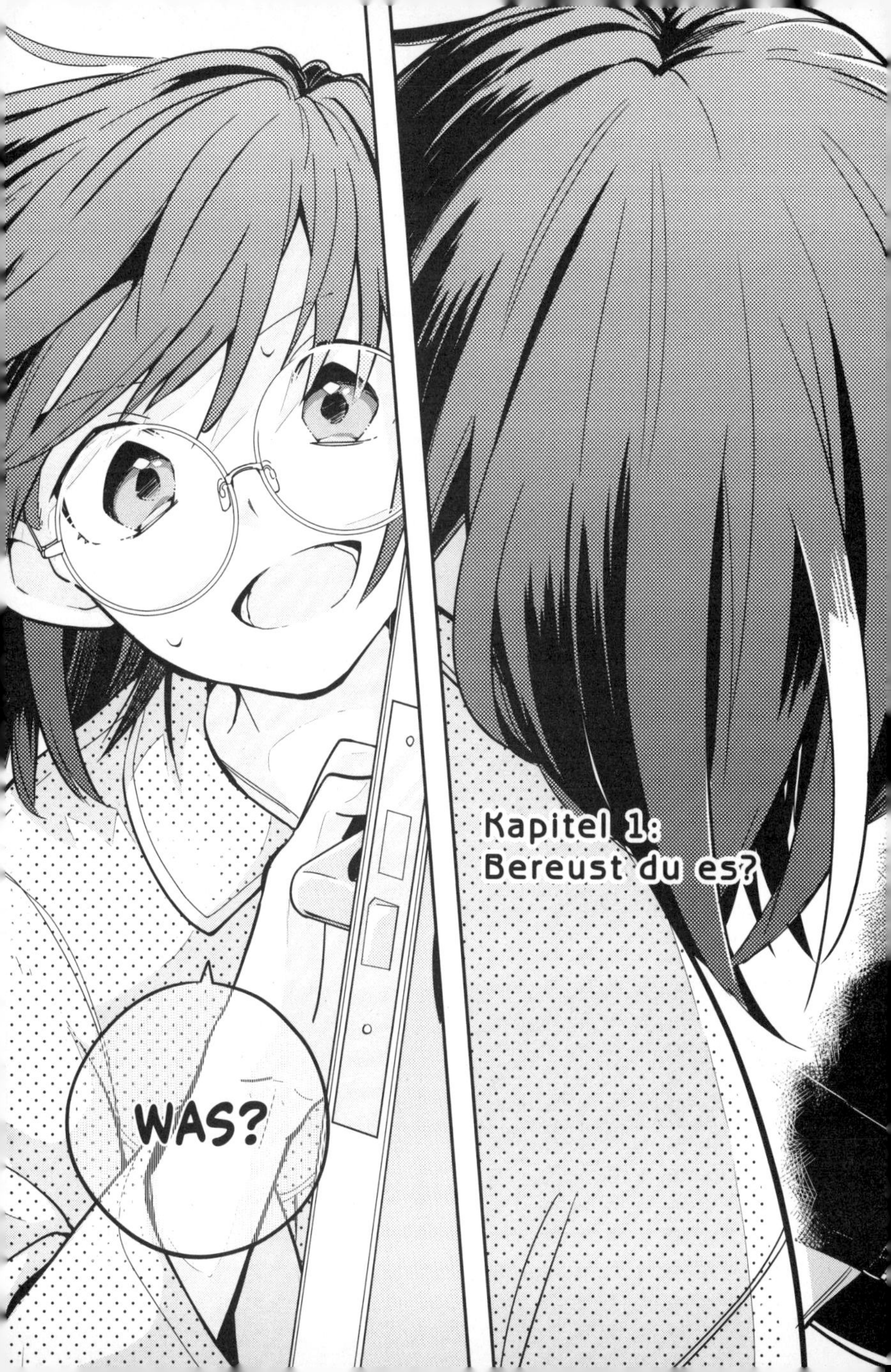
Kapitel 1:
Bereust du es?
WAS?

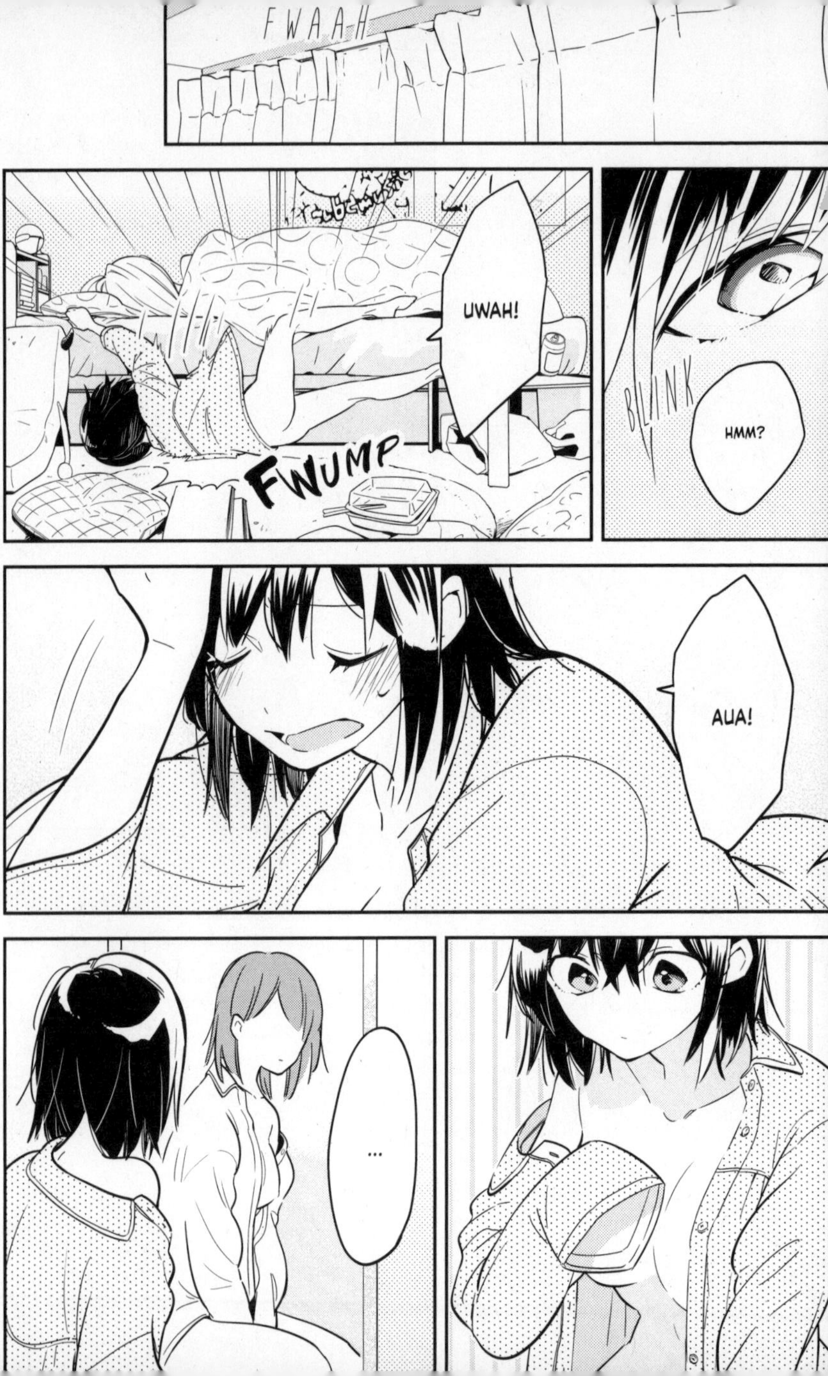
FWAAH
BLINK
HMM?
UWAH!
FWUMP
AUA!
...

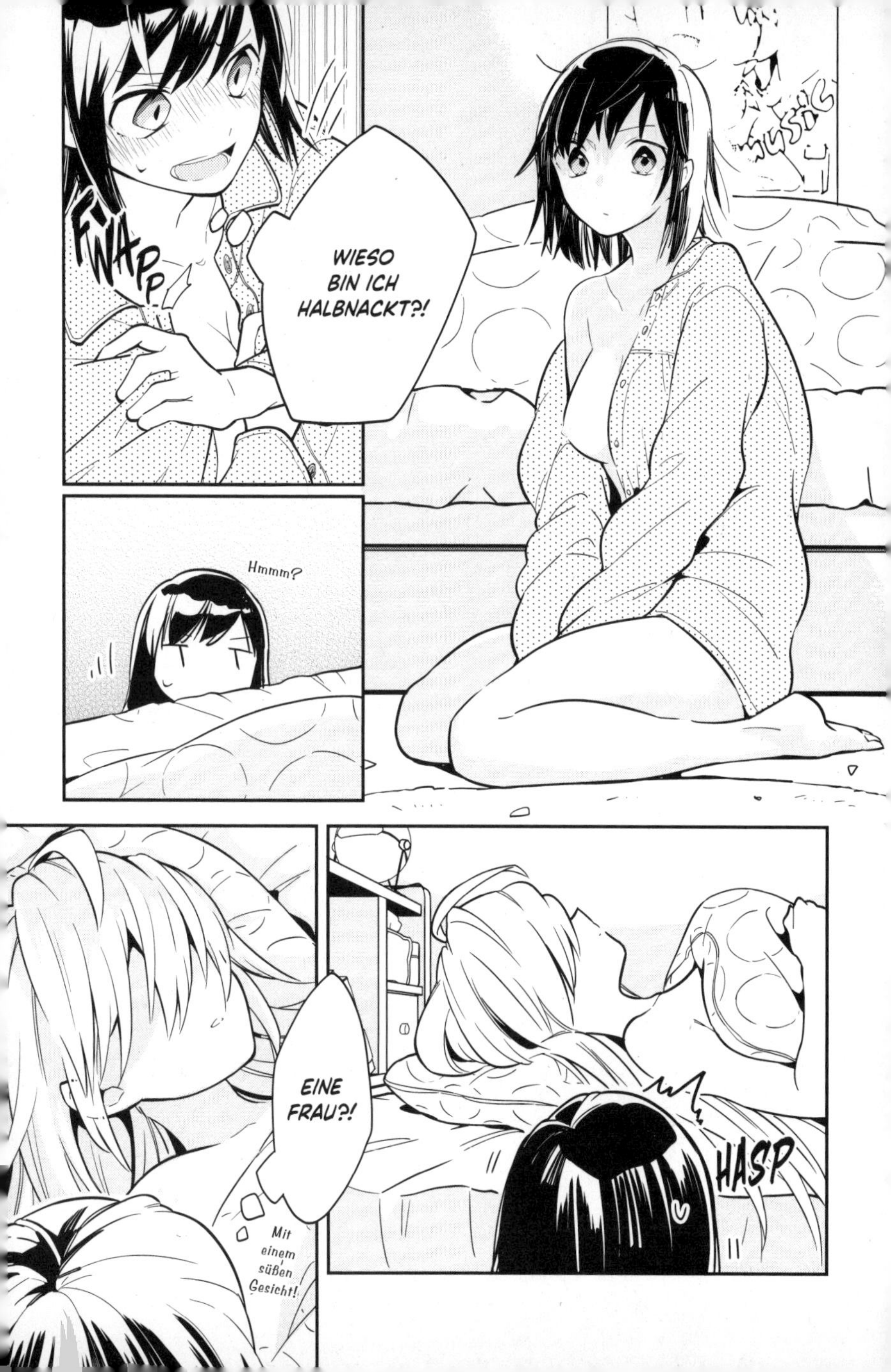

FWAPP
WIESO BIN ICH HALBNACKT?!
Hmmm?
EINE FRAU?!
Mit einem süßen Gesicht!
HASP

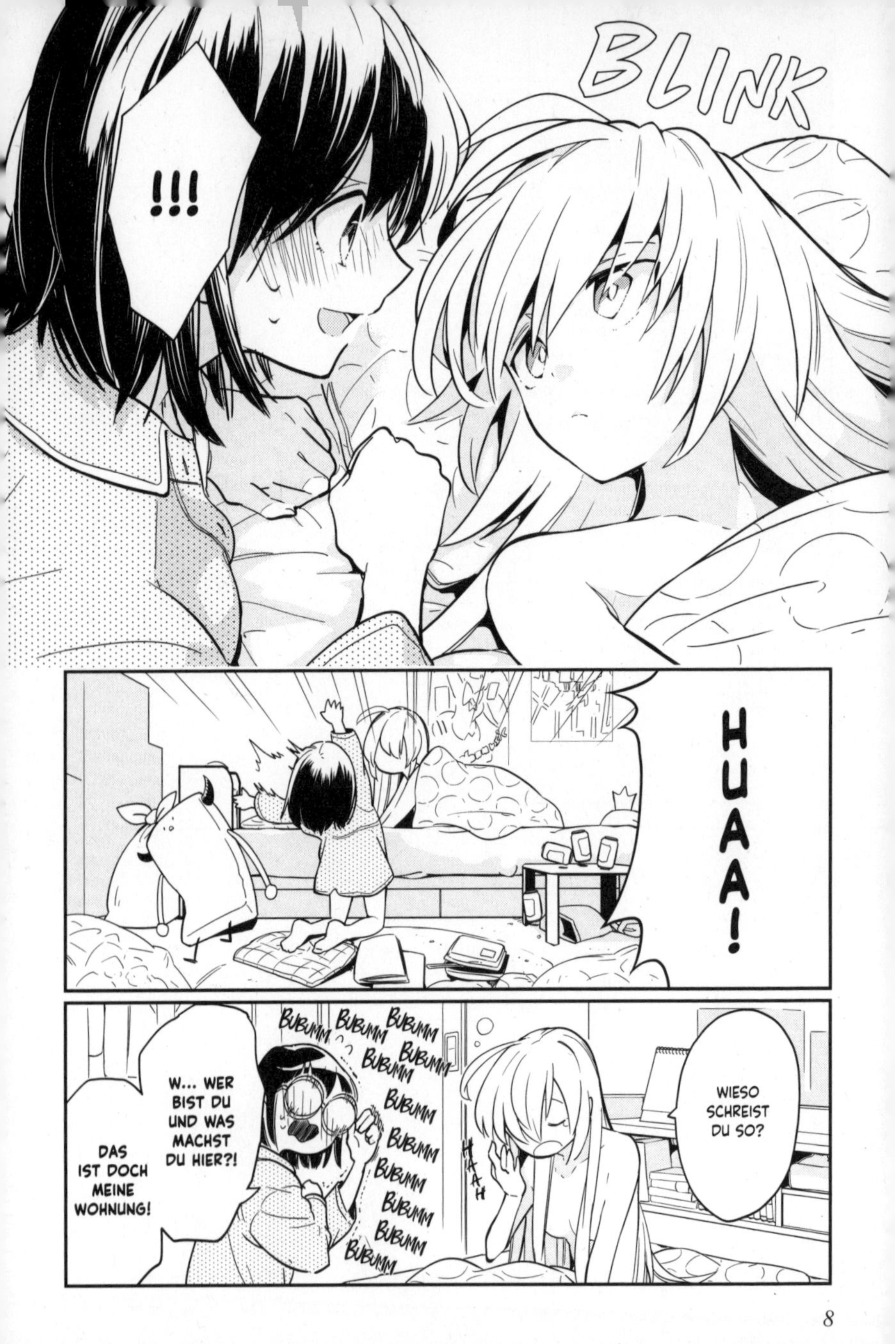
BLINK
!!!
HUAA!
WIESO SCHREIST DU SO?
HAAH
BUBUMM BUBUMM BUBUMM BUBUMM BUBUMM BUBUMM BUBUMM BUBUMM BUBUMM BUBUMM BUBUMM BUBUMM
W... WER BIST DU UND WAS MACHST DU HIER?!
DAS IST DOCH MEINE WOHNUNG!

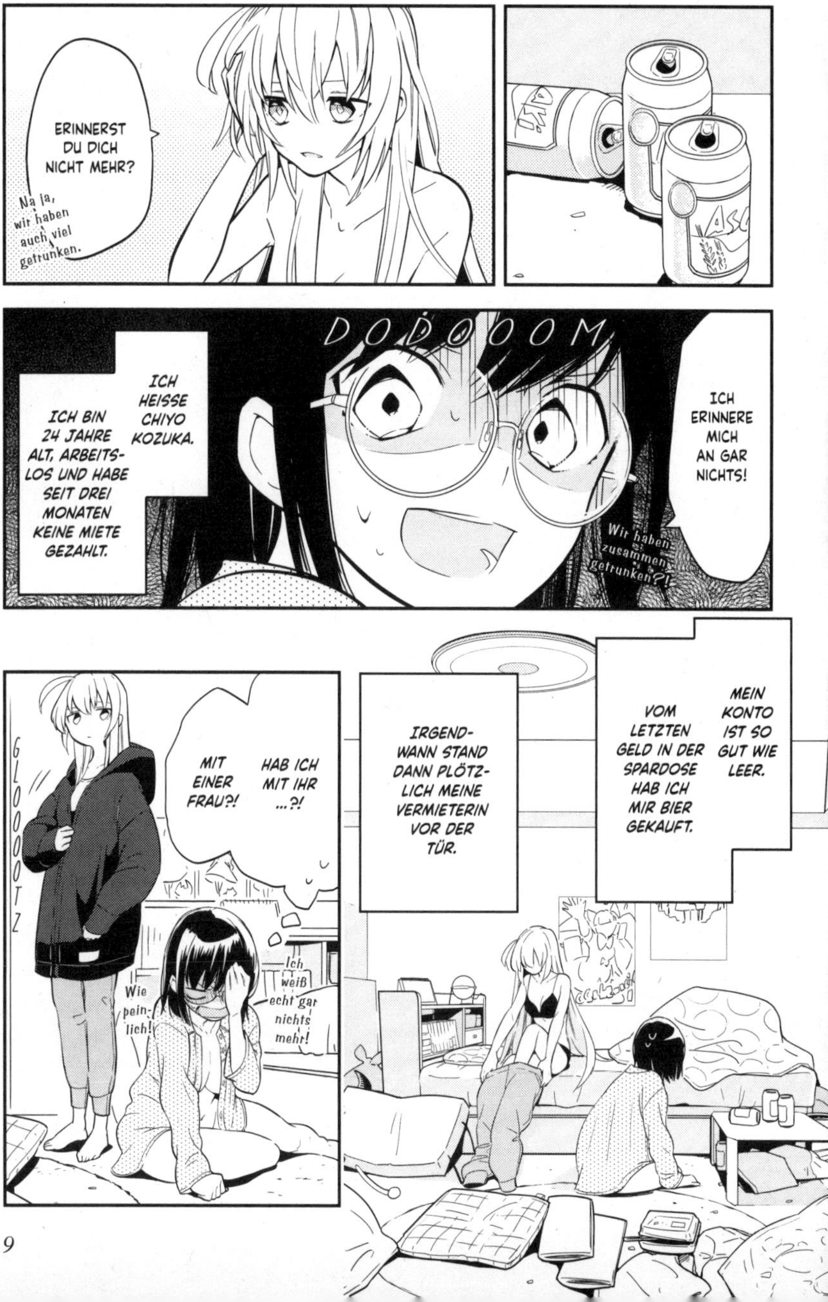
ERINNERST DU DICH NICHT MEHR?
Na ja, wir haben auch viel getrunken.
DODOOOM
ICH ERINNERE MICH AN GAR NICHTS!
Wir haben zusammen getrunken?!
ICH HEISSE CHIYO KOZUKA.
ICH BIN 24 JAHRE ALT, ARBEITS-LOS UND HABE SEIT DREI MONATEN KEINE MIETE GEZAHLT.
MEIN KONTO IST SO GUT WIE LEER.
VOM LETZTEN GELD IN DER SPARDOSE HAB ICH MIR BIER GEKAUFT.
IRGEND-WANN STAND DANN PLÖTZ-LICH MEINE VERMIETERIN VOR DER TÜR.
HAB ICH MIT IHR ...?!
MIT EINER FRAU?!
Ich weiß echt gar nichts mehr!
Wie pein-lich!
GLOOOOOOTZ

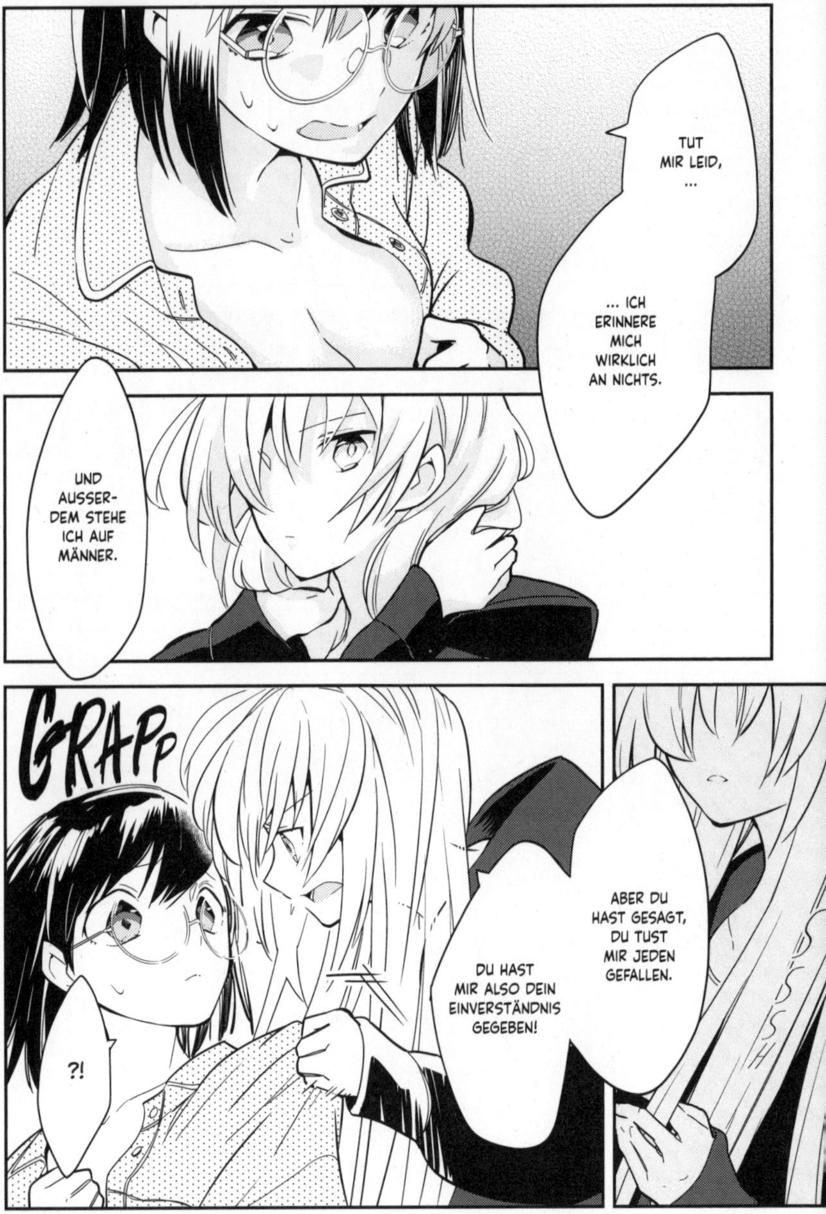
TUT MIR LEID, ...
... ICH ERINNERE MICH WIRKLICH AN NICHTS.
UND AUSSER-DEM STEHE ICH AUF MÄNNER.
ABER DU HAST GESAGT, DU TUST MIR JEDEN GEFALLEN.
DU HAST MIR ALSO DEIN EINVERSTÄNDNIS GEGEBEN!
GRAPP
?!

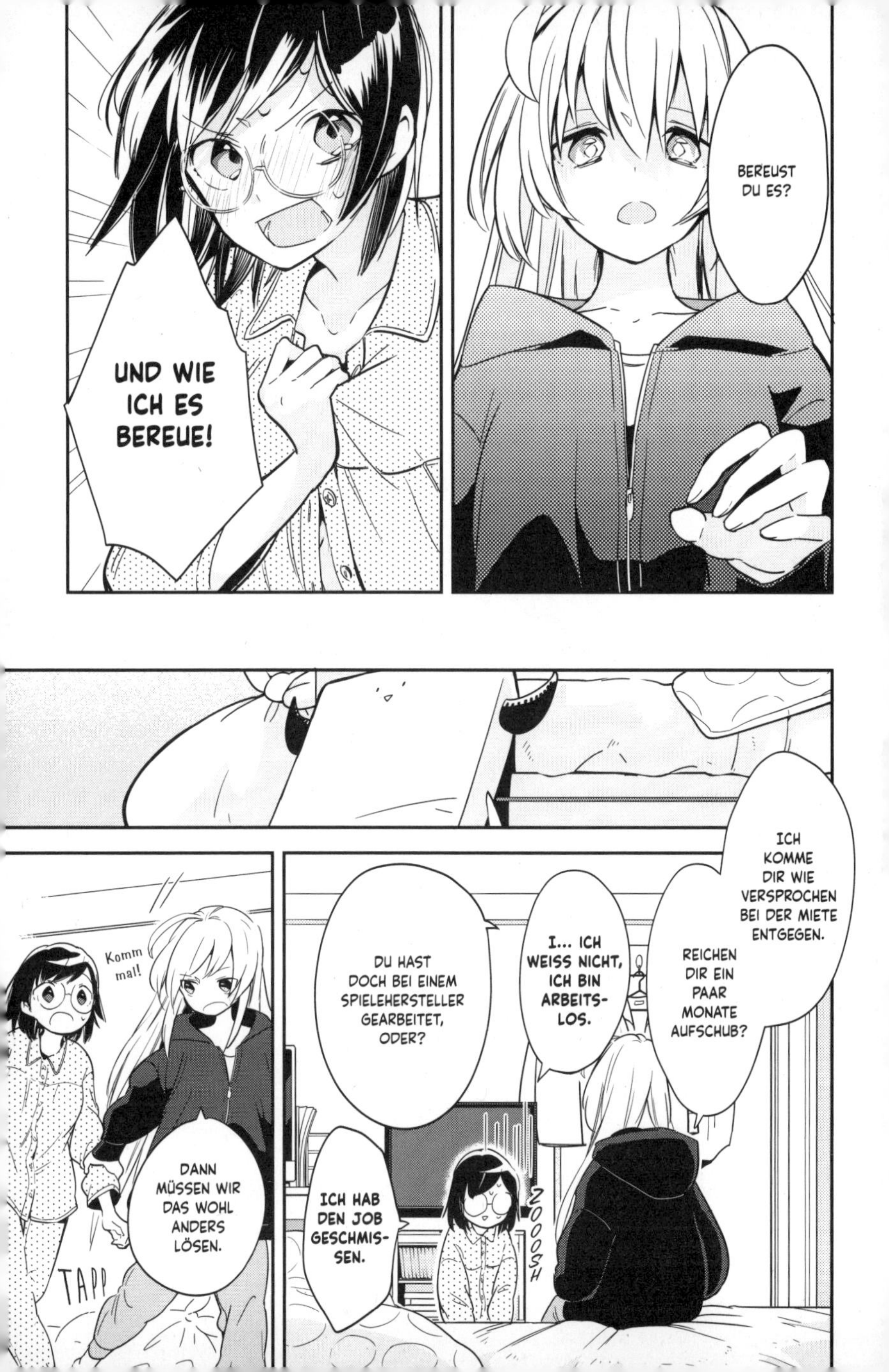

BEREUST DU ES?
UND WIE ICH ES BEREUE!
ICH KOMME DIR WIE VERSPROCHEN BEI DER MIETE ENTGEGEN.
REICHEN DIR EIN PAAR MONATE AUFSCHUB?
I... ICH WEISS NICHT, ICH BIN ARBEITSLOS.
DU HAST DOCH BEI EINEM SPIELEHERSTELLER GEARBEITET, ODER?
ICH HAB DEN JOB GESCHMISSEN.
ZOOOOSH
Komm mal!
DANN MÜSSEN WIR DAS WOHL ANDERS LÖSEN.
TAPP

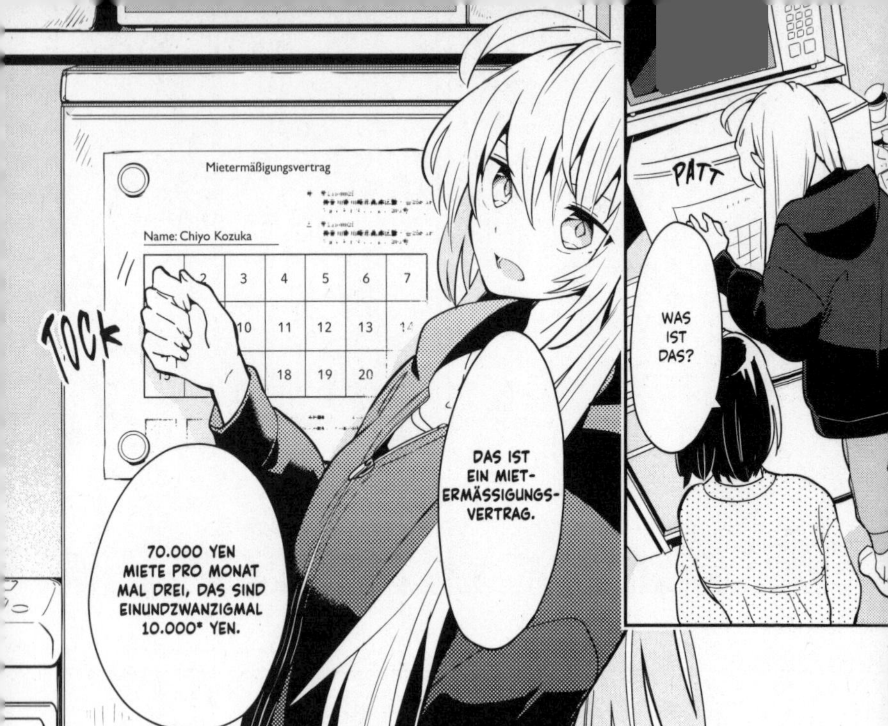

*10.000 Yen sind ca. 62 Euro.

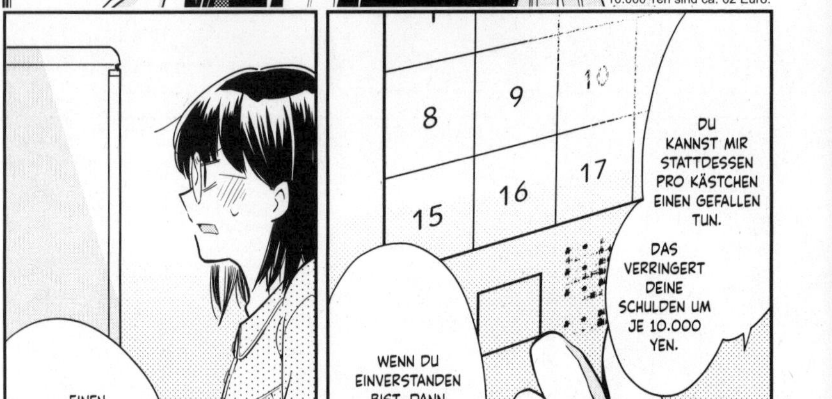

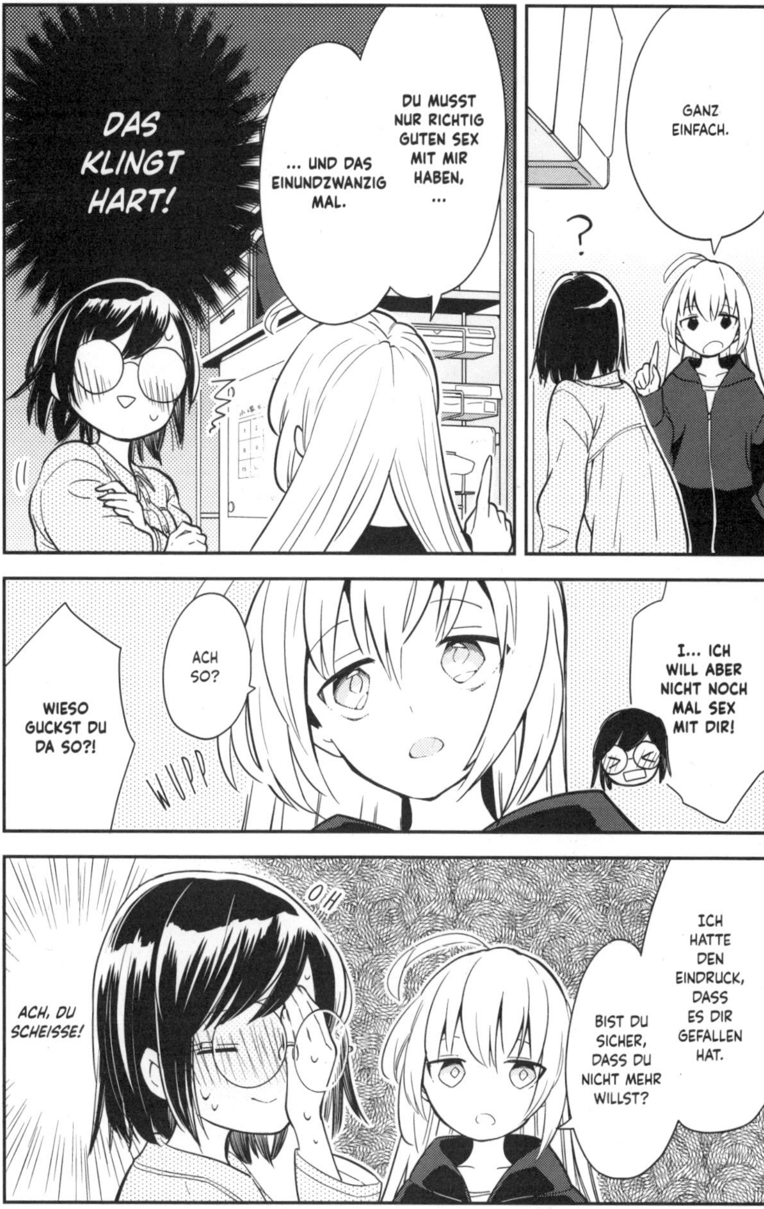
GANZ EINFACH.
?
DU MUSST NUR RICHTIG GUTEN SEX MIT MIR HABEN, ...
... UND DAS EINUNDZWANZIG MAL.
DAS KLINGT HART!
I... ICH WILL ABER NICHT NOCH MAL SEX MIT DIR!
ACH SO?
WUPP
WIESO GUCKST DU DA SO?!
ICH HATTE DEN EINDRUCK, DASS ES DIR GEFALLEN HAT.
BIST DU SICHER, DASS DU NICHT MEHR WILLST?
OH
ACH, DU SCHEISSE!

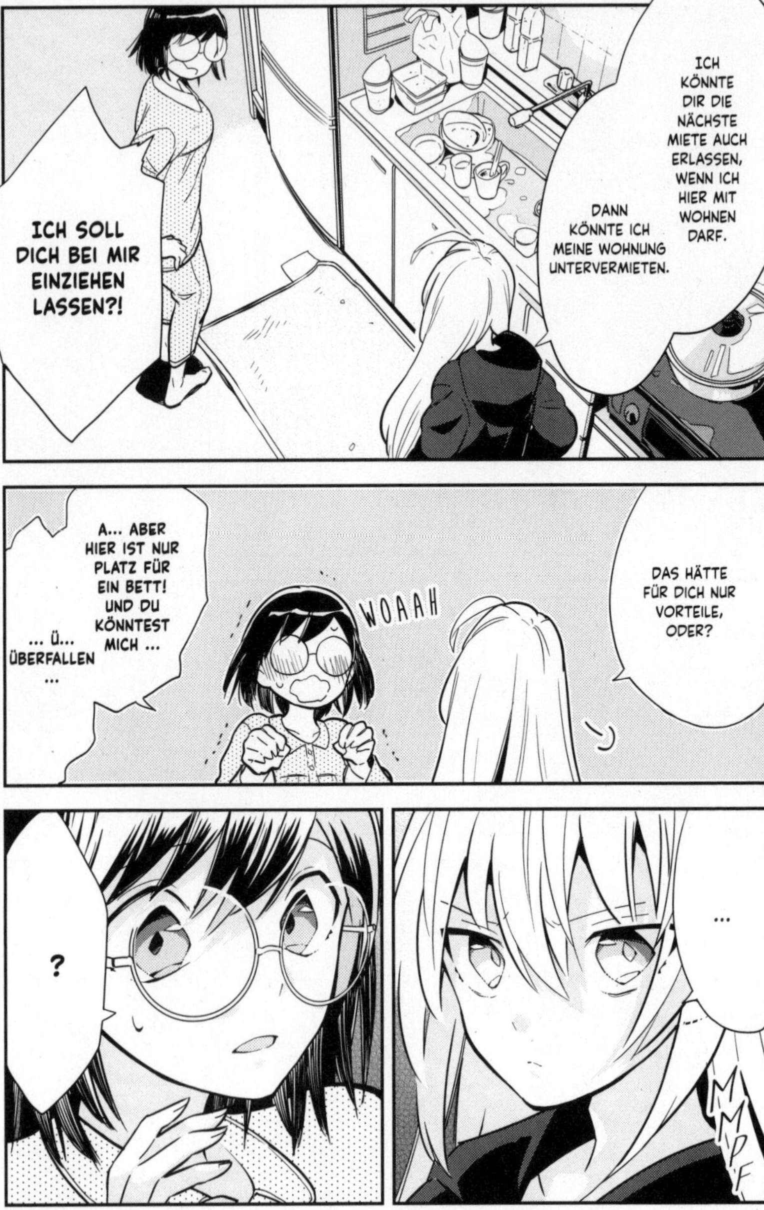
ICH KÖNNTE DIR DIE NÄCHSTE MIETE AUCH ERLASSEN, WENN ICH HIER MIT WOHNEN DARF.
DANN KÖNNTE ICH MEINE WOHNUNG UNTERVERMIETEN.
ICH SOLL DICH BEI MIR EINZIEHEN LASSEN?!
DAS HÄTTE FÜR DICH NUR VORTEILE, ODER?
WOAAH
A... ABER HIER IST NUR PLATZ FÜR EIN BETT! UND DU KÖNNTEST MICH ...
... Ü... ÜBERFALLEN ...
...
MMPF
?

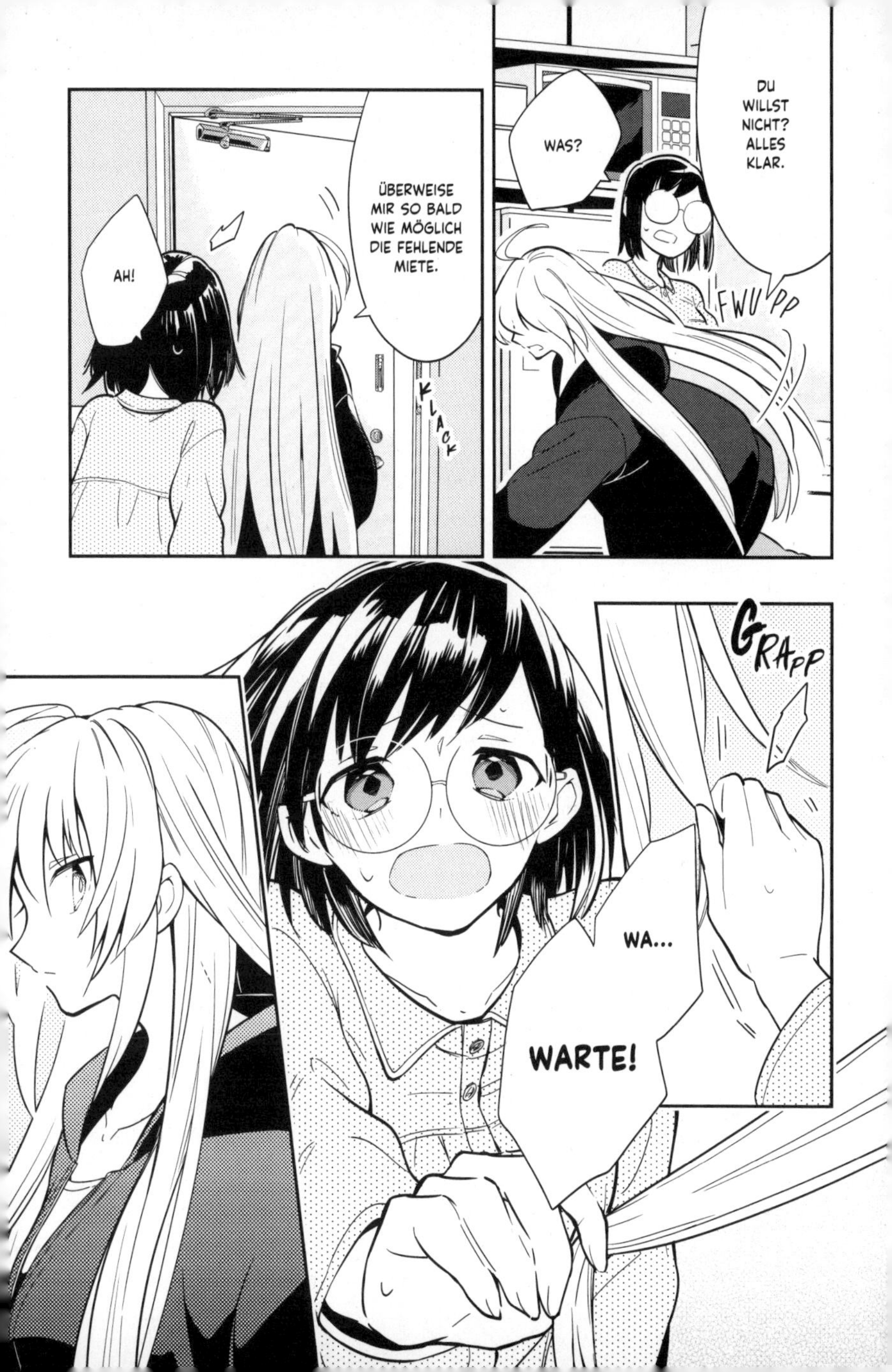
WAS?
DU WILLST NICHT? ALLES KLAR.
FWUPP
ÜBERWEISE MIR SO BALD WIE MÖGLICH DIE FEHLENDE MIETE.
KLACK
AH!
GRAPP
WA...
WARTE!

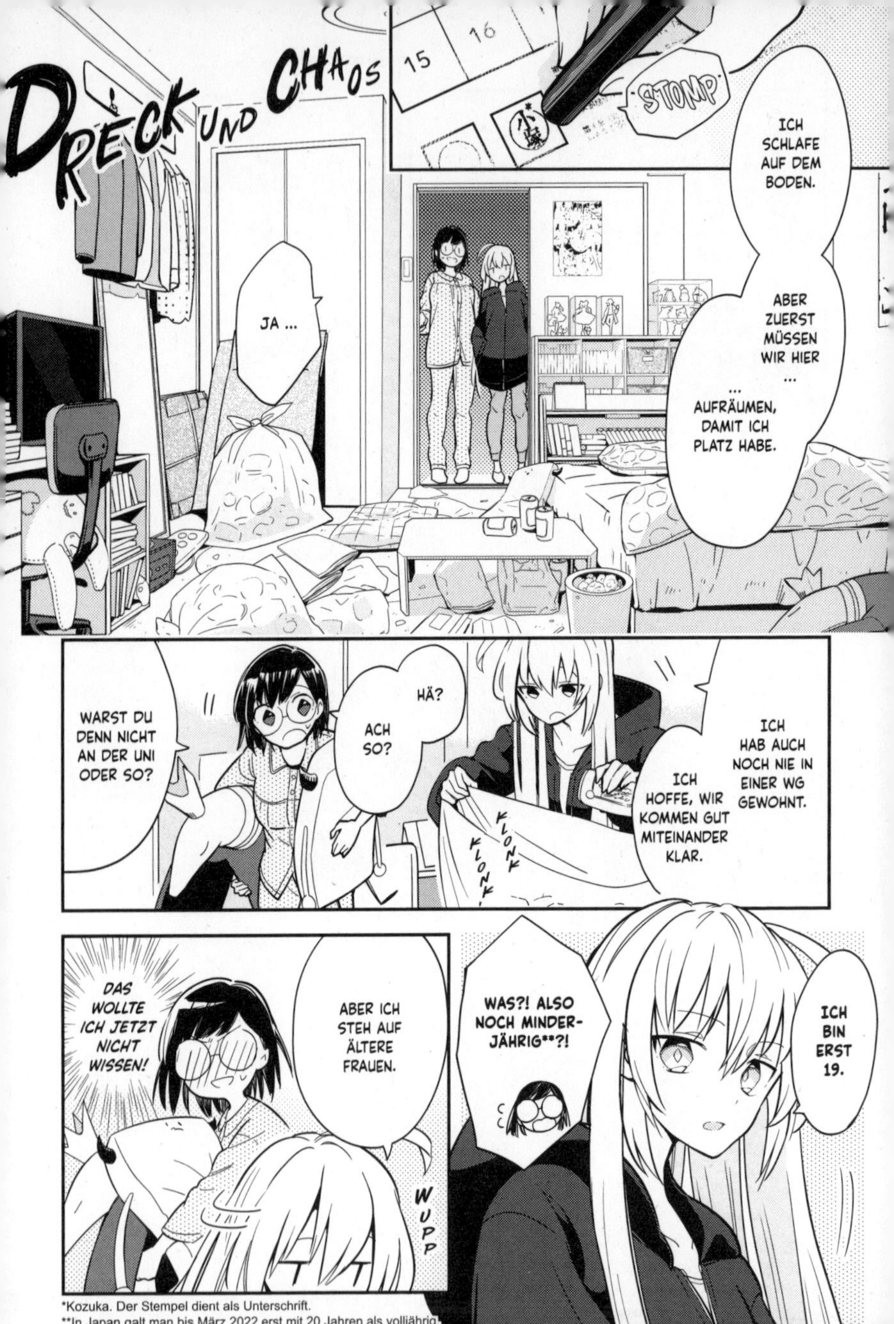

*Kozuka. Der Stempel dient als Unterschrift.
**In Japan galt man bis März 2022 erst mit 20 Jahren als volljährig.

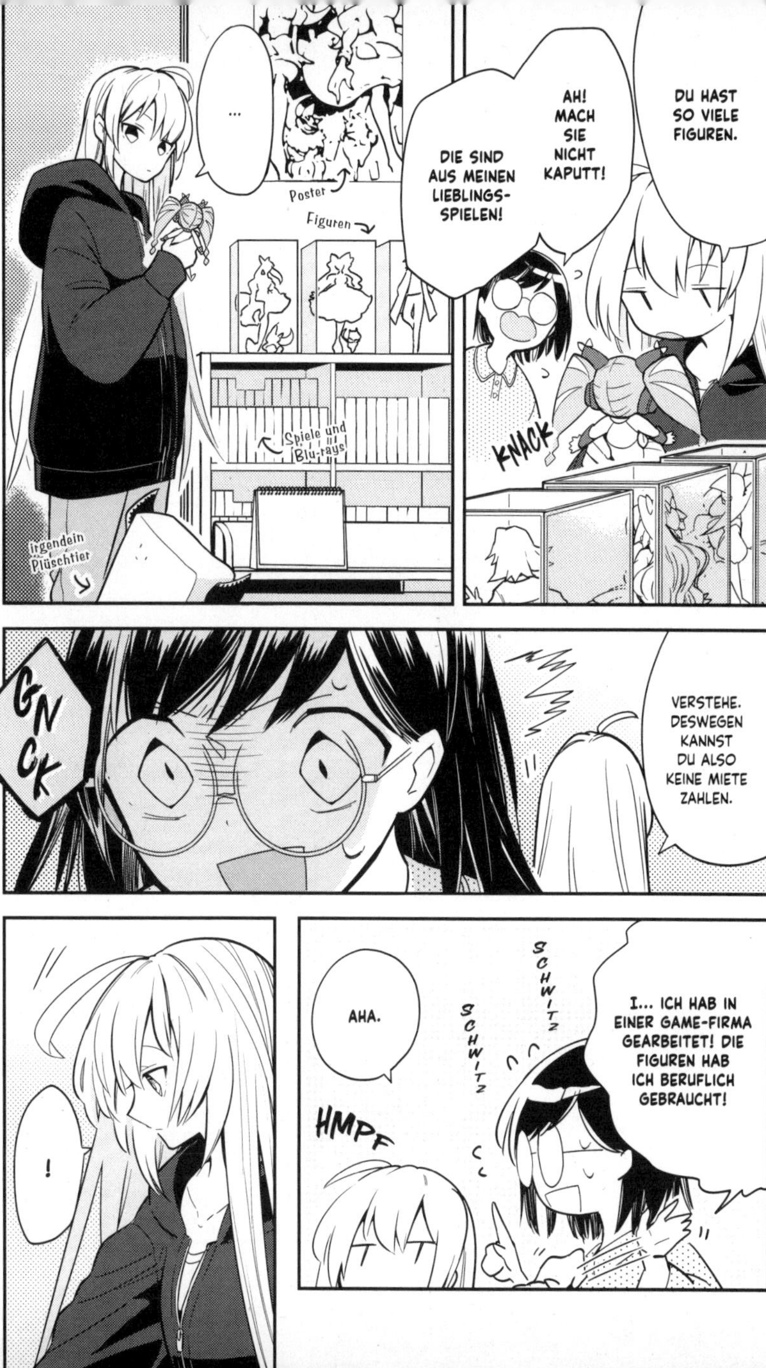
DU HAST SO VIELE FIGUREN.
KNACK
AH! MACH SIE NICHT KAPUTT!
DIE SIND AUS MEINEN LIEBLINGS-SPIELEN!
...
Poster
Figuren
Spiele und Blu-rays!
irgendein Plüschtier
VERSTEHE. DESWEGEN KANNST DU ALSO KEINE MIETE ZAHLEN.
GNCK
I... ICH HAB IN EINER GAME-FIRMA GEARBEITET! DIE FIGUREN HAB ICH BERUFLICH GEBRAUCHT!
SCHWITZ
SCHWITZ
AHA.
HMPF
!

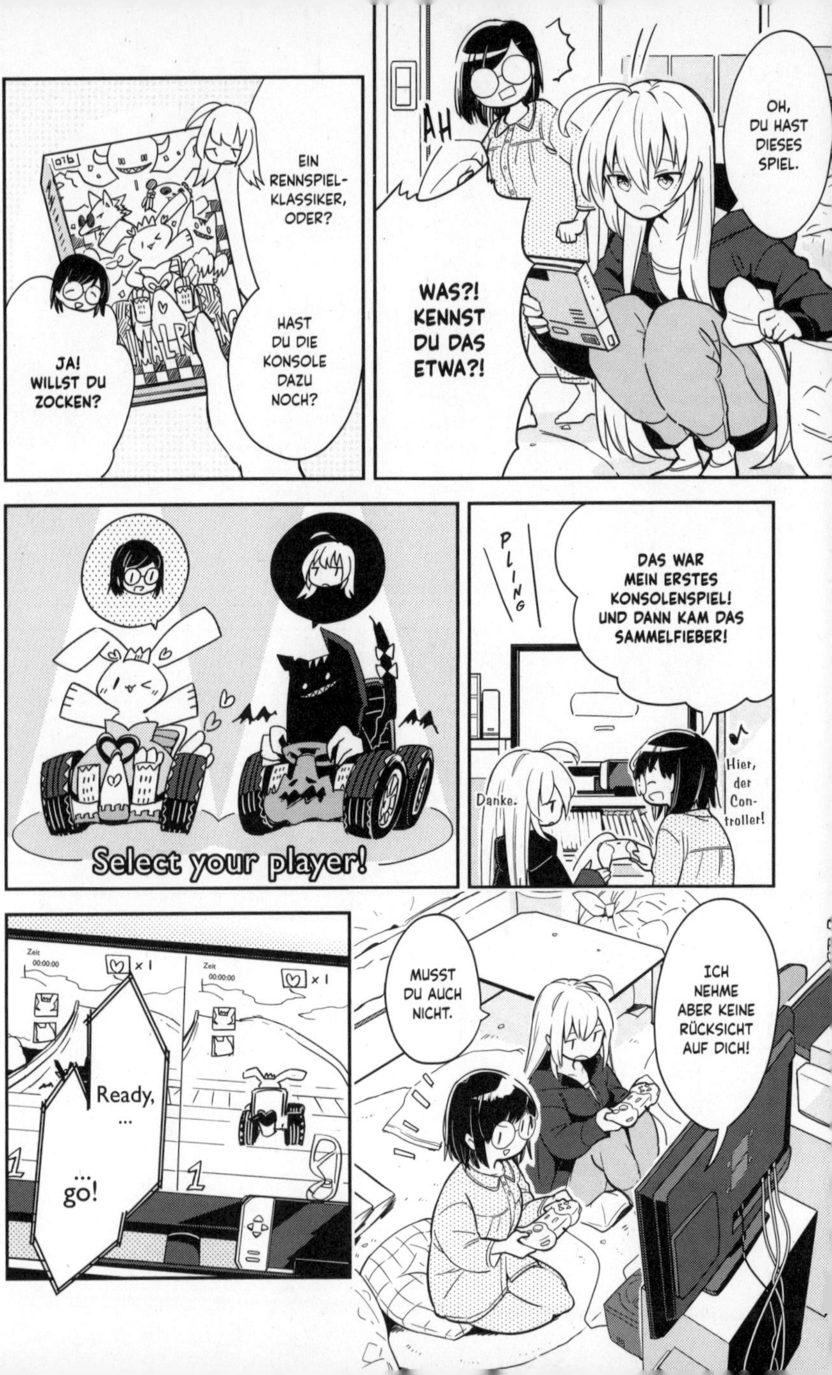
OH, DU HAST DIESES SPIEL.
AH
WAS?! KENNST DU DAS ETWA?!
EIN RENNSPIEL-KLASSIKER, ODER?
HAST DU DIE KONSOLE DAZU NOCH?
JA! WILLST DU ZOCKEN?
PLING
DAS WAR MEIN ERSTES KONSOLENSPIEL! UND DANN KAM DAS SAMMELFIEBER!
Hier, der Controller!
Danke.
Select your player!
ICH NEHME ABER KEINE RÜCKSICHT AUF DICH!
MUSST DU AUCH NICHT.
Zeit 00:00:00
x 1
Zeit 00:00:00
x 1
Ready, ...
... go!

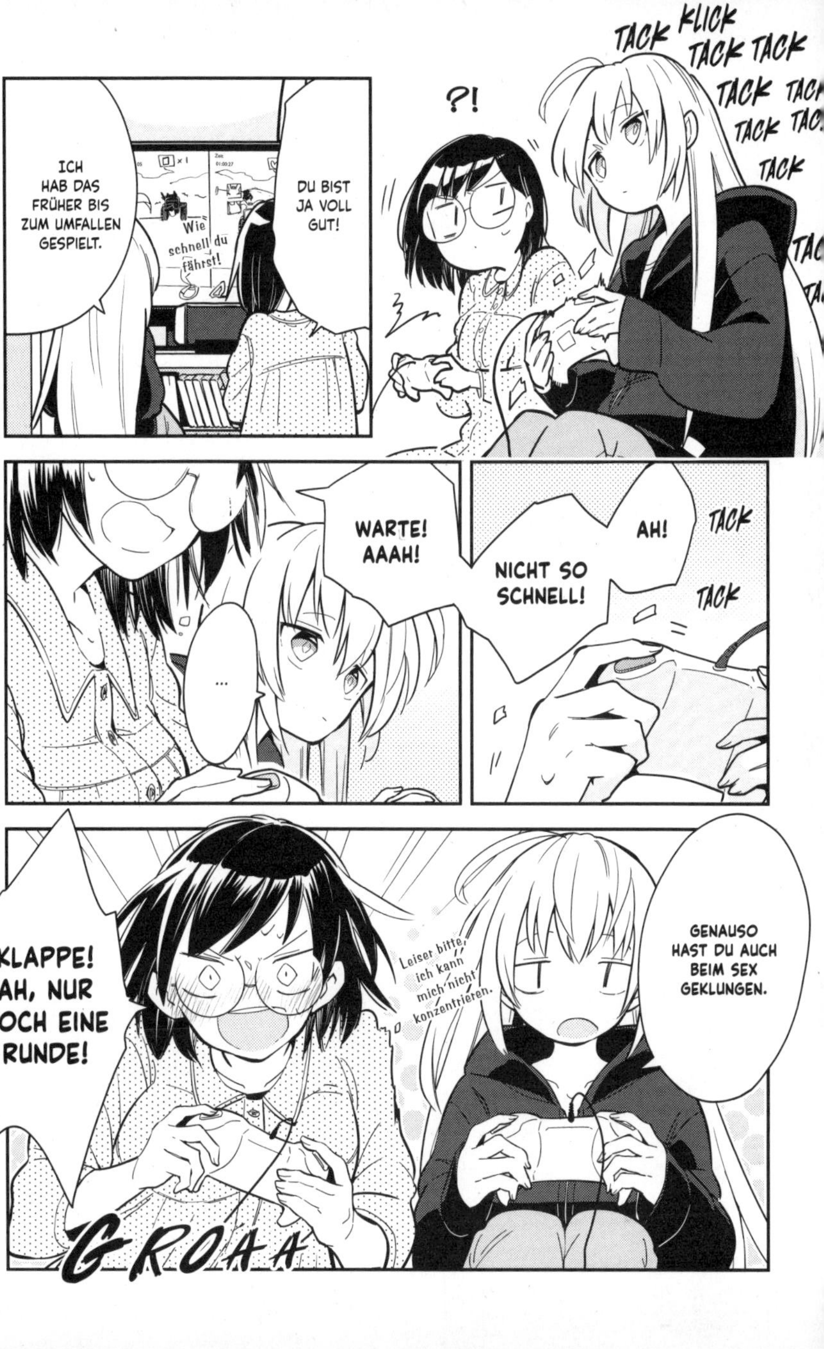

TACK KLICK TACK TACK
TACK
TACK
TACK
?!
DU BIST JA VOLL GUT!
ICH HAB DAS FRÜHER BIS ZUM UMFALLEN GESPIELT.
Wie schnell du fährst!
AH!
NICHT SO SCHNELL!
TACK
TACK
WARTE! AAAH!
...
GENAUSO HAST DU AUCH BEIM SEX GEKLUNGEN.
Leiser bitte, ich kann mich nicht konzentrieren.
KLAPPE! AH, NUR NOCH EINE RUNDE!
GROAA

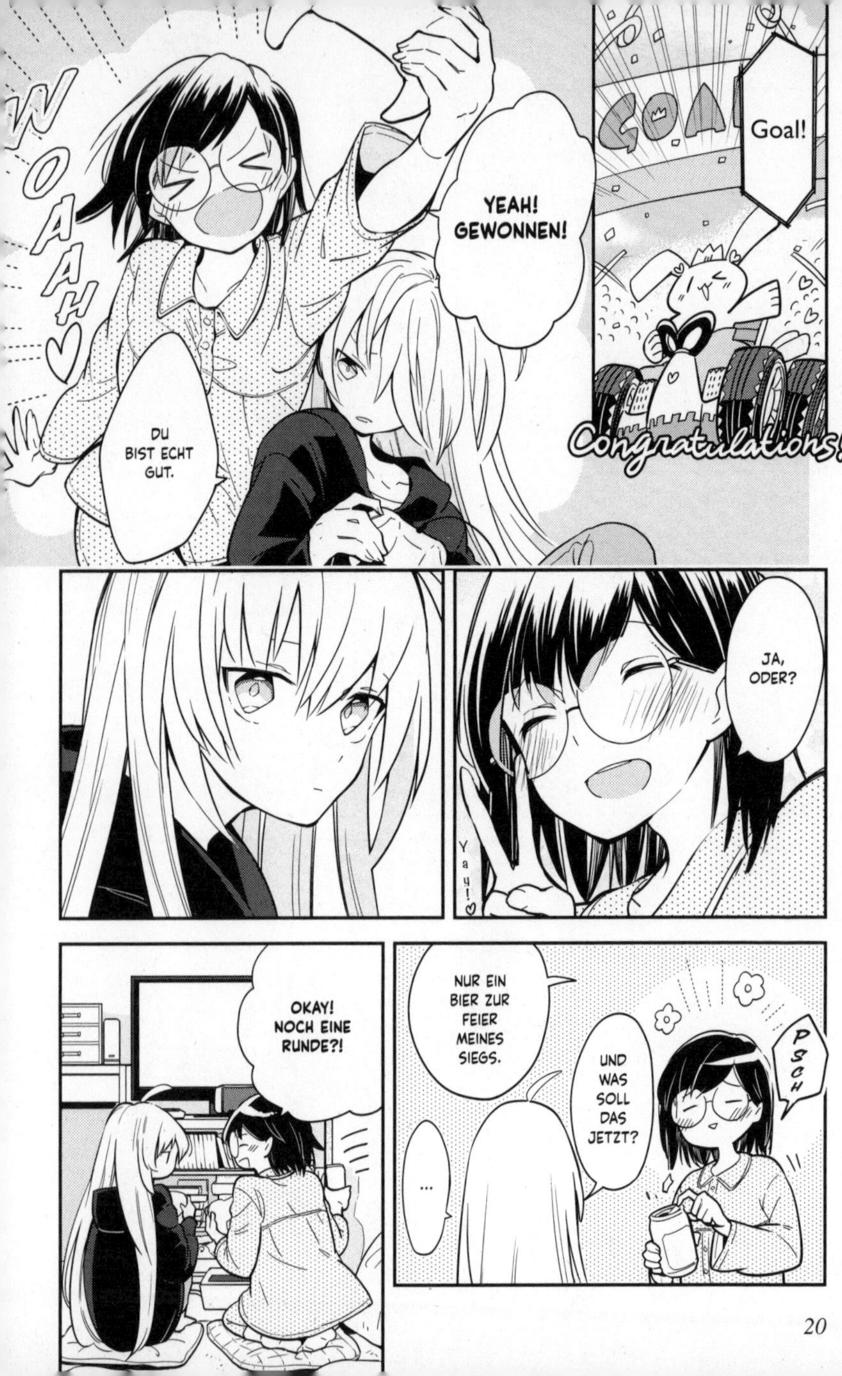
Goal!
GOAL
Congratulations!
YEAH! GEWONNEN!
WOAAH♥
DU BIST ECHT GUT.
JA, ODER?
Yay!♥
PSCH
NUR EIN BIER ZUR FEIER MEINES SIEGS.
UND WAS SOLL DAS JETZT?
...
OKAY! NOCH EINE RUNDE?!

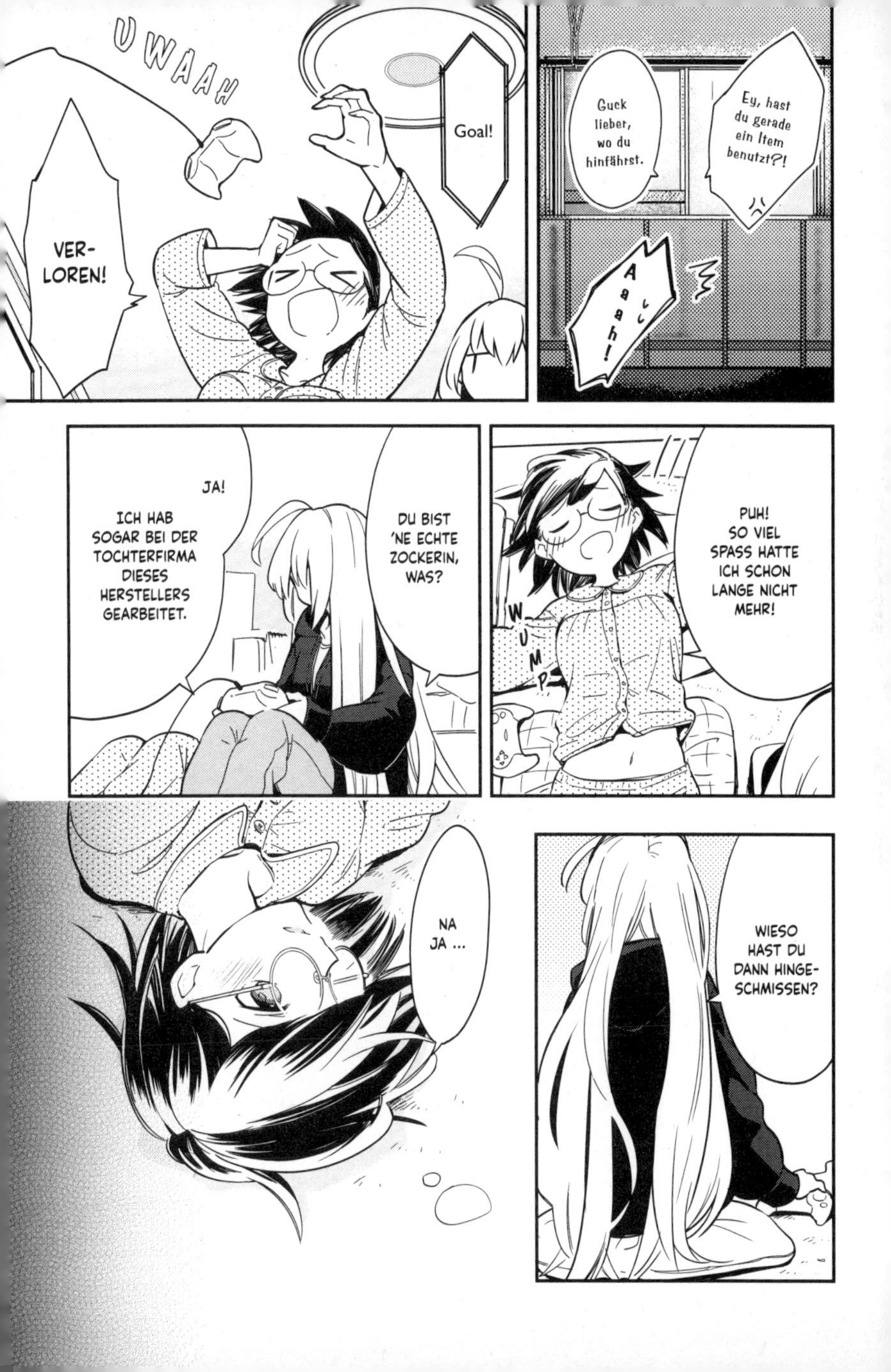
Ey, hast du gerade ein Item benutzt?!
Guck lieber, wo du hinfährst.
Aaah!
Goal!
UWAAH
VERLOREN!
PUH! SO VIEL SPASS HATTE ICH SCHON LANGE NICHT MEHR!
WUMP
DU BIST 'NE ECHTE ZOCKERIN, WAS?
JA!
ICH HAB SOGAR BEI DER TOCHTERFIRMA DIESES HERSTELLERS GEARBEITET.
WIESO HAST DU DANN HINGESCHMISSEN?
NA JA ...

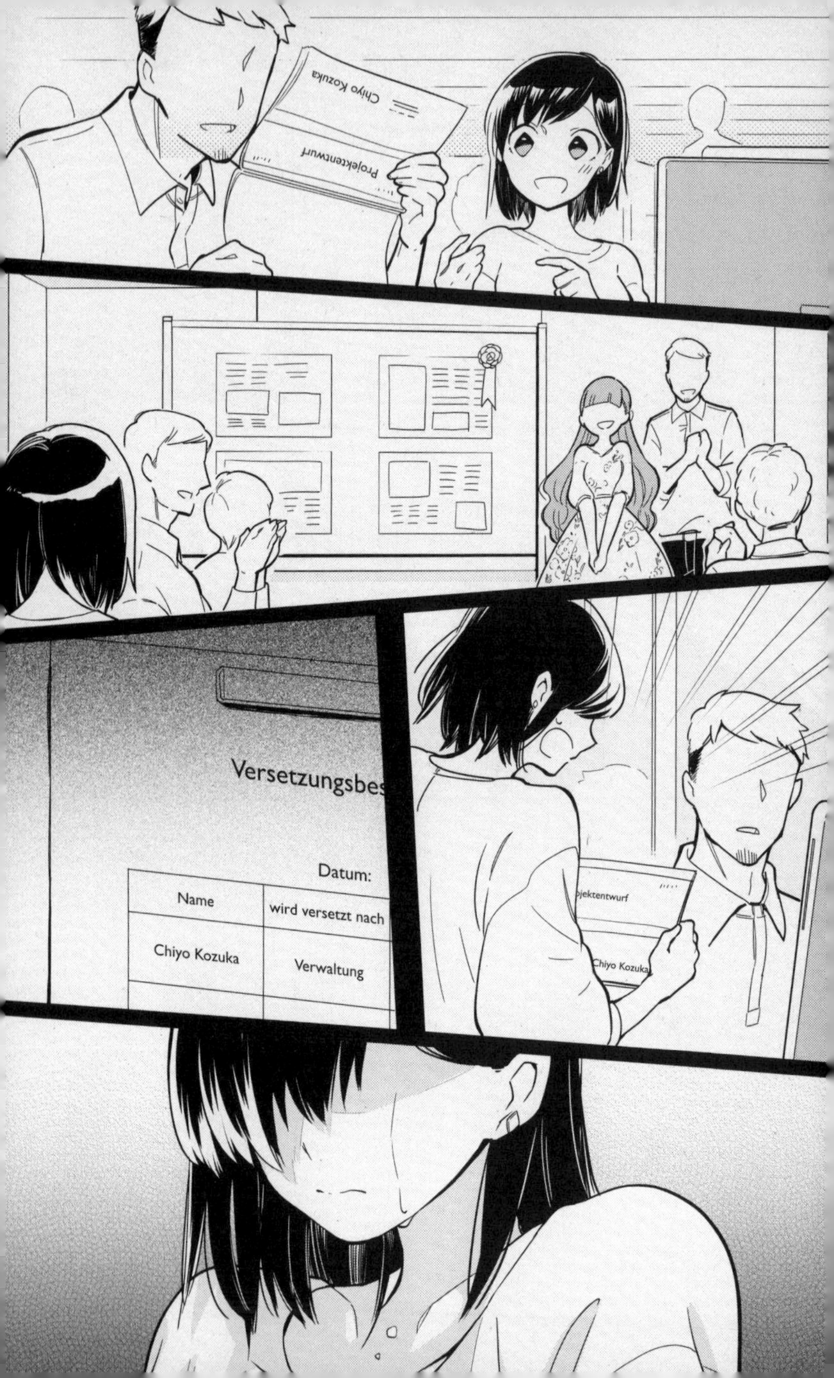
Chiyo Kozuka
Projektentwurf
Versetzungsbes
Datum:
Name
wird versetzt nach
Chiyo Kozuka
Verwaltung
ojektentwurf
Chiyo Kozuka

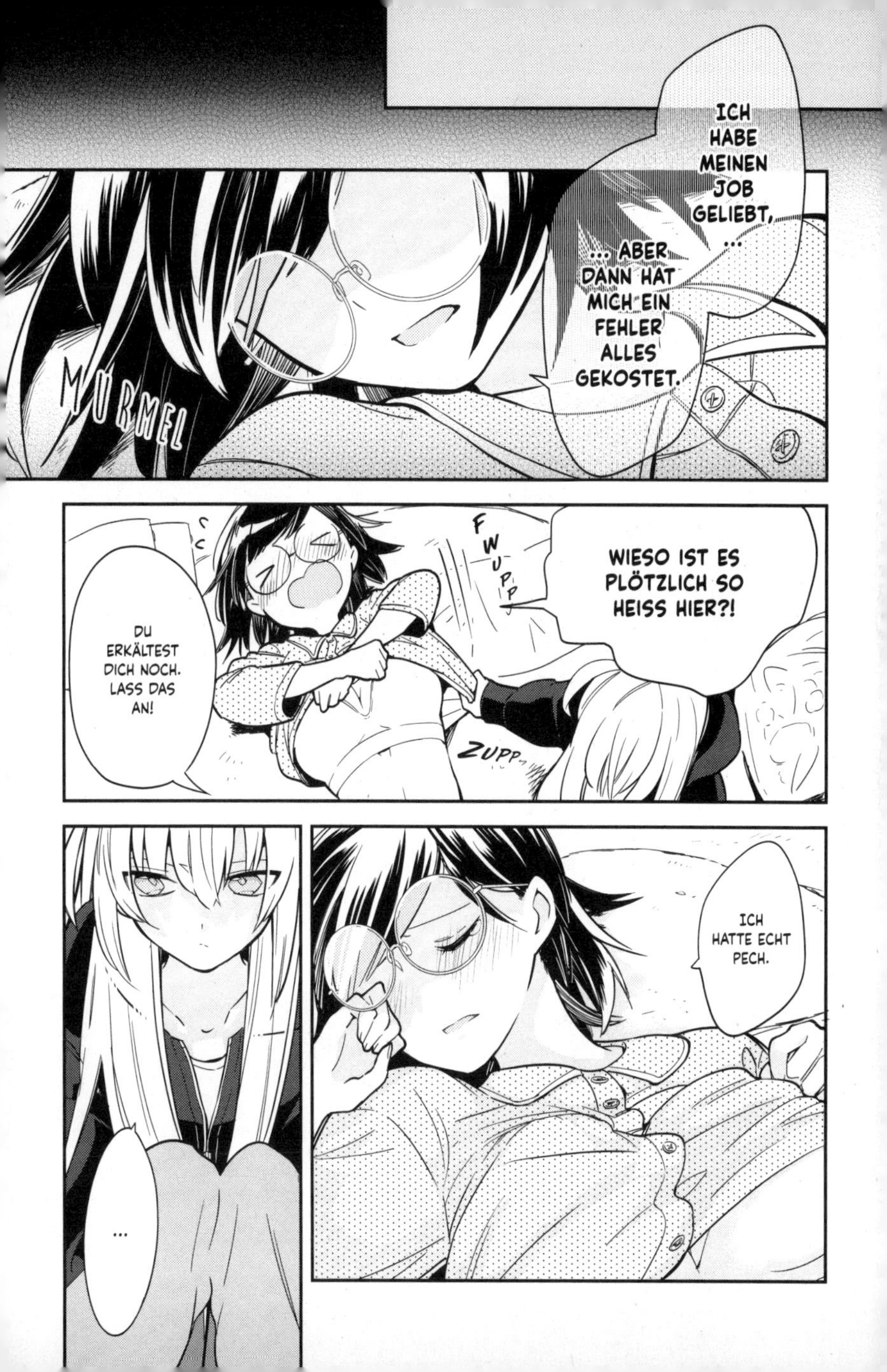

ICH HABE MEINEN JOB GELIEBT, ...
... ABER DANN HAT MICH EIN FEHLER ALLES GEKOSTET.
MURMEL
WIESO IST ES PLÖTZLICH SO HEISS HIER?!
FWUPP
DU ERKÄLTEST DICH NOCH. LASS DAS AN!
ZUPP
ICH HATTE ECHT PECH.
...

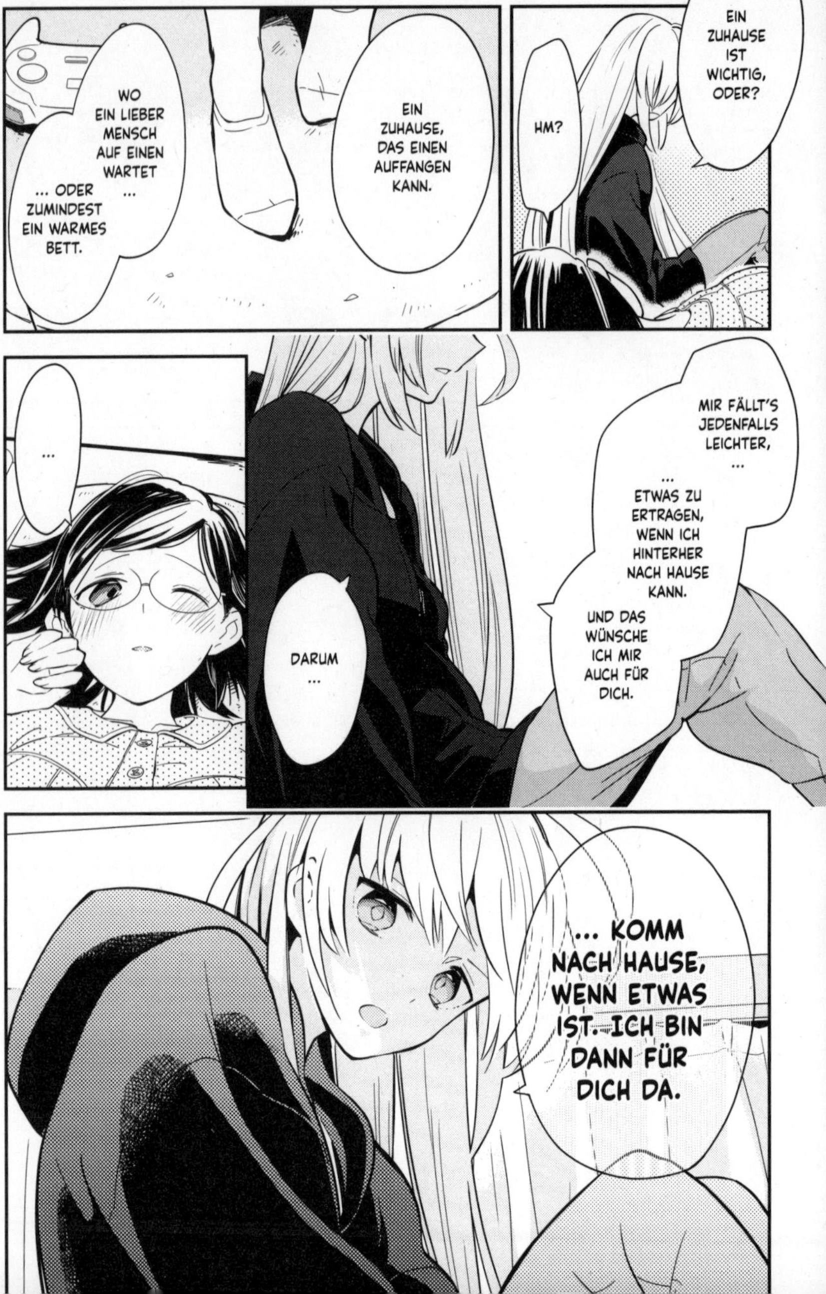
EIN ZUHAUSE IST WICHTIG, ODER?
HM?
EIN ZUHAUSE, DAS EINEN AUFFANGEN KANN.
WO EIN LIEBER MENSCH AUF EINEN WARTET ...
... ODER ZUMINDEST EIN WARMES BETT.
MIR FÄLLT'S JEDENFALLS LEICHTER, ...
... ETWAS ZU ERTRAGEN, WENN ICH HINTERHER NACH HAUSE KANN.
UND DAS WÜNSCHE ICH MIR AUCH FÜR DICH.
DARUM ...
...
... KOMM NACH HAUSE, WENN ETWAS IST. ICH BIN DANN FÜR DICH DA.

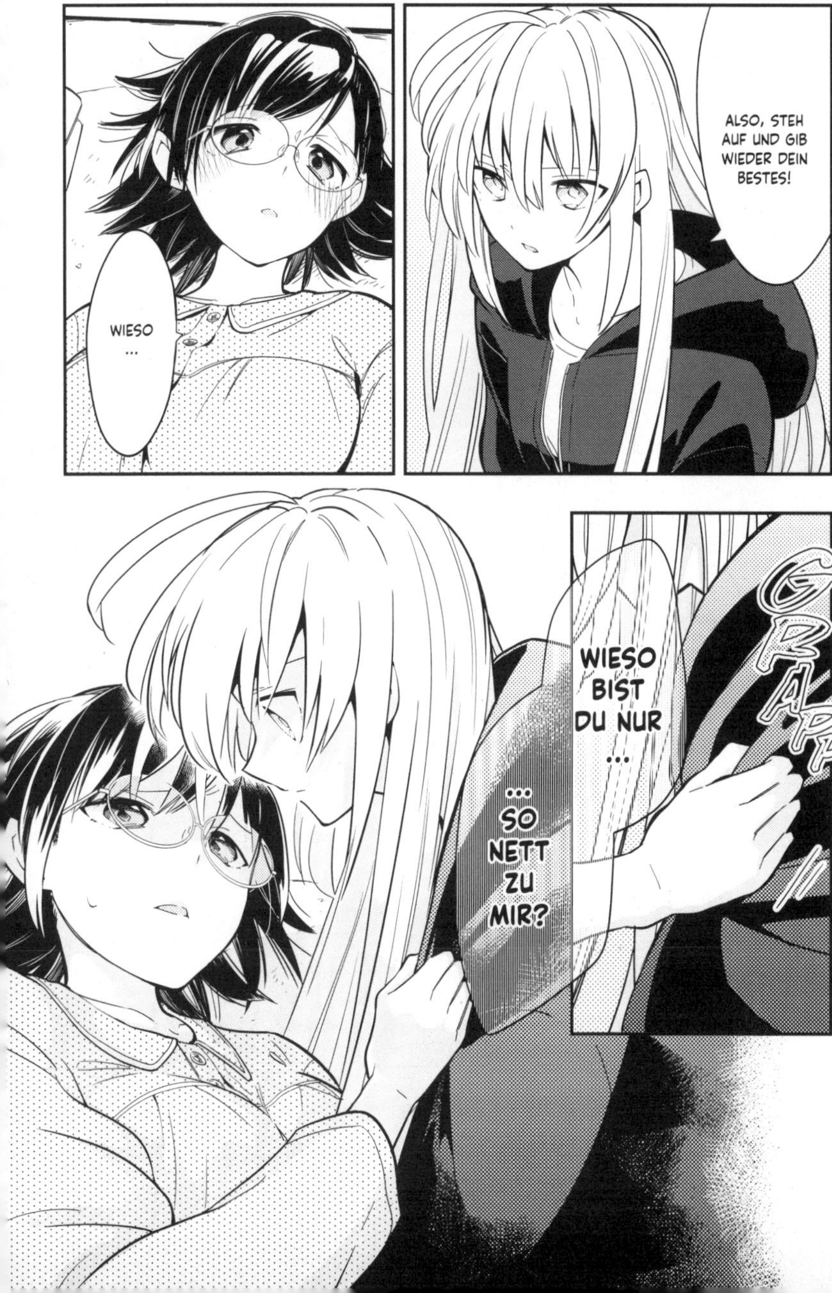
ALSO, STEH AUF UND GIB WIEDER DEIN BESTES!
WIESO ...
GRAPP!!
WIESO BIST DU NUR ...
... SO NETT ZU MIR?

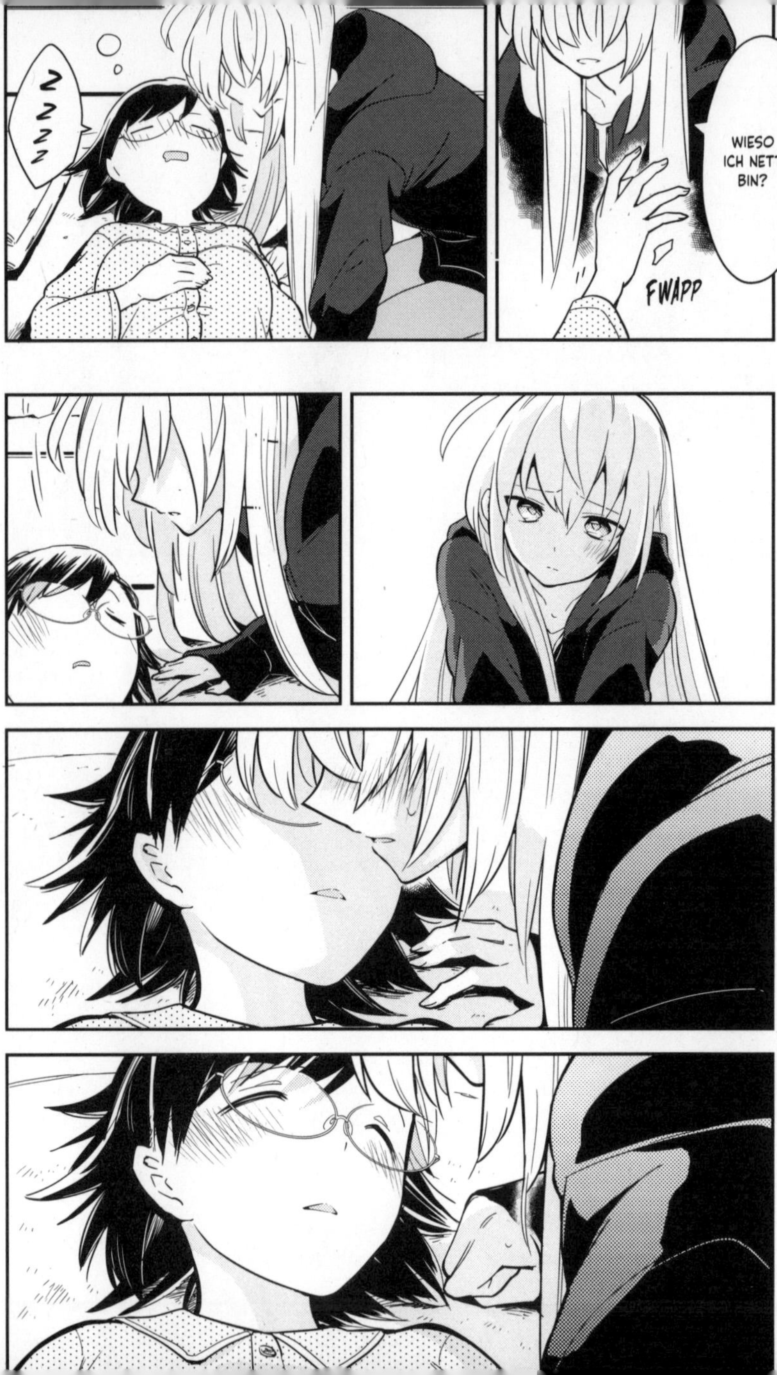

WIESO ICH NETT BIN?
FWAPP
ZZZZ

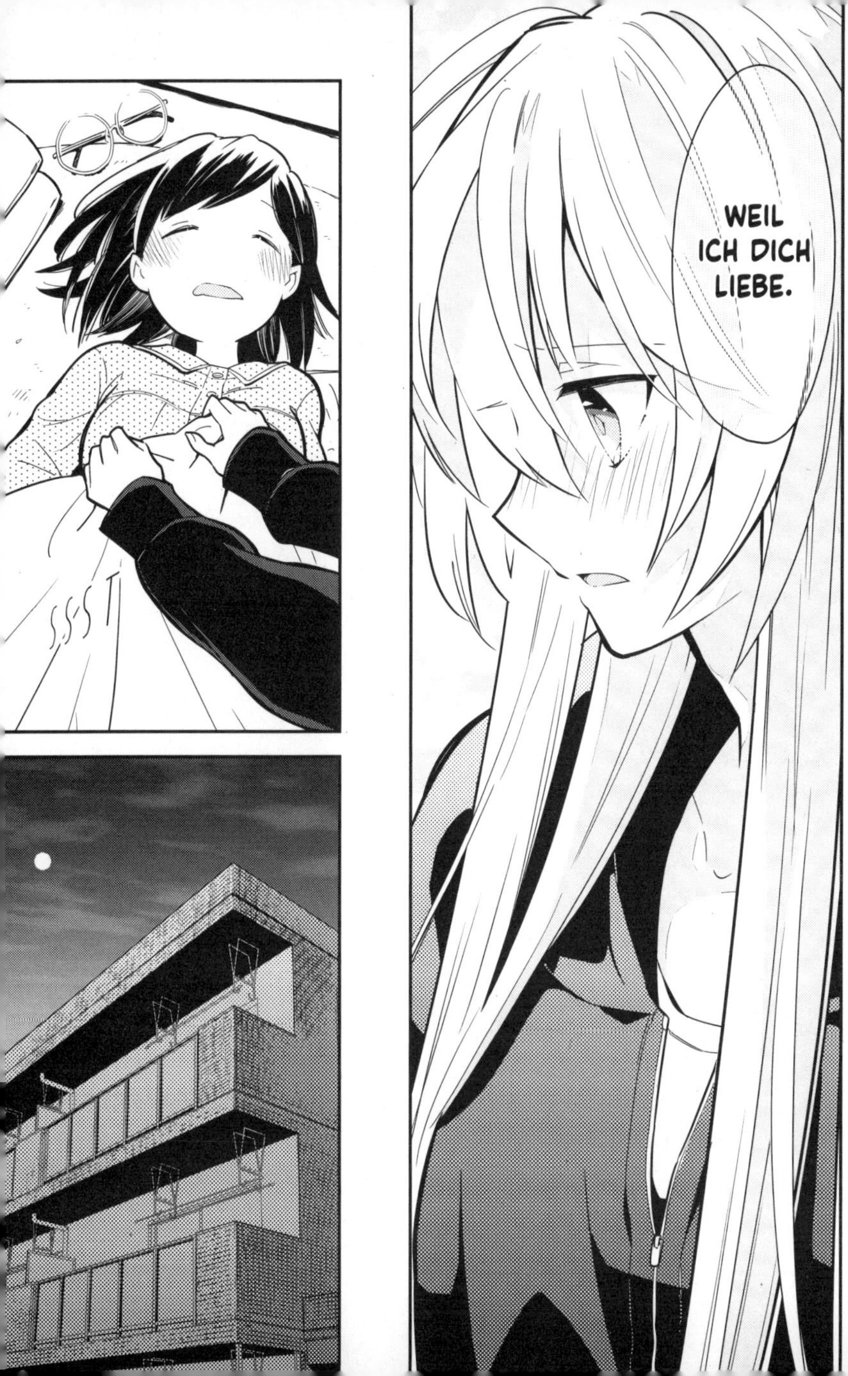
WEIL ICH DICH LIEBE.
S-S-S T

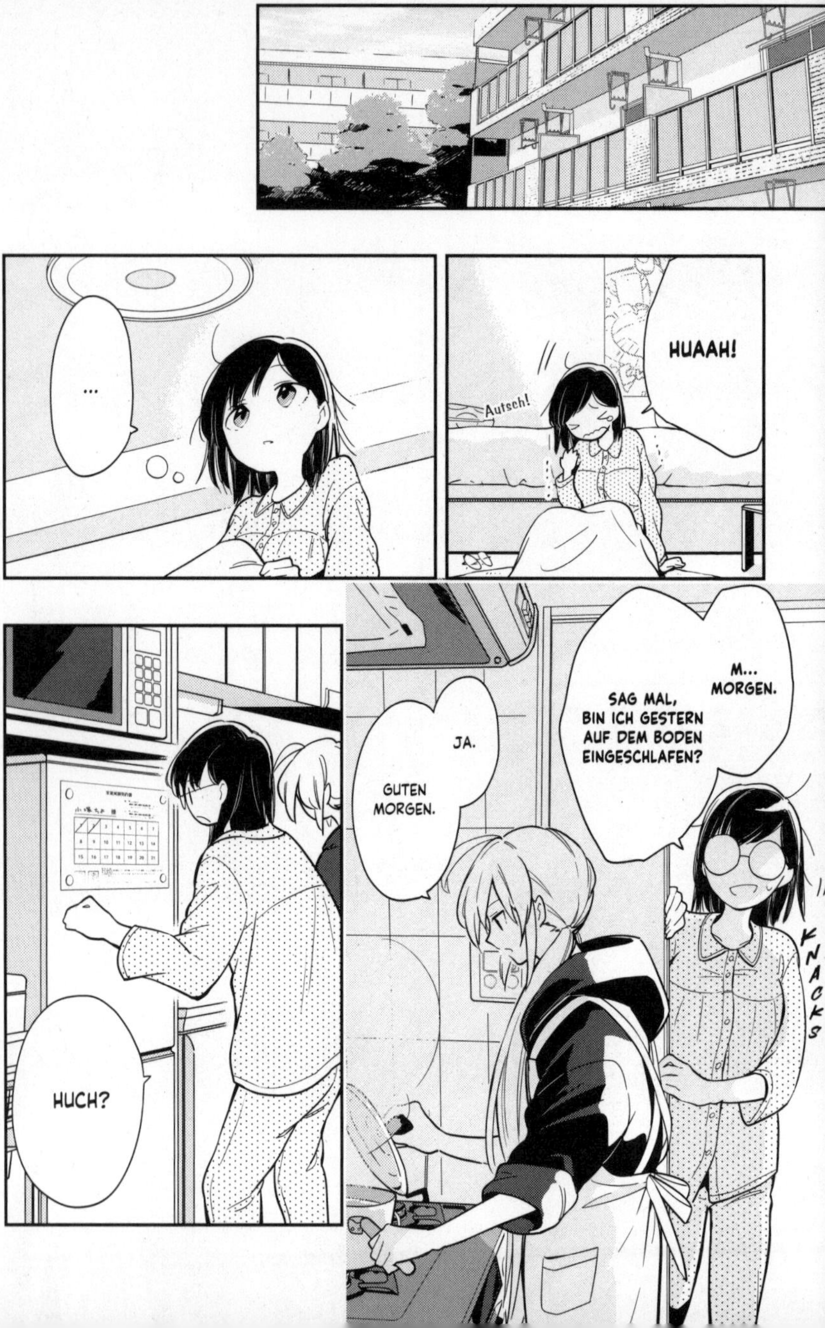
HUAAH!
Autsch!
...
M... MORGEN.
SAG MAL, BIN ICH GESTERN AUF DEM BODEN EINGESCHLAFEN?
KNACKS
JA.
GUTEN MORGEN.
HUCH?

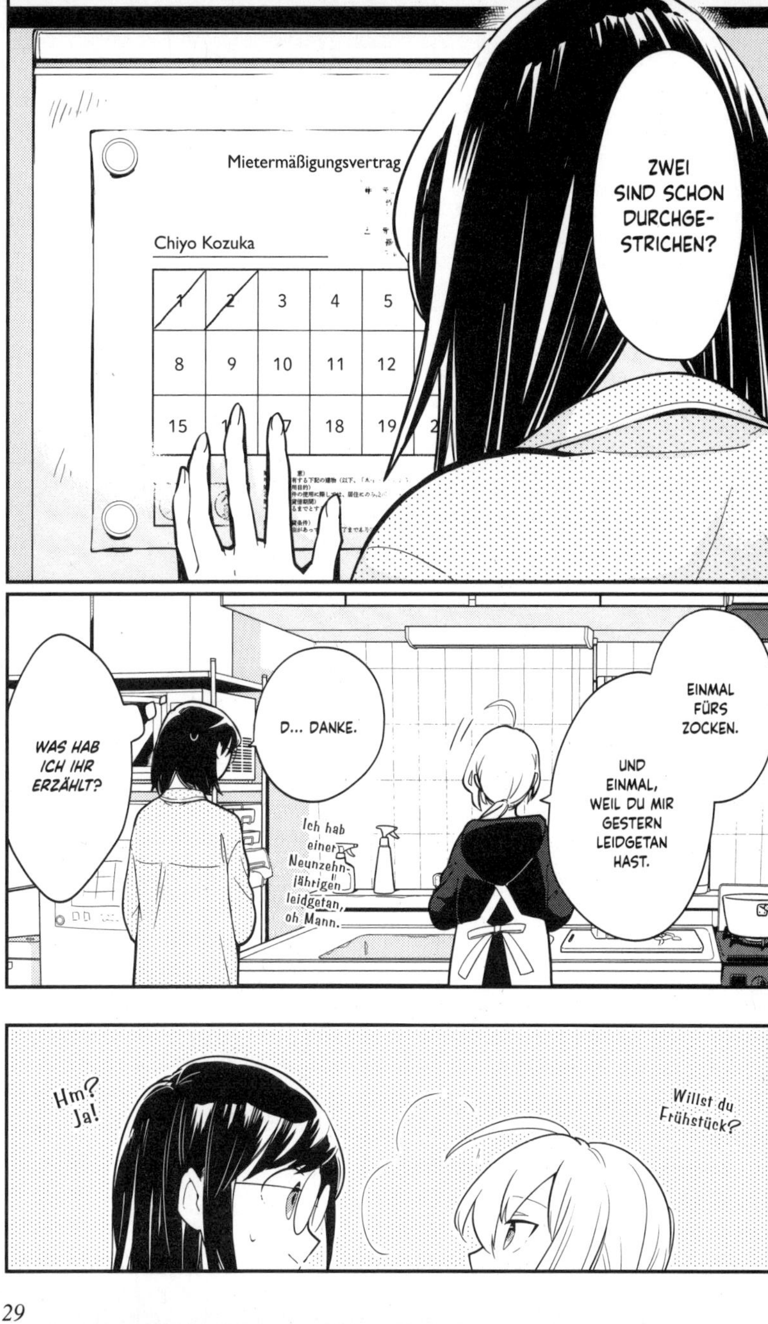
Mietermäßigungsvertrag
Chiyo Kozuka
ZWEI SIND SCHON DURCHGE-STRICHEN?
EINMAL FÜRS ZOCKEN.
UND EINMAL, WEIL DU MIR GESTERN LEIDGETAN HAST.
D... DANKE.
Ich hab einer Neunzehnjährigen leidgetan, oh Mann.
WAS HAB ICH IHR ERZÄHLT?
Willst du Frühstück?
Hm? Ja!

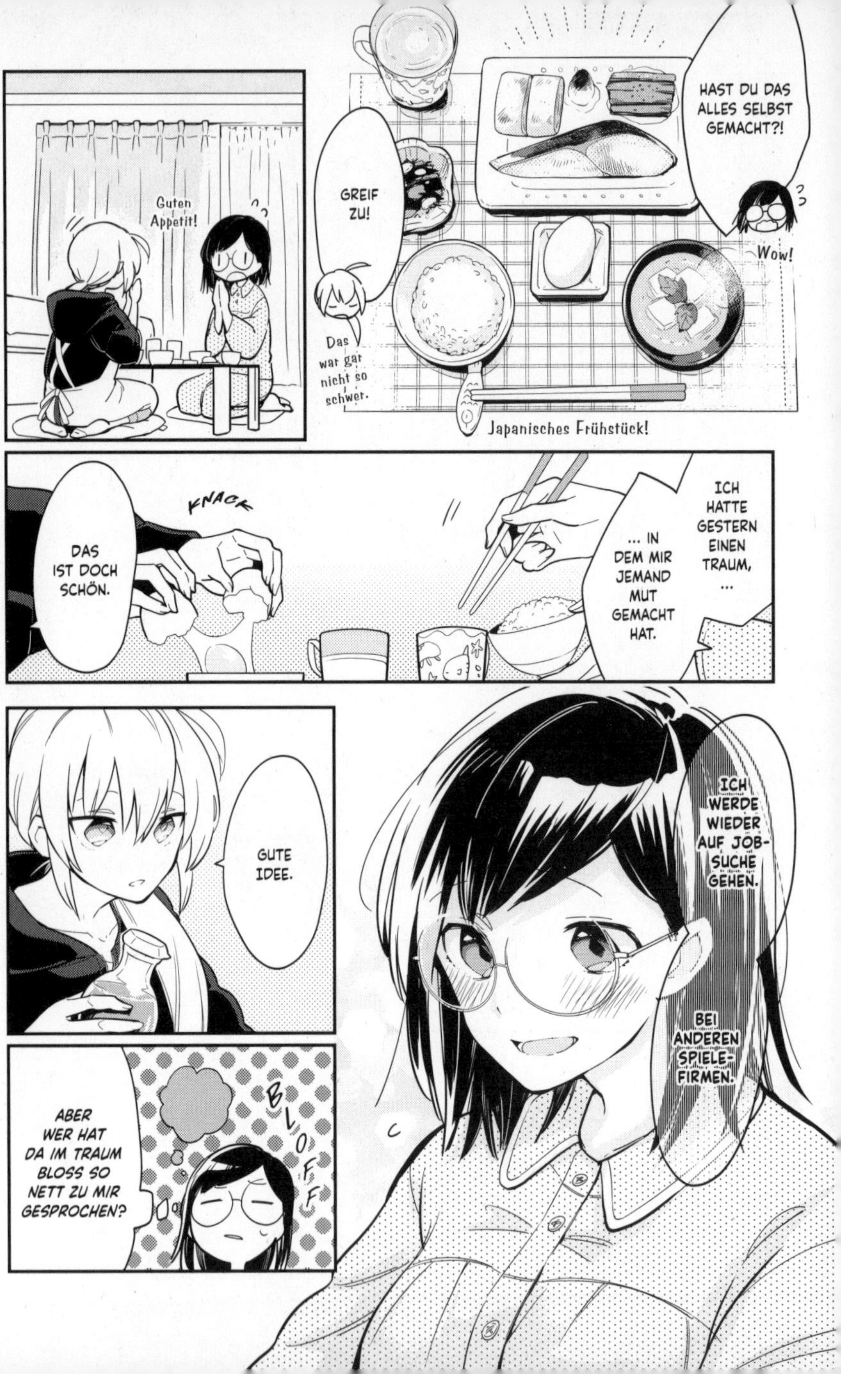
HAST DU DAS ALLES SELBST GEMACHT?!
Wow!
GREIF ZU!
Das war gar nicht so schwer.
Japanisches Frühstück!
Guten Appetit!
ICH HATTE GESTERN EINEN TRAUM, ...
... IN DEM MIR JEMAND MUT GEMACHT HAT.
KNACK
DAS IST DOCH SCHÖN.
ICH WERDE WIEDER AUF JOB-SUCHE GEHEN.
BEI ANDEREN SPIELE-FIRMEN.
GUTE IDEE.
BLOFF
ABER WER HAT DA IM TRAUM BLOSS SO NETT ZU MIR GESPROCHEN?

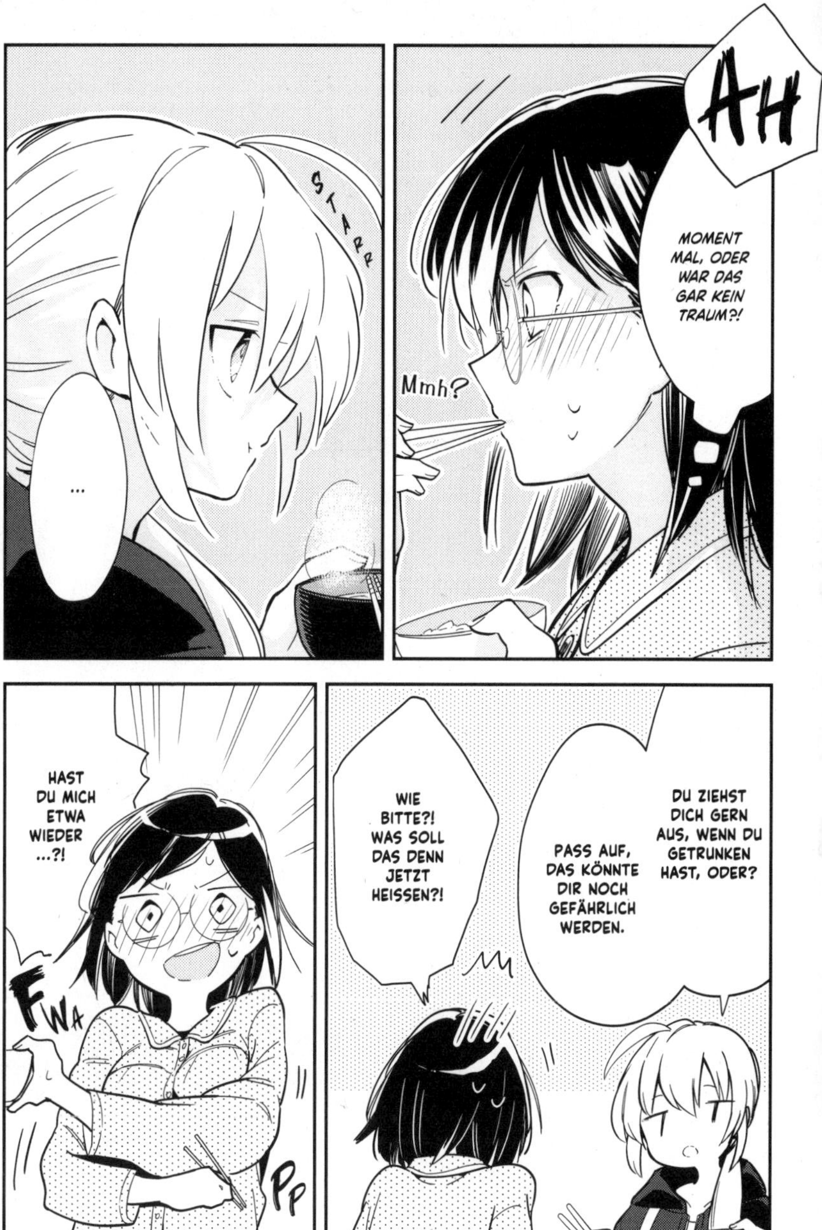
AH
MOMENT MAL, ODER WAR DAS GAR KEIN TRAUM?!
Mmh?
STARR
...
DU ZIEHST DICH GERN AUS, WENN DU GETRUNKEN HAST, ODER?
PASS AUF, DAS KÖNNTE DIR NOCH GEFÄHRLICH WERDEN.
WIE BITTE?! WAS SOLL DAS DENN JETZT HEISSEN?!
HAST DU MICH ETWA WIEDER ...?!
FWA
PP

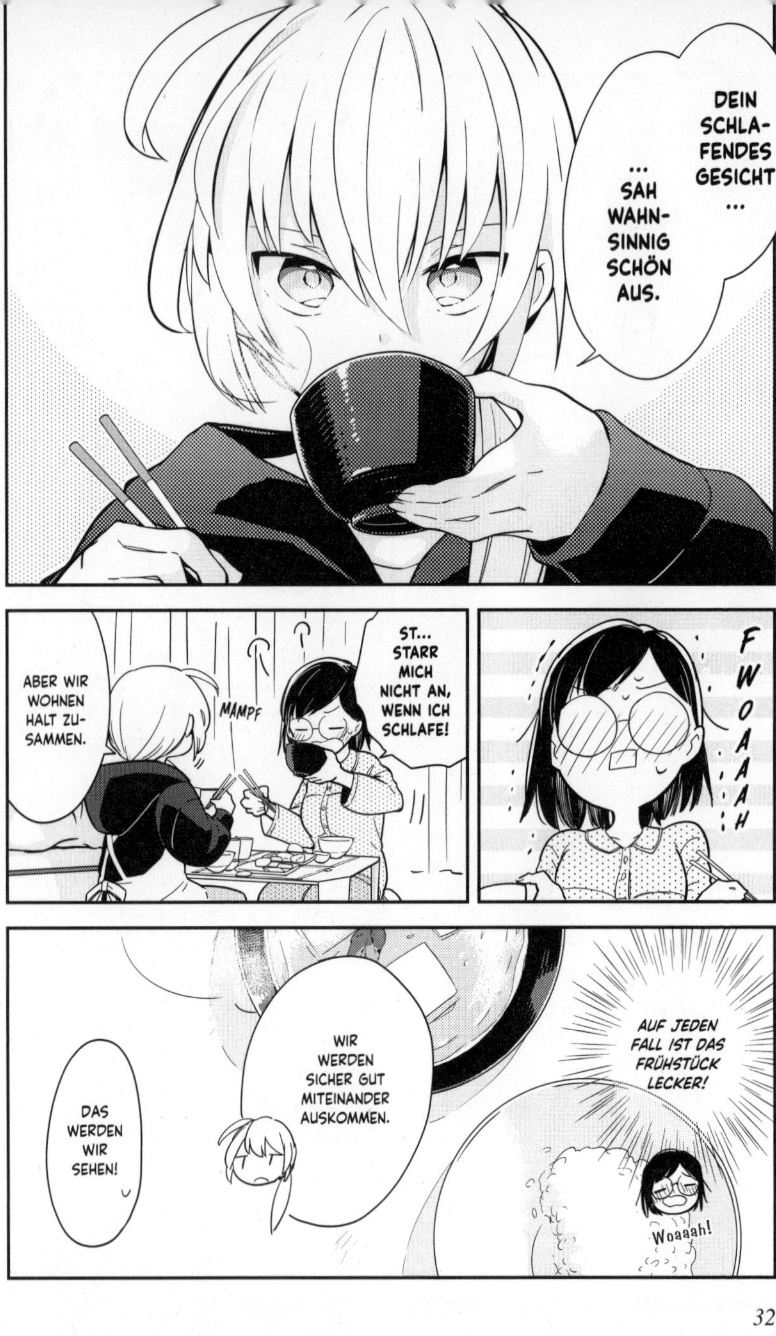

DEIN SCHLAFENDES GESICHT ...
... SAH WAHNSINNIG SCHÖN AUS.
FWOAAAAH
ST... STARR MICH NICHT AN, WENN ICH SCHLAFE!
MAMPF
ABER WIR WOHNEN HALT ZUSAMMEN.
AUF JEDEN FALL IST DAS FRÜHSTÜCK LECKER!
Woaaah!
WIR WERDEN SICHER GUT MITEINANDER AUSKOMMEN.
DAS WERDEN WIR SEHEN!

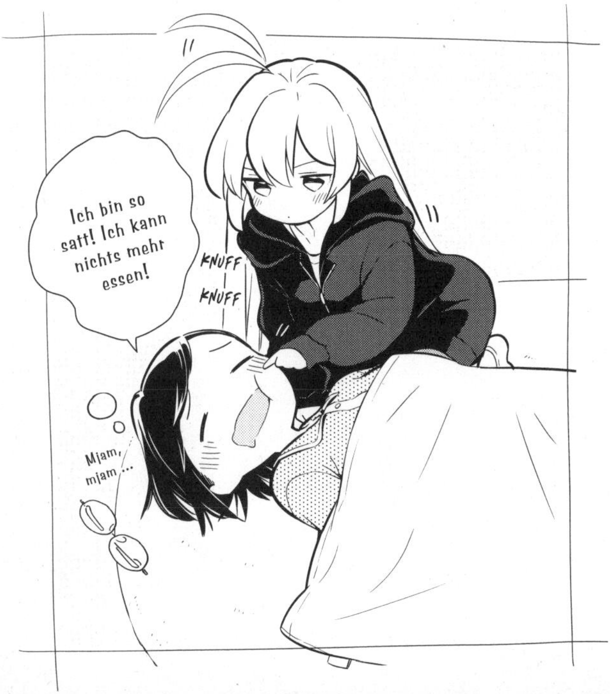
Ich bin so satt! Ich kann nichts mehr essen!
KNUFF
KNUFF
Mjam, mjam ...

Bittersüße

REUE

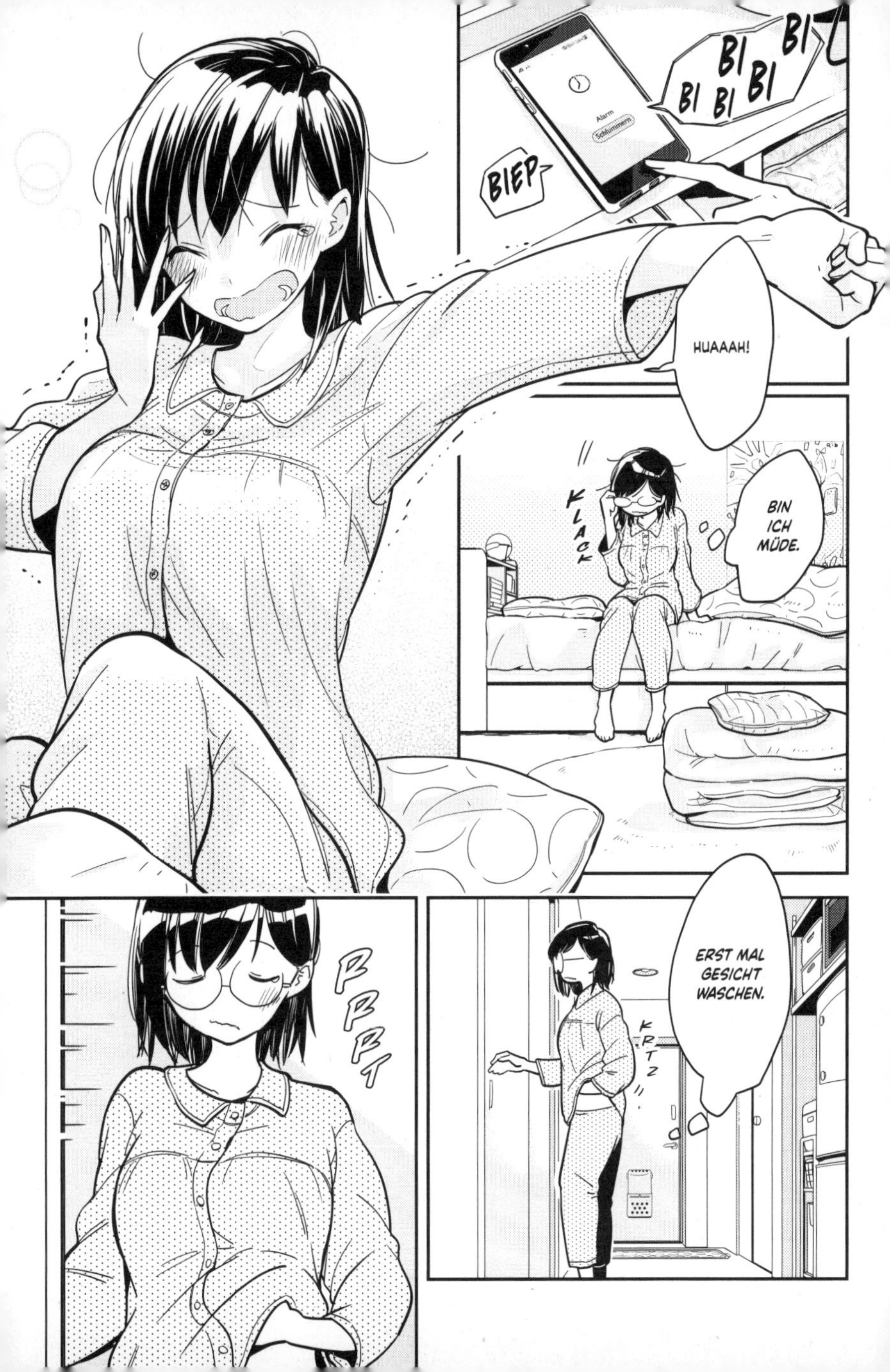
BI BI BI BI BI
BIEP
HUAAAH!
KLACK
BIN ICH MÜDE.
ERST MAL GESICHT WASCHEN.
KRTZ
PPPT

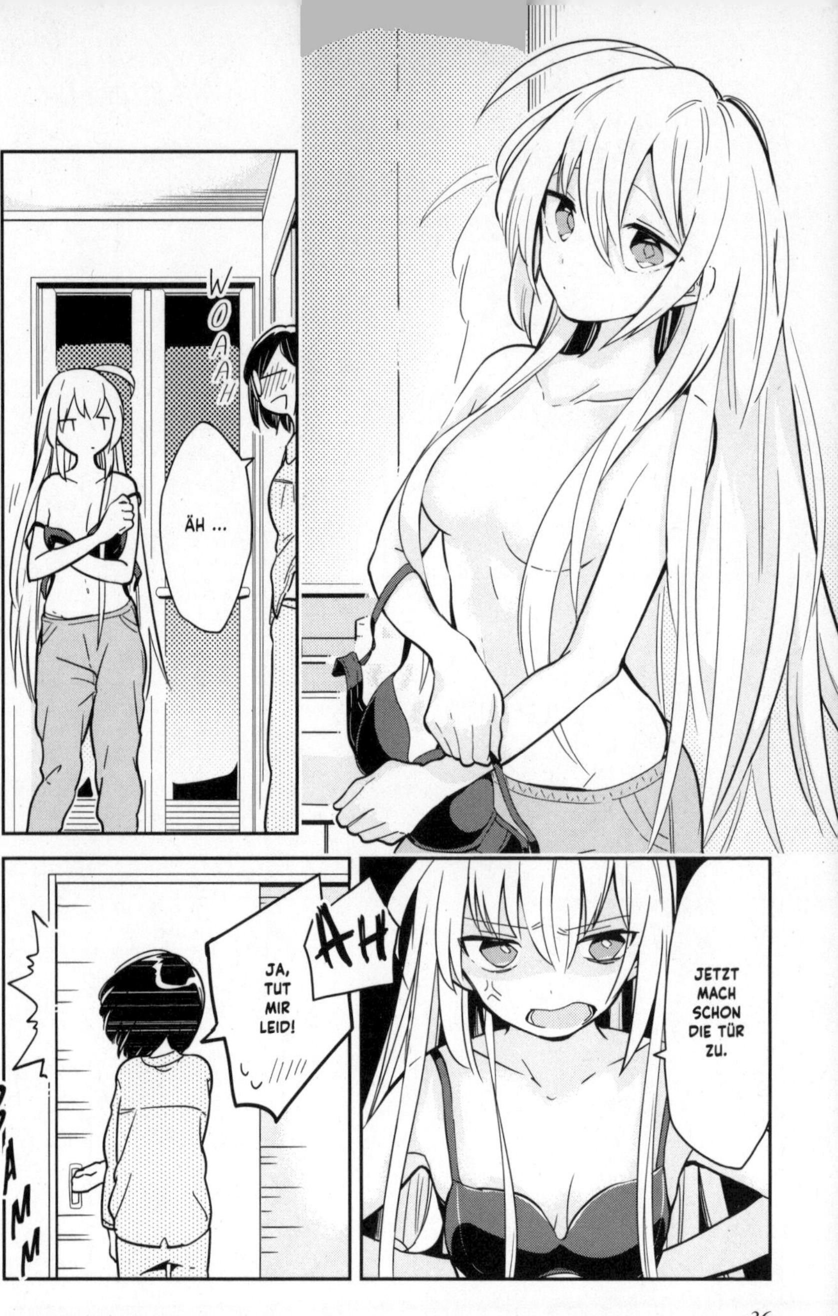
WOAAAH
ÄH ...
JETZT MACH SCHON DIE TÜR ZU.
AH
JA, TUT MIR LEID!
BLAMM

Kapitel 2: Mir bleibt nur noch das

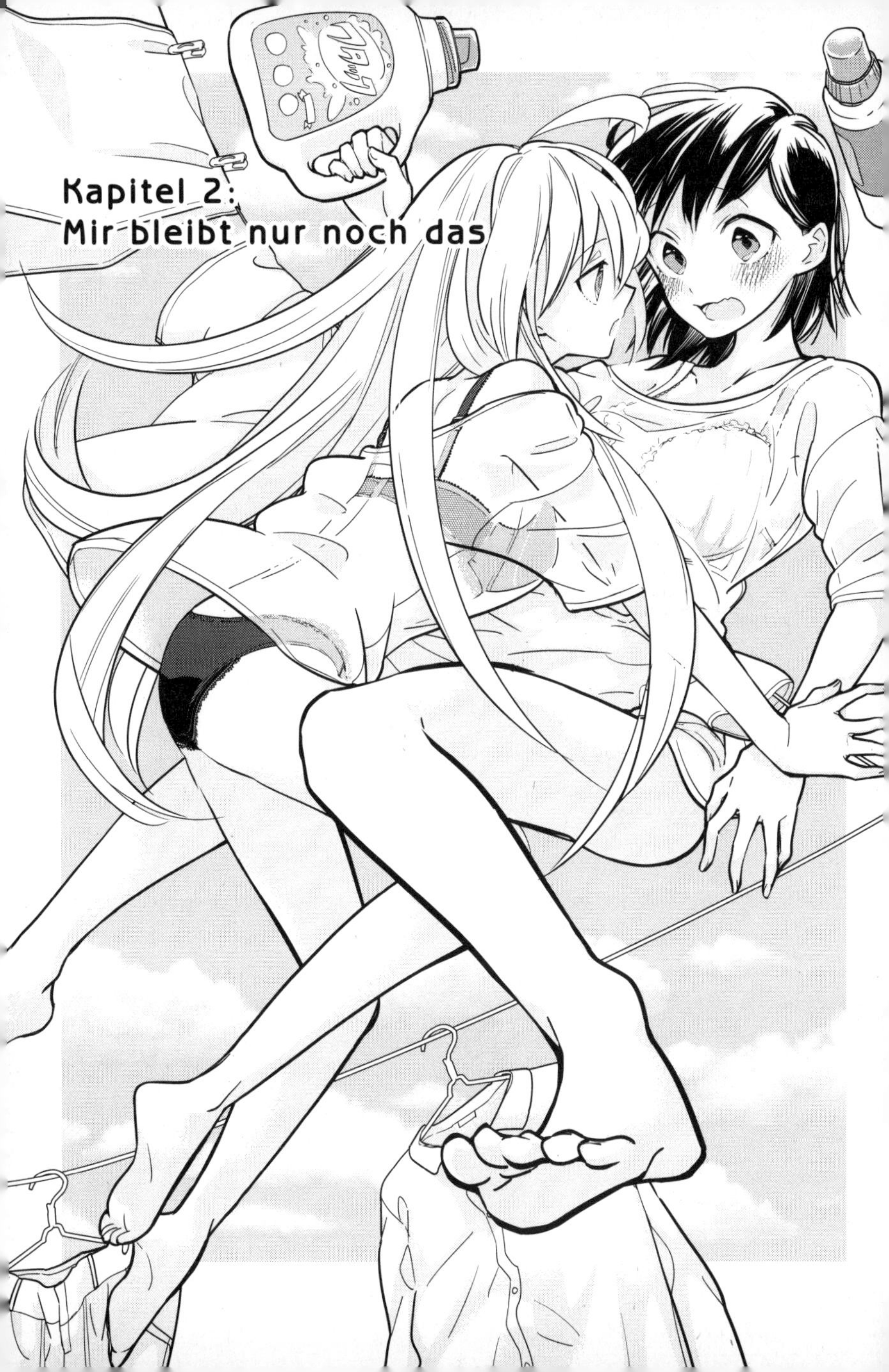

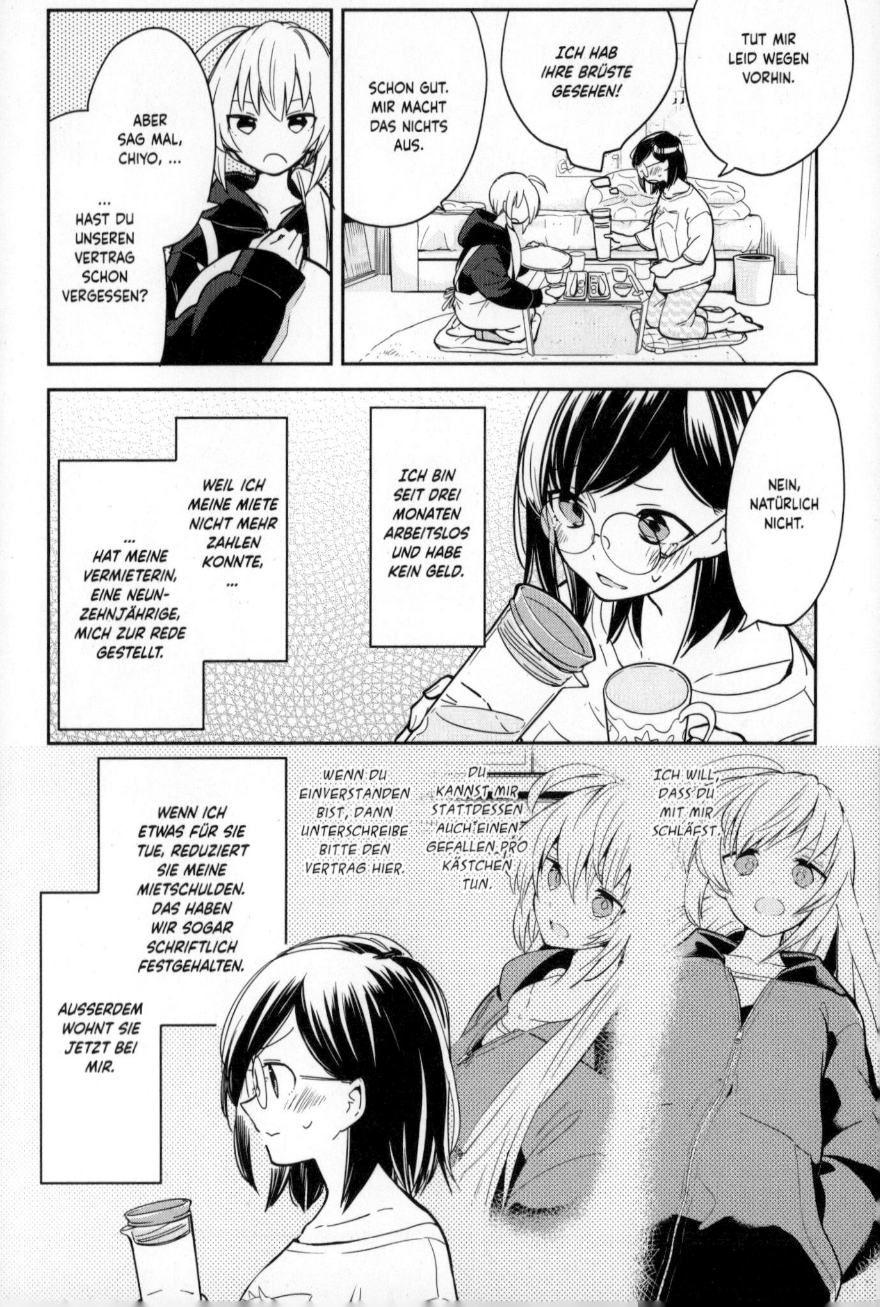
TUT MIR LEID WEGEN VORHIN.
ICH HAB IHRE BRÜSTE GESEHEN!
SCHON GUT. MIR MACHT DAS NICHTS AUS.
ABER SAG MAL, CHIYO, ...
... HAST DU UNSEREN VERTRAG SCHON VERGESSEN?
NEIN, NATÜRLICH NICHT.
ICH BIN SEIT DREI MONATEN ARBEITSLOS UND HABE KEIN GELD.
WEIL ICH MEINE MIETE NICHT MEHR ZAHLEN KONNTE, ...
... HAT MEINE VERMIETERIN, EINE NEUN-ZEHNJÄHRIGE, MICH ZUR REDE GESTELLT.
ICH WILL, DASS DU MIT MIR SCHLÄFST.
DU KANNST MIR STATTDESSEN AUCH EINEN GEFALLEN PRO KÄSTCHEN TUN.
WENN DU EINVERSTANDEN BIST, DANN UNTERSCHREIBE BITTE DEN VERTRAG HIER.
WENN ICH ETWAS FÜR SIE TUE, REDUZIERT SIE MEINE MIETSCHULDEN. DAS HABEN WIR SOGAR SCHRIFTLICH FESTGEHALTEN.
AUSSERDEM WOHNT SIE JETZT BEI MIR.

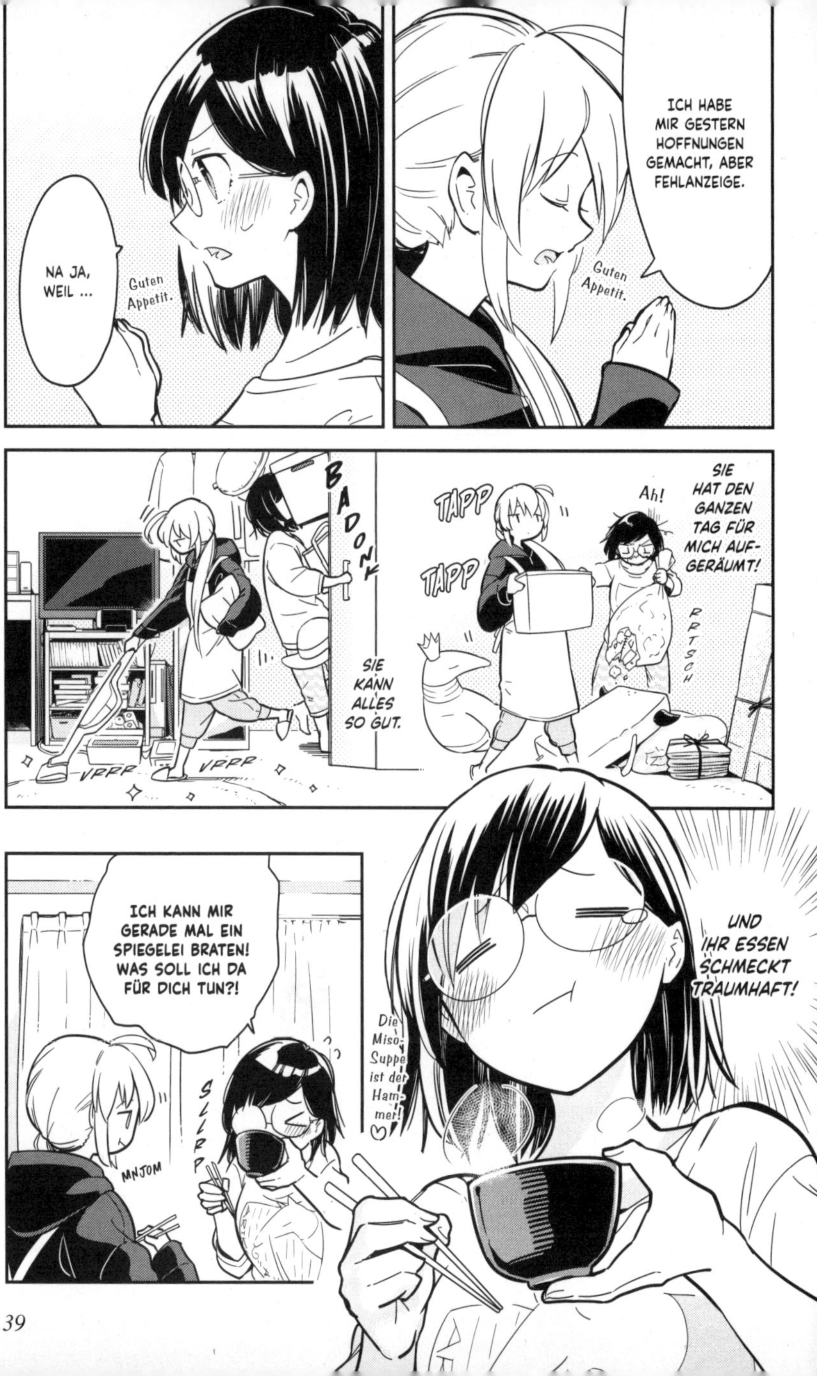
ICH HABE MIR GESTERN HOFFNUNGEN GEMACHT, ABER FEHLANZEIGE.
Guten Appetit.
Guten Appetit.
NA JA, WEIL ...
SIE HAT DEN GANZEN TAG FÜR MICH AUF-GERÄUMT!
Ah!
TAPP
TAPP
RRTSCH
SIE KANN ALLES SO GUT.
BADONK
VRRR
VRRR
UND IHR ESSEN SCHMECKT TRAUMHAFT!
Die Miso-Suppe ist der Hammer! ♡
ICH KANN MIR GERADE MAL EIN SPIEGELEI BRATEN! WAS SOLL ICH DA FÜR DICH TUN?!
SLLRP
MNJOM

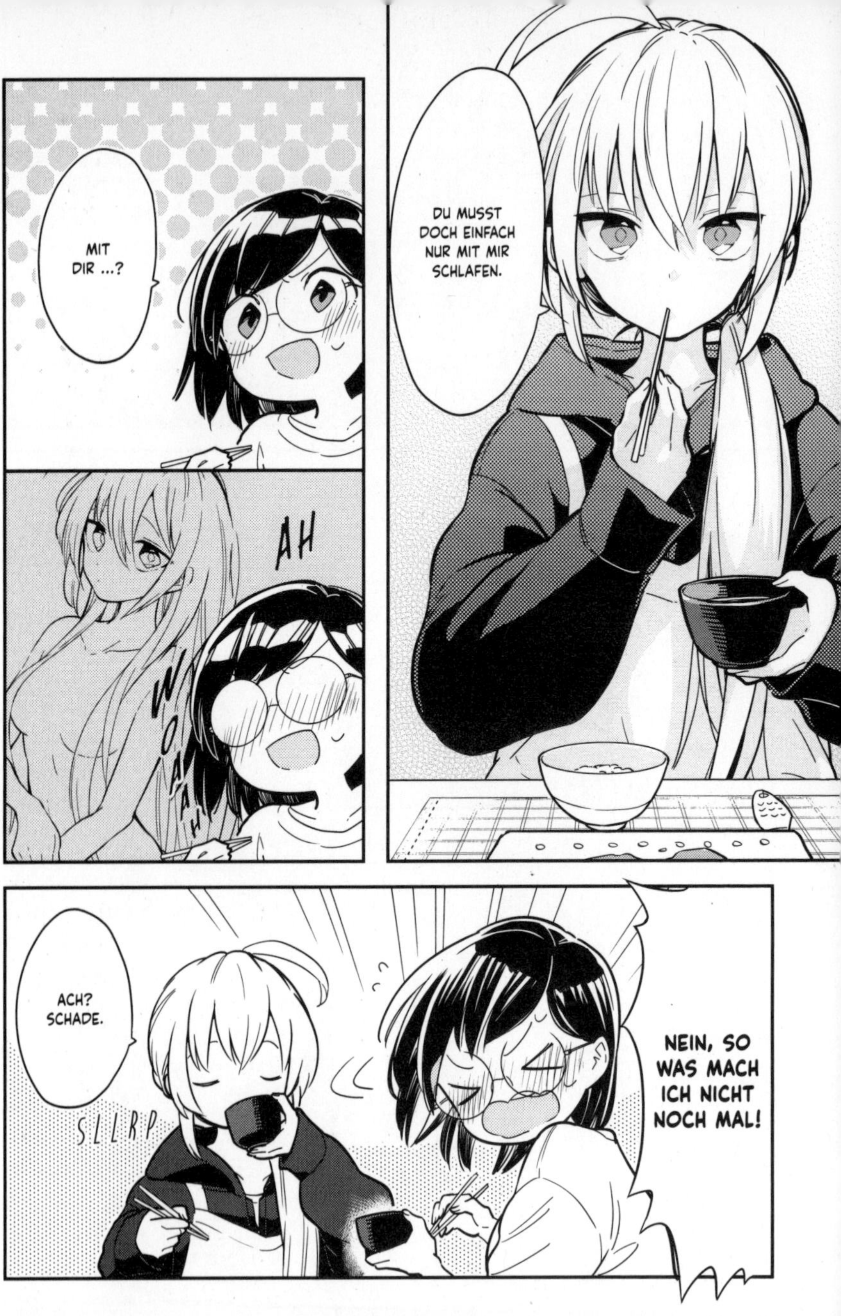
DU MUSST DOCH EINFACH NUR MIT MIR SCHLAFEN.
MIT DIR …?
AH
WOAAAH
NEIN, SO WAS MACH ICH NICHT NOCH MAL!
ACH? SCHADE.
SLLRP

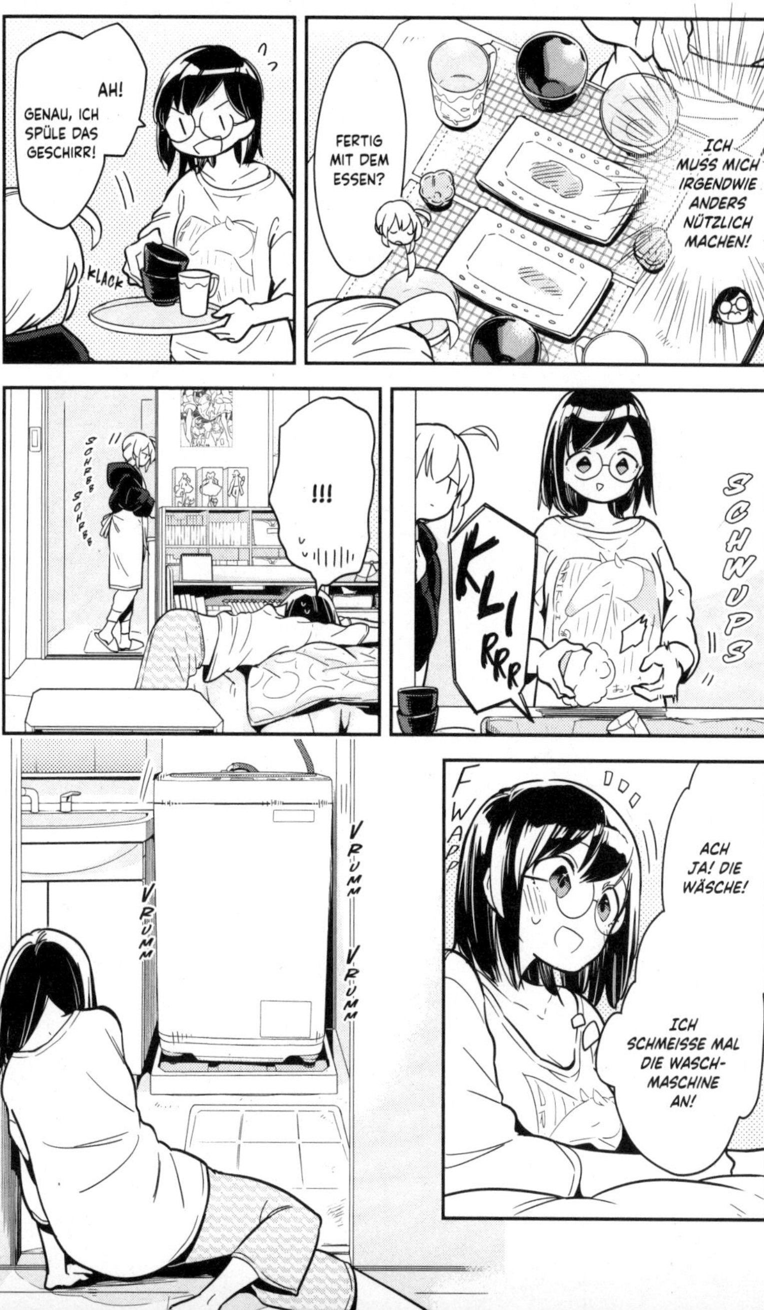
ICH MUSS MICH IRGENDWIE ANDERS NÜTZLICH MACHEN!
FERTIG MIT DEM ESSEN?
AH!
GENAU, ICH SPÜLE DAS GESCHIRR!
KLACK
SCHWUPS
KLIRRRR
!!!
SCHRBB SCHRBB
ACH JA! DIE WÄSCHE!
ICH SCHMEISSE MAL DIE WASCH-MASCHINE AN!
FWAPP
VRUMM
VRUMM
VRUMM

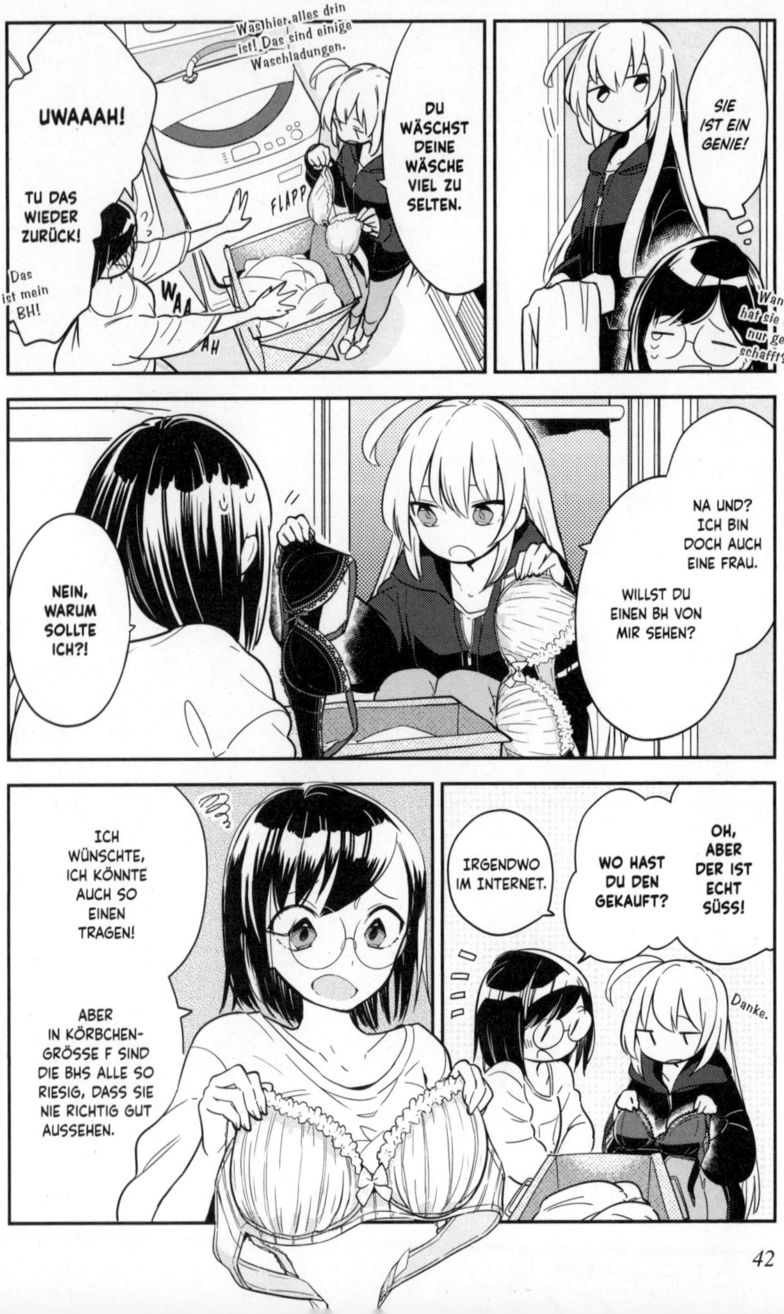
SIE IST EIN GENIE!
Wann hat sie das nur geschafft?
DU WÄSCHST DEINE WÄSCHE VIEL ZU SELTEN.
Was hier alles drin ist! Das sind einige Waschladungen.
UWAAAH!
FLAPP
TU DAS WIEDER ZURÜCK!
Das ist mein BH!
WAAAH
NA UND? ICH BIN DOCH AUCH EINE FRAU.
WILLST DU EINEN BH VON MIR SEHEN?
NEIN, WARUM SOLLTE ICH?!
OH, ABER DER IST ECHT SÜSS!
WO HAST DU DEN GEKAUFT?
IRGENDWO IM INTERNET.
Danke.
ICH WÜNSCHTE, ICH KÖNNTE AUCH SO EINEN TRAGEN!
ABER IN KÖRBCHEN-GRÖSSE F SIND DIE BHS ALLE SO RIESIG, DASS SIE NIE RICHTIG GUT AUSSEHEN.

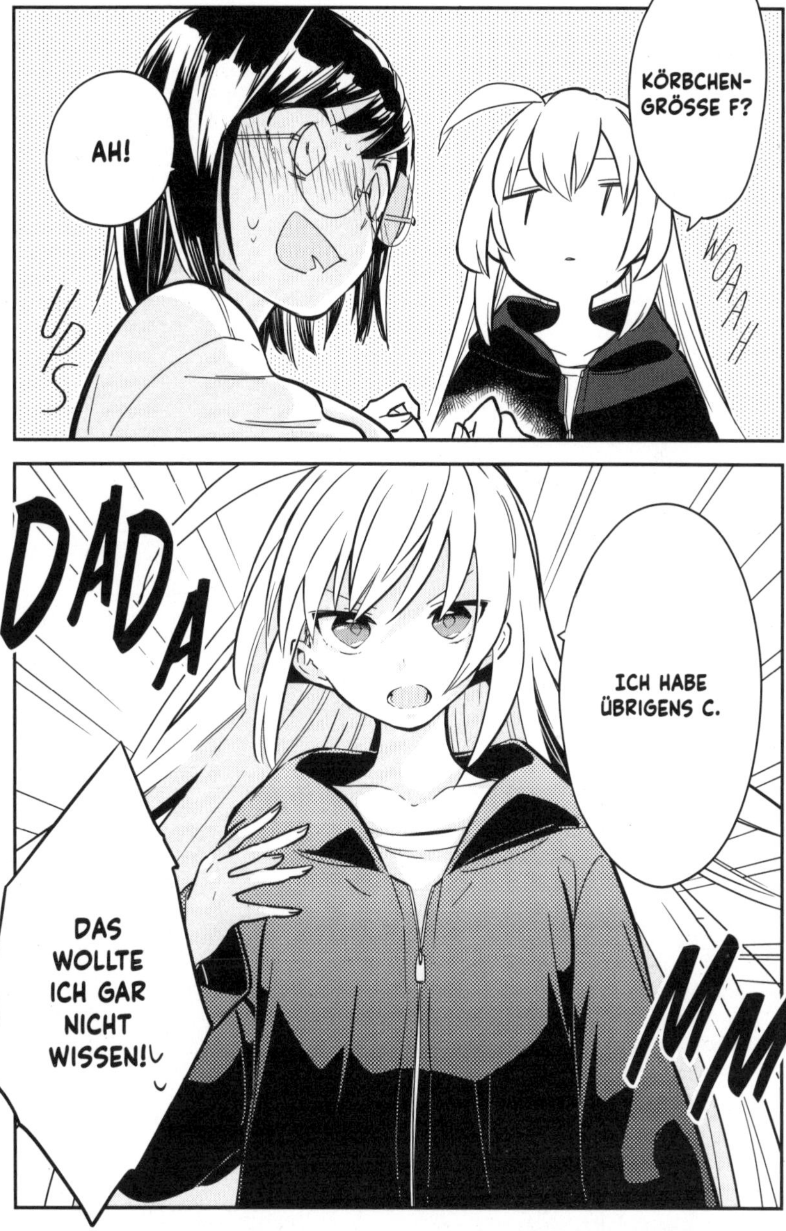
KÖRBCHEN-
GRÖSSE F?
WOAAH
AH!
UPS
ICH HABE
ÜBRIGENS C.
DADA
MM
DAS
WOLLTE
ICH GAR
NICHT
WISSEN!

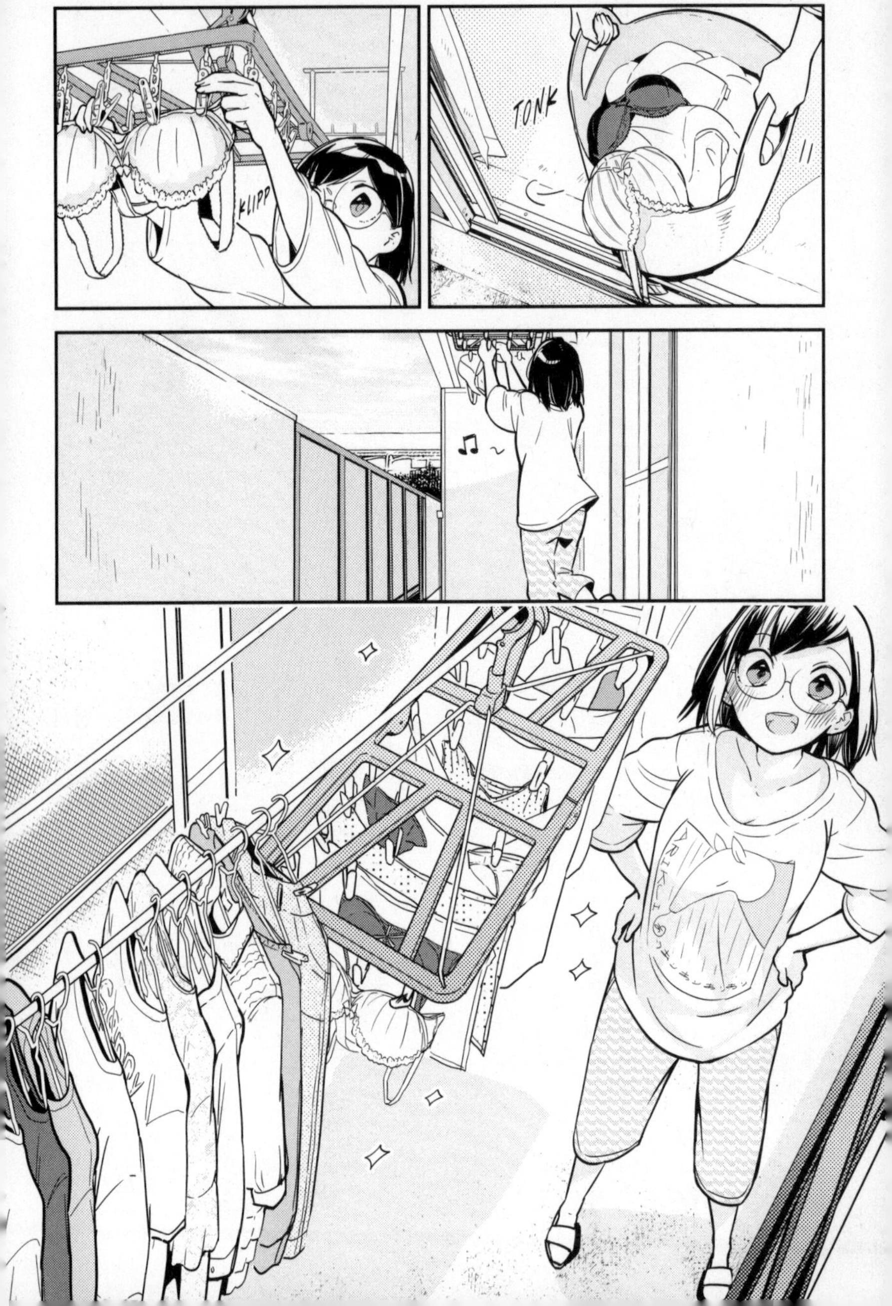
TONK
KLIPP

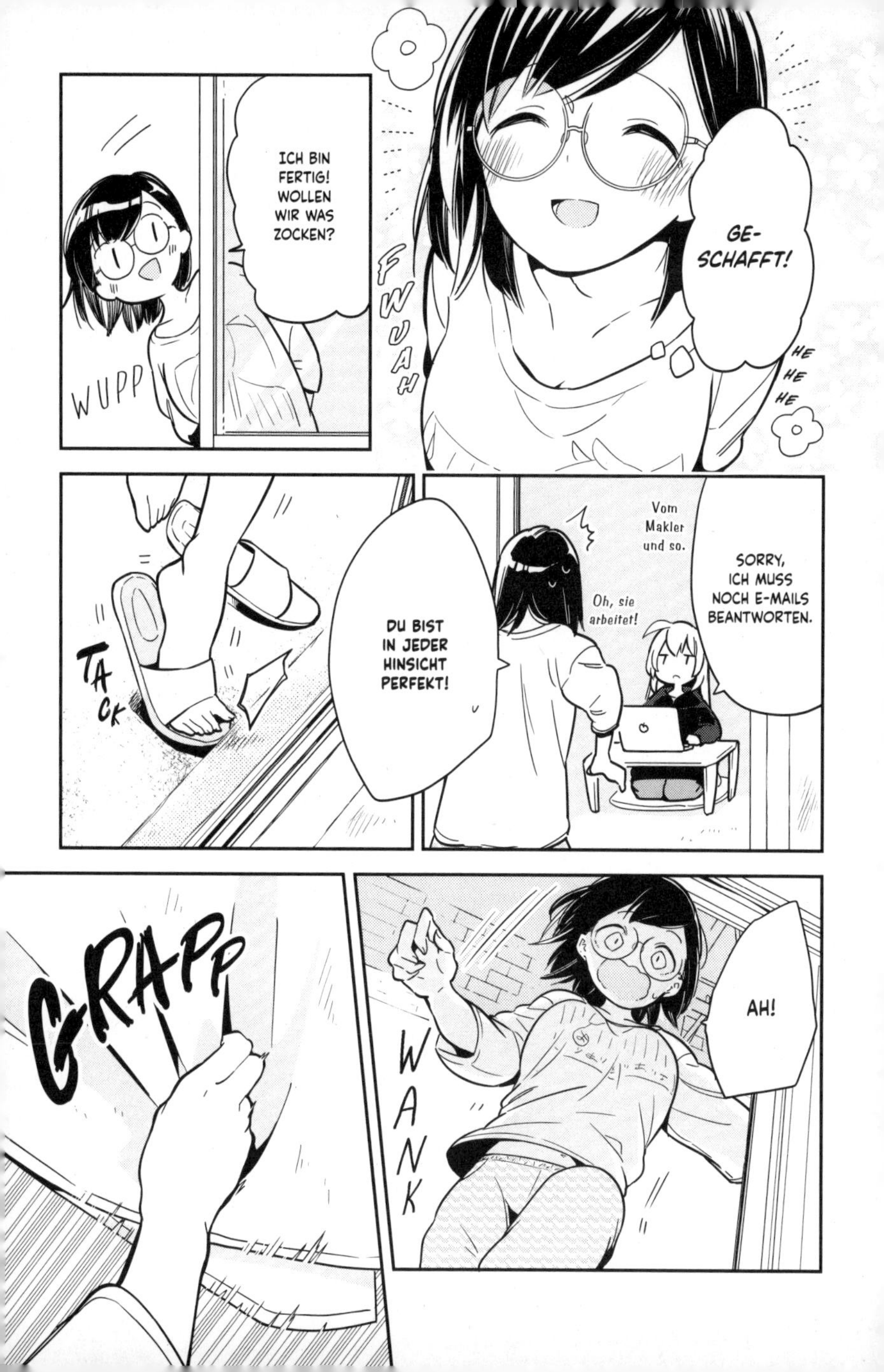
GE-
SCHAFFT!
HE HE HE
FWUAH
ICH BIN FERTIG! WOLLEN WIR WAS ZOCKEN?
WUPP
SORRY, ICH MUSS NOCH E-MAILS BEANTWORTEN.
Vom Makler und so.
Oh, sie arbeitet!
DU BIST IN JEDER HINSICHT PERFEKT!
TACK
AH!
WANK
GRAPP

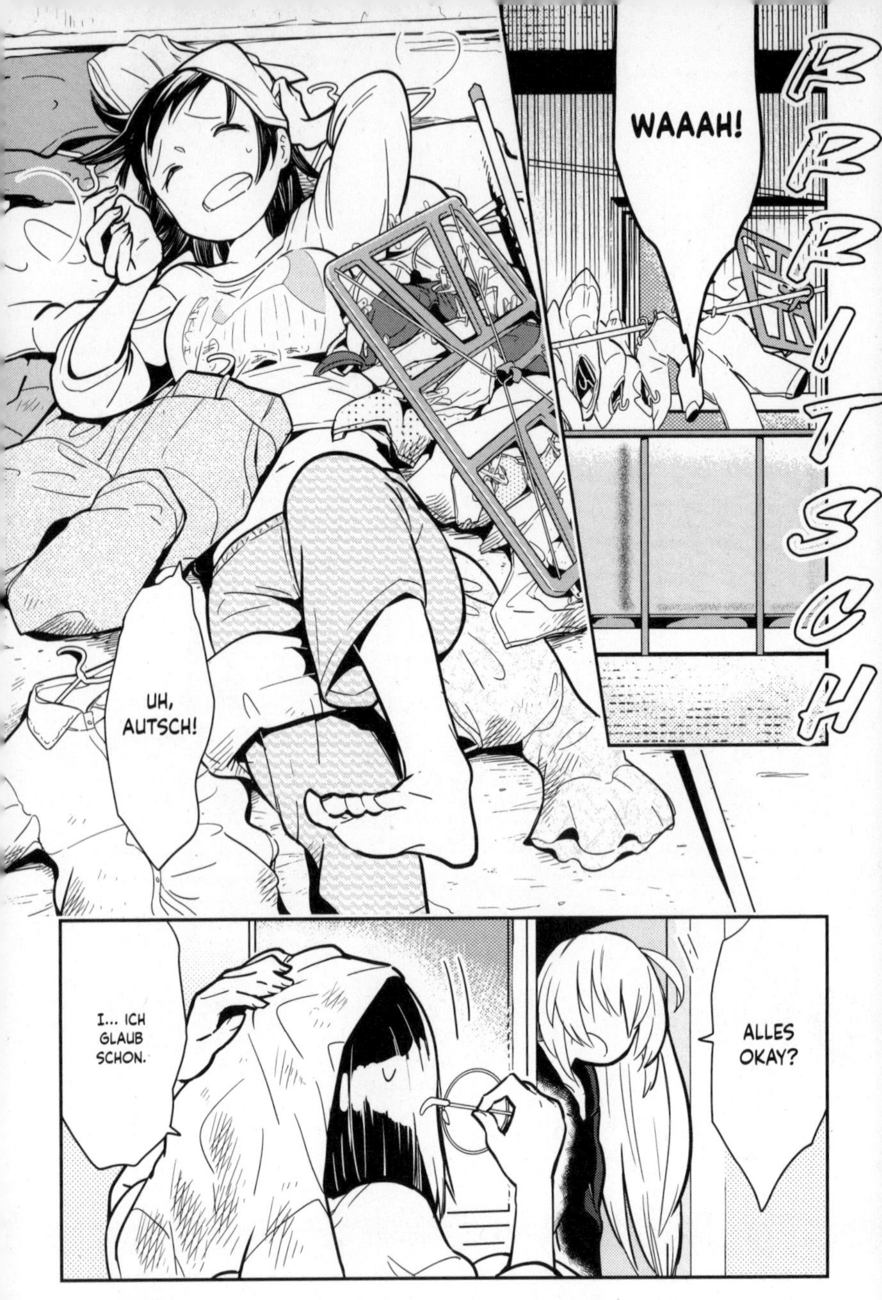

PRRRITSCH
WAAAH!
UH, AUTSCH!
ALLES OKAY?
I... ICH GLAUB SCHON.

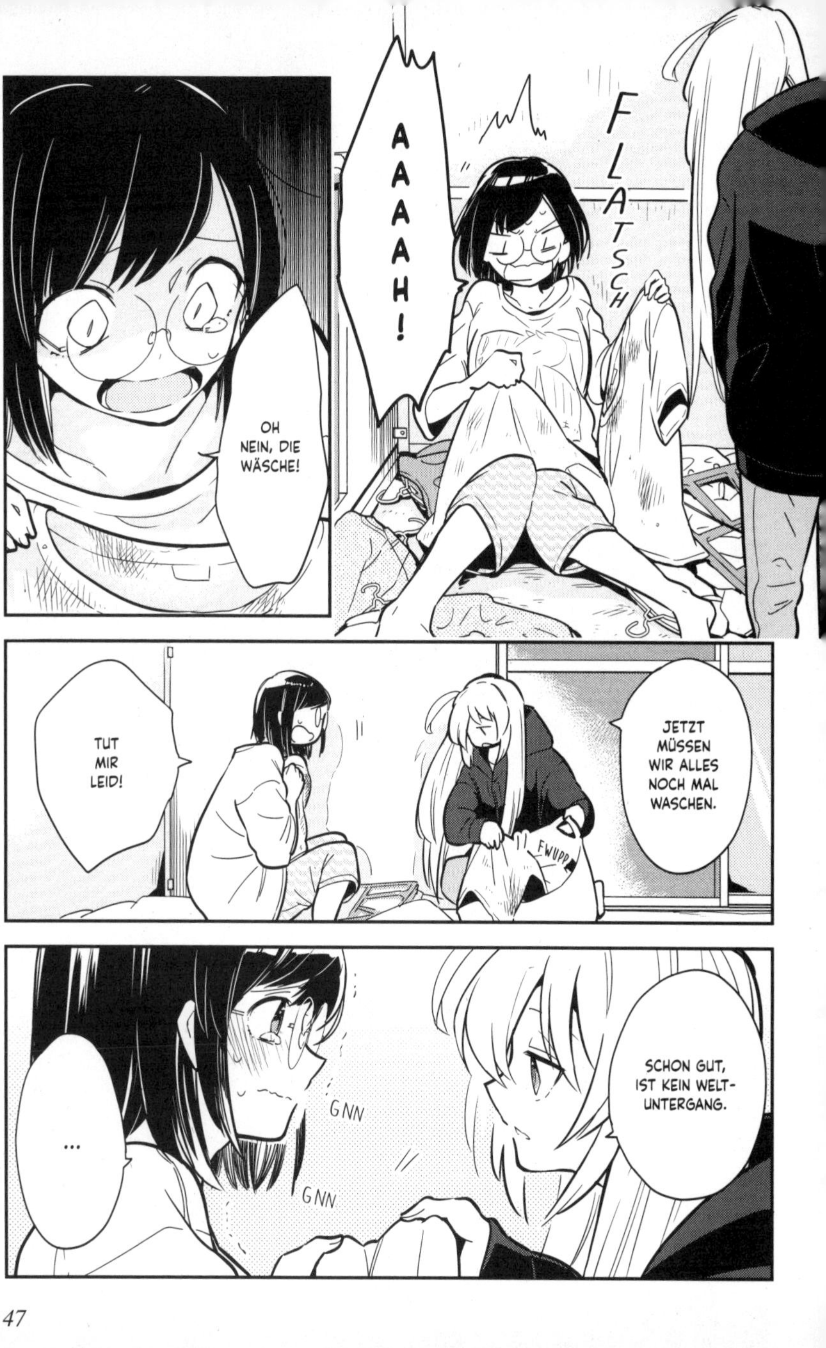
FLATSCH
AAAAAH!
OH NEIN, DIE WÄSCHE!
JETZT MÜSSEN WIR ALLES NOCH MAL WASCHEN.
FWUPP
TUT MIR LEID!
SCHON GUT, IST KEIN WELT-UNTERGANG.
GNN
GNN
...

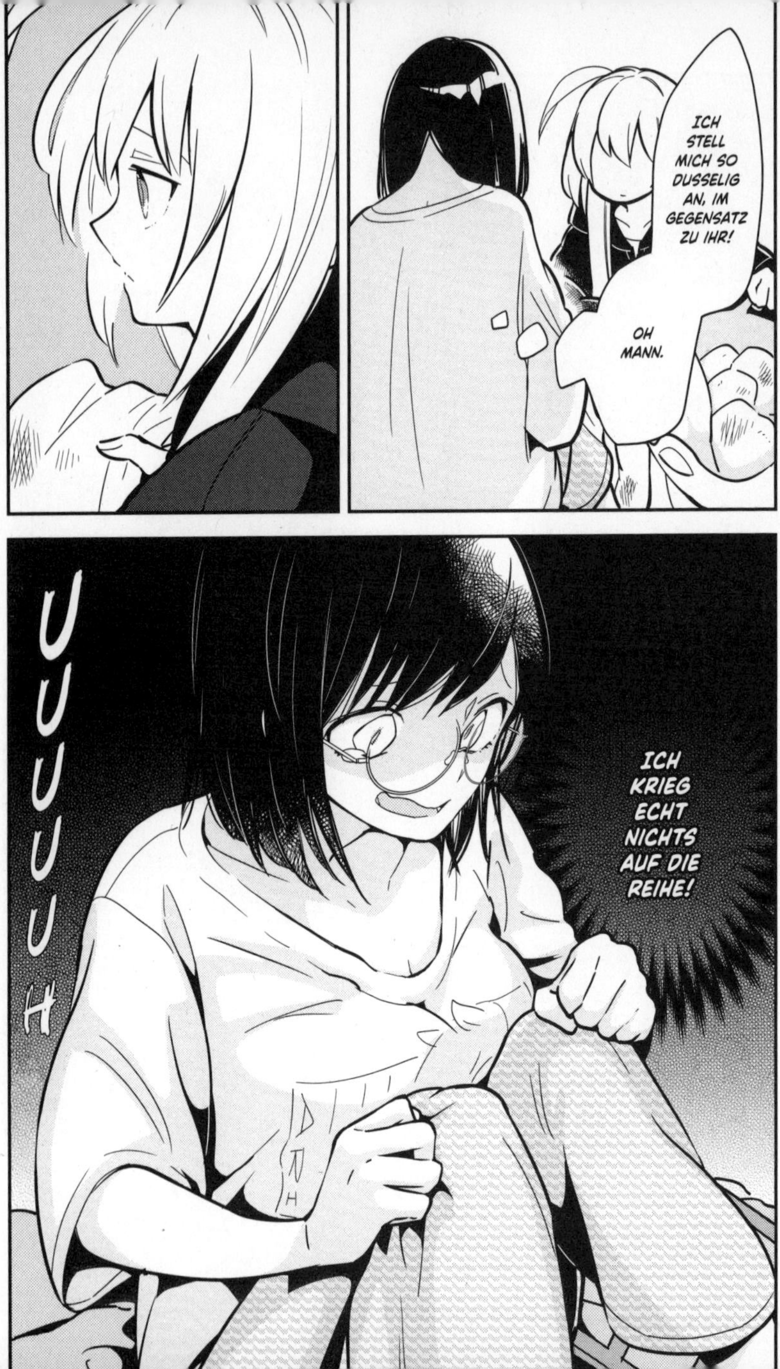
ICH STELL MICH SO DUSSELIG AN, IM GEGENSATZ ZU IHR!
OH MANN.
UUUUUH
ICH KRIEG ECHT NICHTS AUF DIE REIHE!

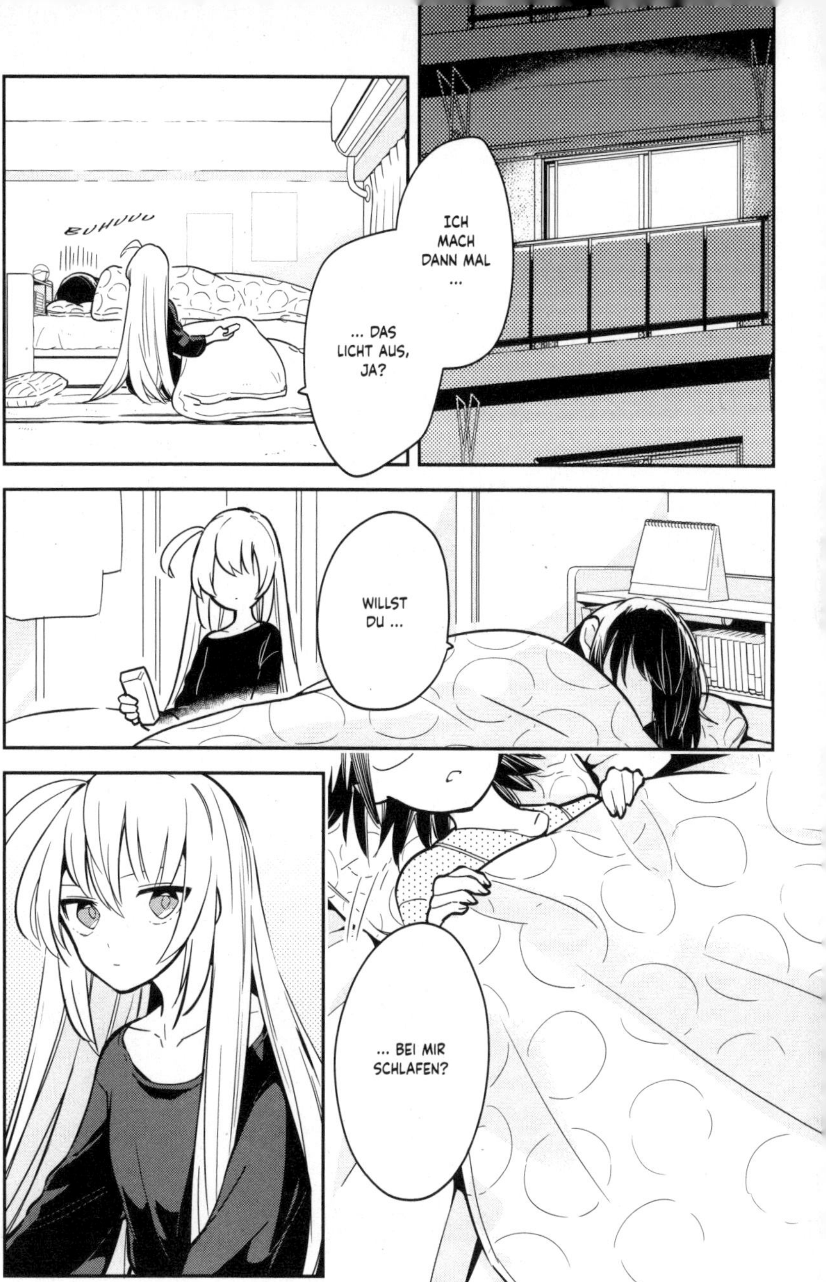
ICH MACH DANN MAL ...
... DAS LICHT AUS, JA?
BUHUUU
WILLST DU ...
... BEI MIR SCHLAFEN?

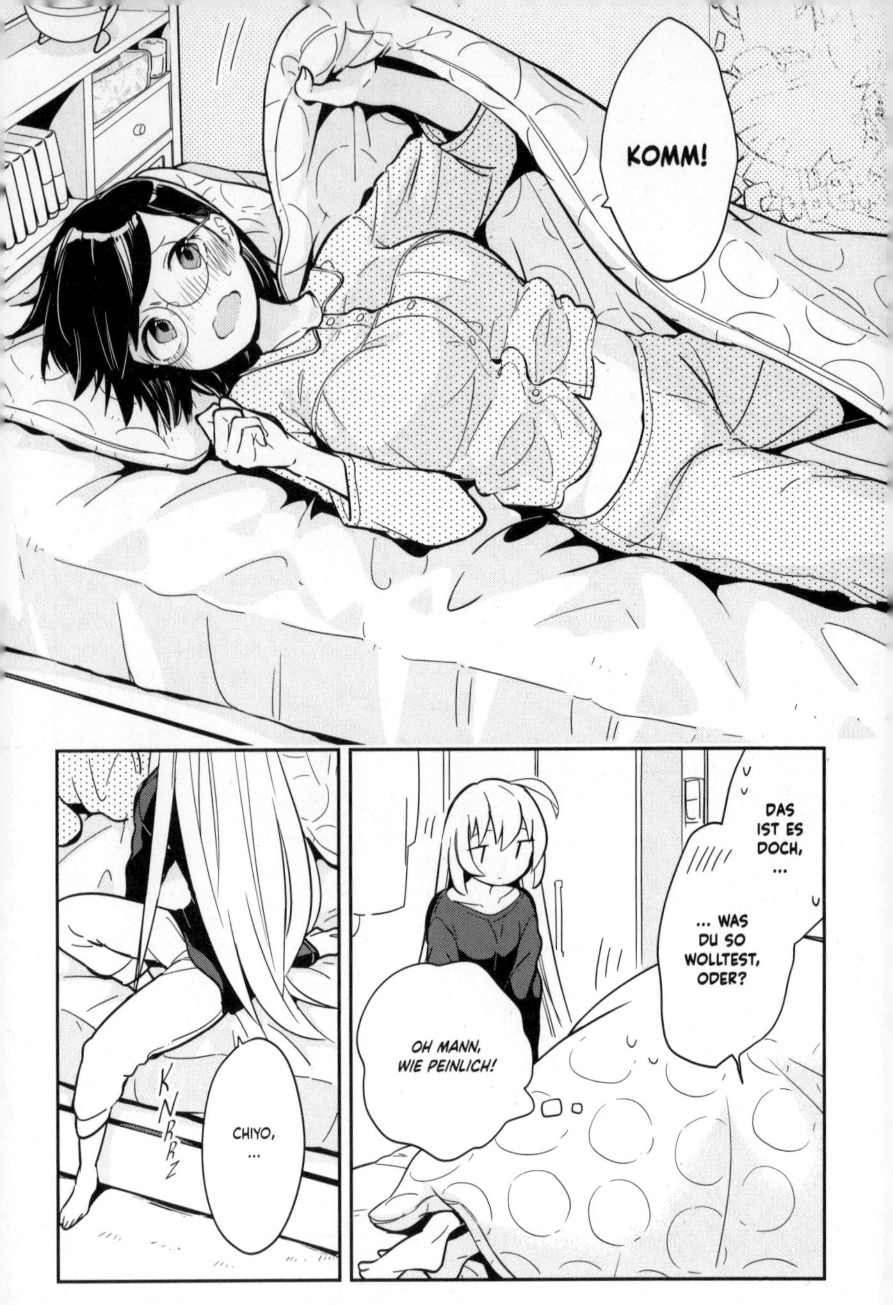
KOMM!
DAS IST ES DOCH, ...
... WAS DU SO WOLLTEST, ODER?
OH MANN, WIE PEINLICH!
KNRRZ
CHIYO, ...

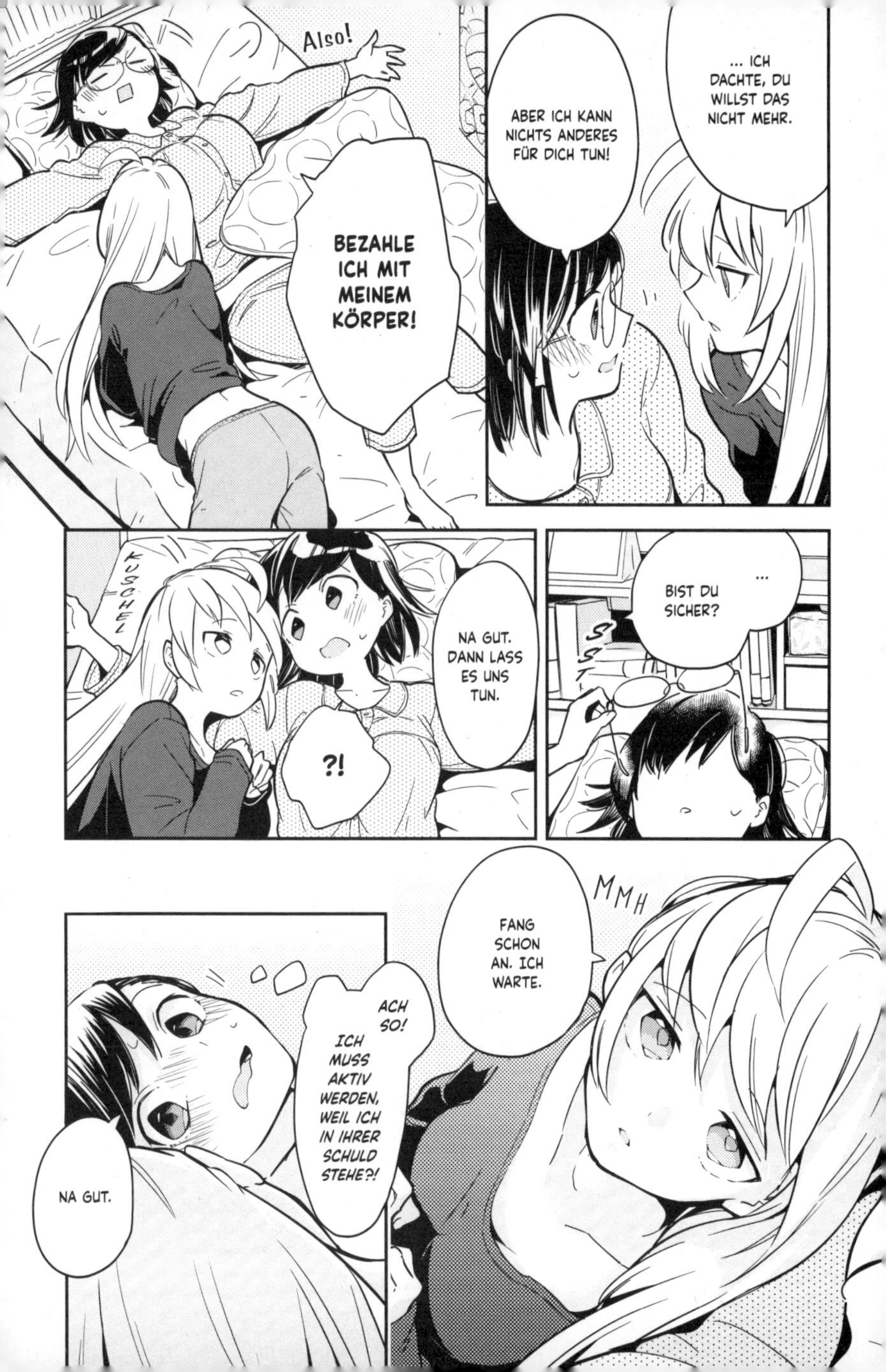
... ICH DACHTE, DU WILLST DAS NICHT MEHR.
ABER ICH KANN NICHTS ANDERES FÜR DICH TUN!
Also!
BEZAHLE ICH MIT MEINEM KÖRPER!
...
BIST DU SICHER?
SSST
NA GUT. DANN LASS ES UNS TUN.
?!
KUSCHEL
MMH
FANG SCHON AN. ICH WARTE.
ACH SO! ICH MUSS AKTIV WERDEN, WEIL ICH IN IHRER SCHULD STEHE?!
NA GUT.

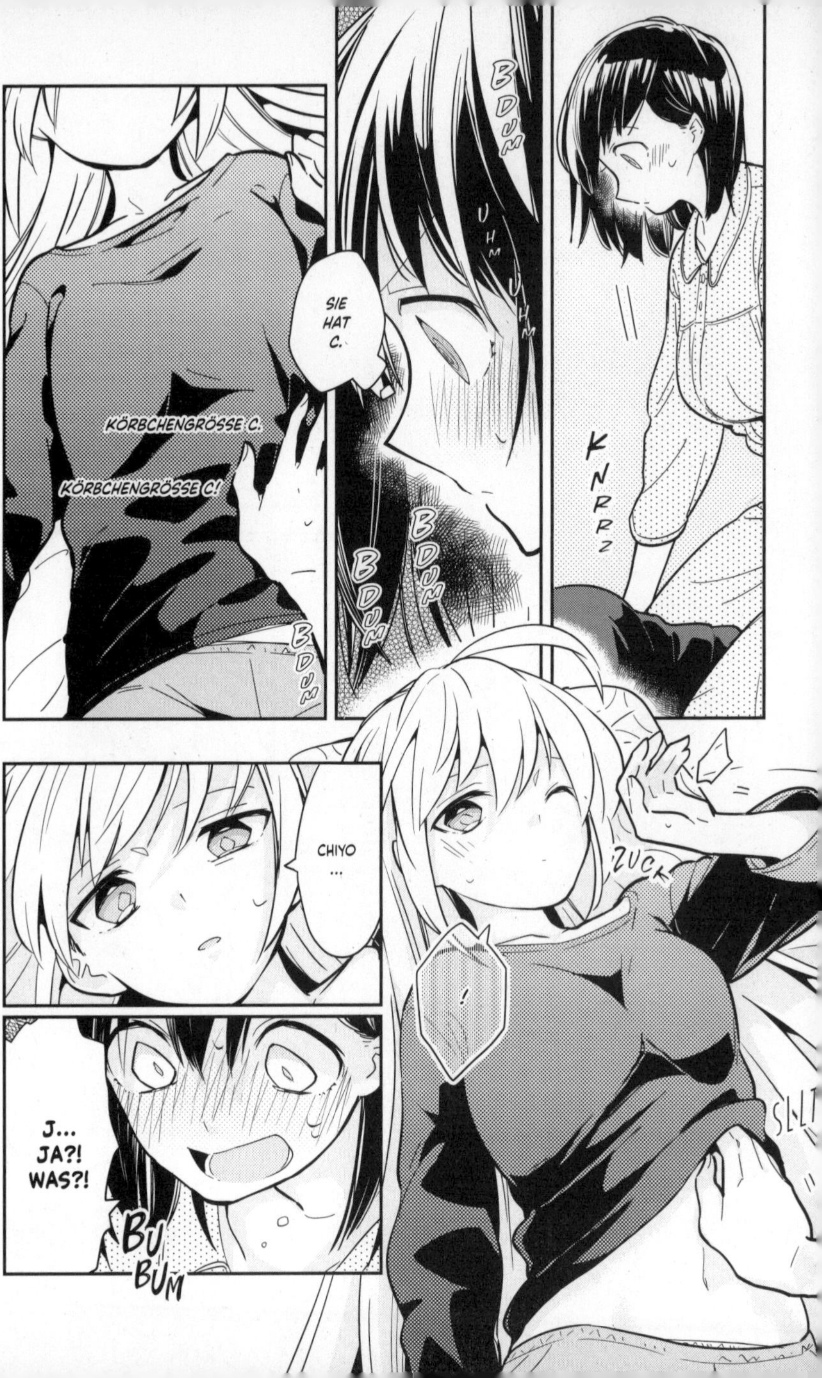
KNRRZ
BDUM
UHM
UHM
UHM
SIE HAT C.
BDUM
BDUM
BDUM
KÖRBCHENGRÖSSE C.
KÖRBCHENGRÖSSE C!
ZUCK
!
CHIYO ...
J... JA?! WAS?!
BU BUM

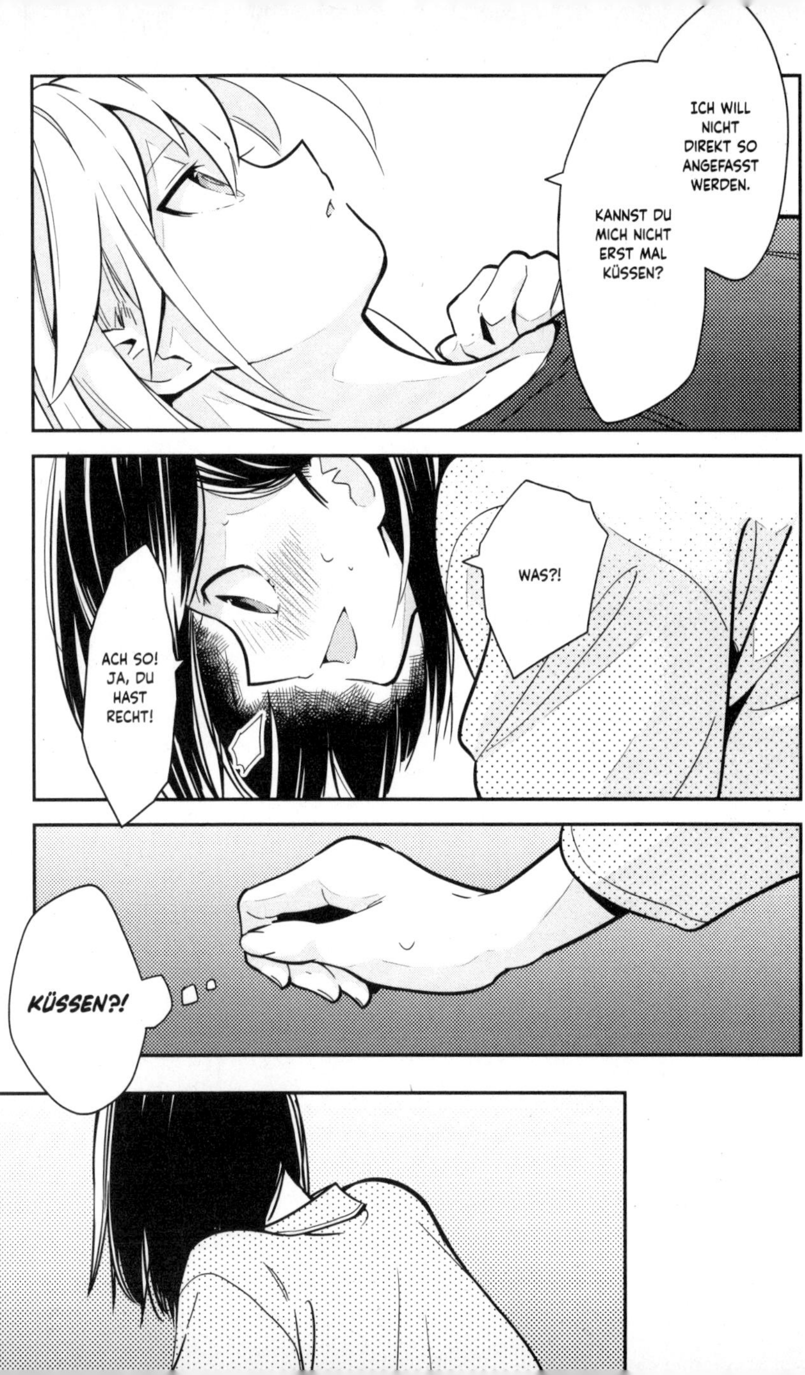
ICH WILL NICHT DIREKT SO ANGEFASST WERDEN.
KANNST DU MICH NICHT ERST MAL KÜSSEN?
WAS?!
ACH SO! JA, DU HAST RECHT!
KÜSSEN?!

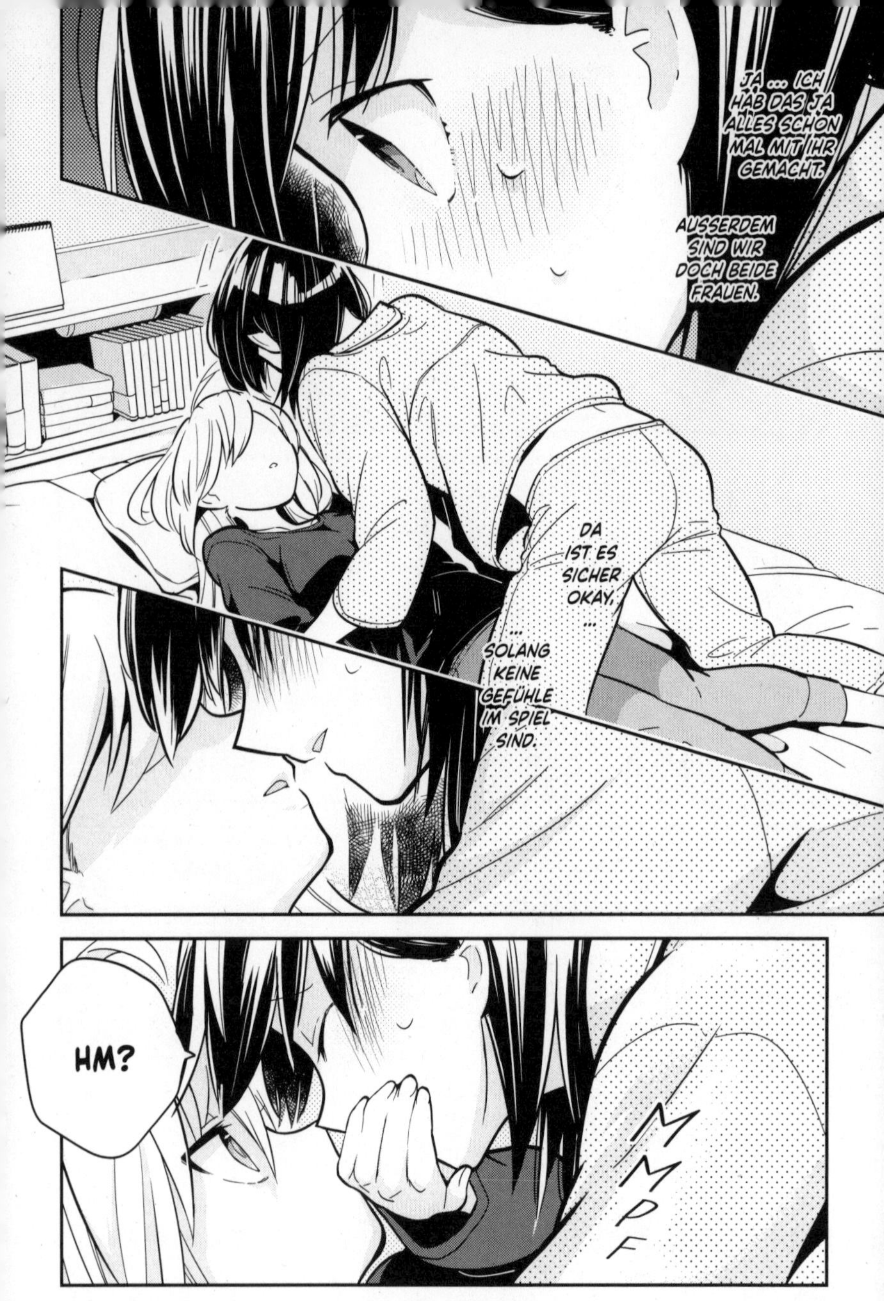
JA ... ICH HAB DAS JA ALLES SCHON MAL MIT IHR GEMACHT.
AUSSERDEM SIND WIR DOCH BEIDE FRAUEN.
DA IST ES SICHER OKAY, ...
... SOLANG KEINE GEFÜHLE IM SPIEL SIND.
HM?
MMPF

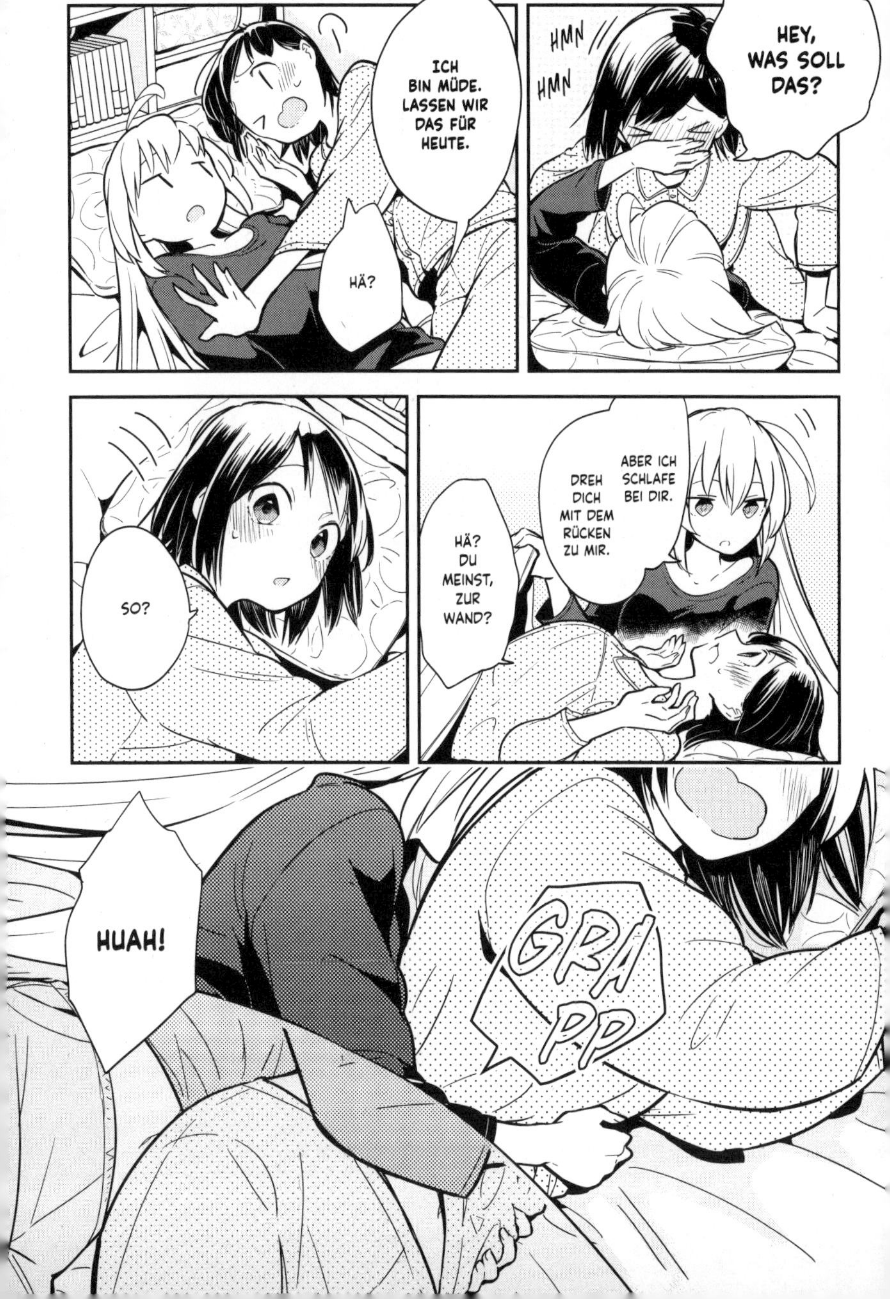
HMN HMN
HEY, WAS SOLL DAS?
ICH BIN MÜDE. LASSEN WIR DAS FÜR HEUTE.
HÄ?
ABER ICH SCHLAFE BEI DIR.
DREH DICH MIT DEM RÜCKEN ZU MIR.
HÄ? DU MEINST, ZUR WAND?
SO?
GRAPP
HUAH!

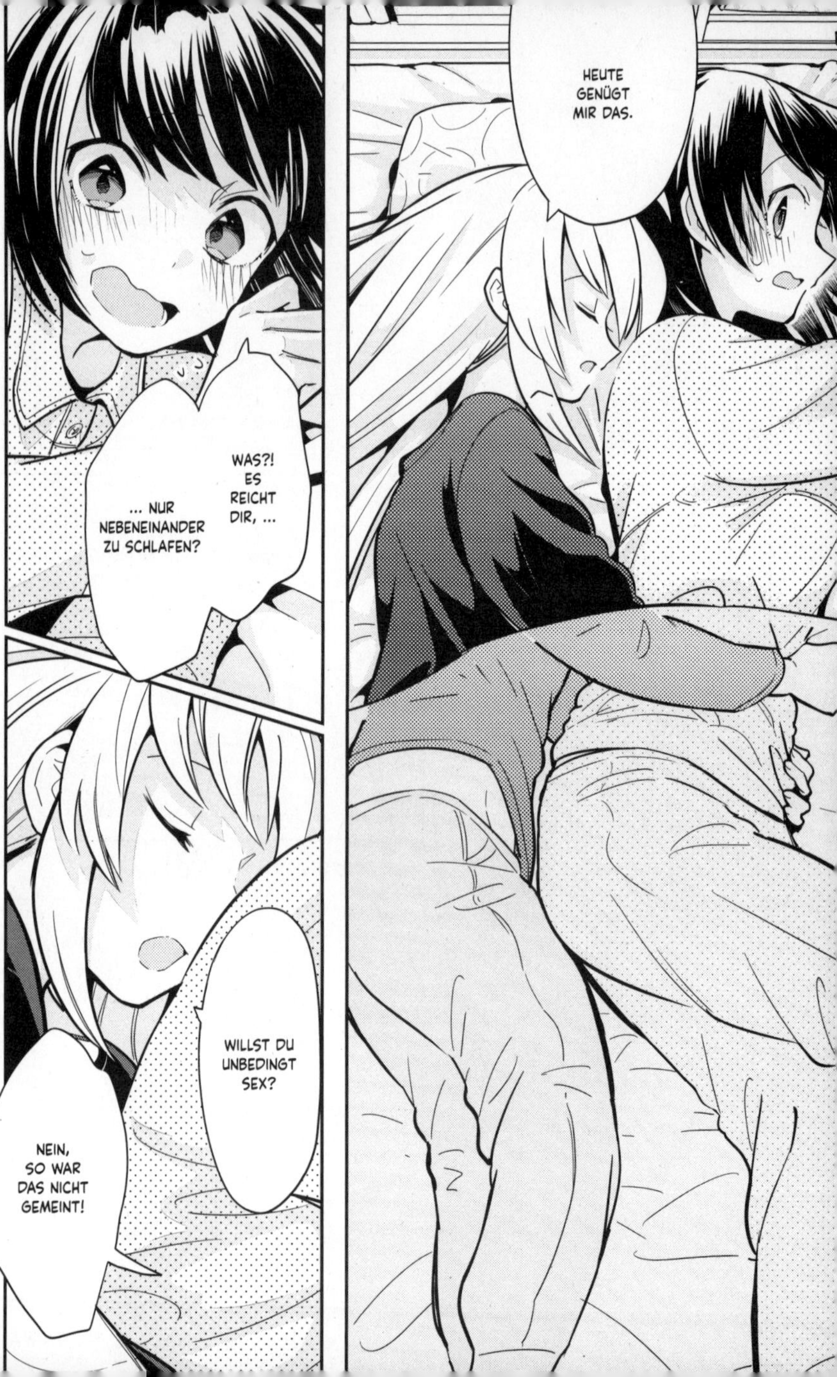
HEUTE GENÜGT MIR DAS.
WAS?! ES REICHT DIR, ...
... NUR NEBENEINANDER ZU SCHLAFEN?
WILLST DU UNBEDINGT SEX?
NEIN, SO WAR DAS NICHT GEMEINT!

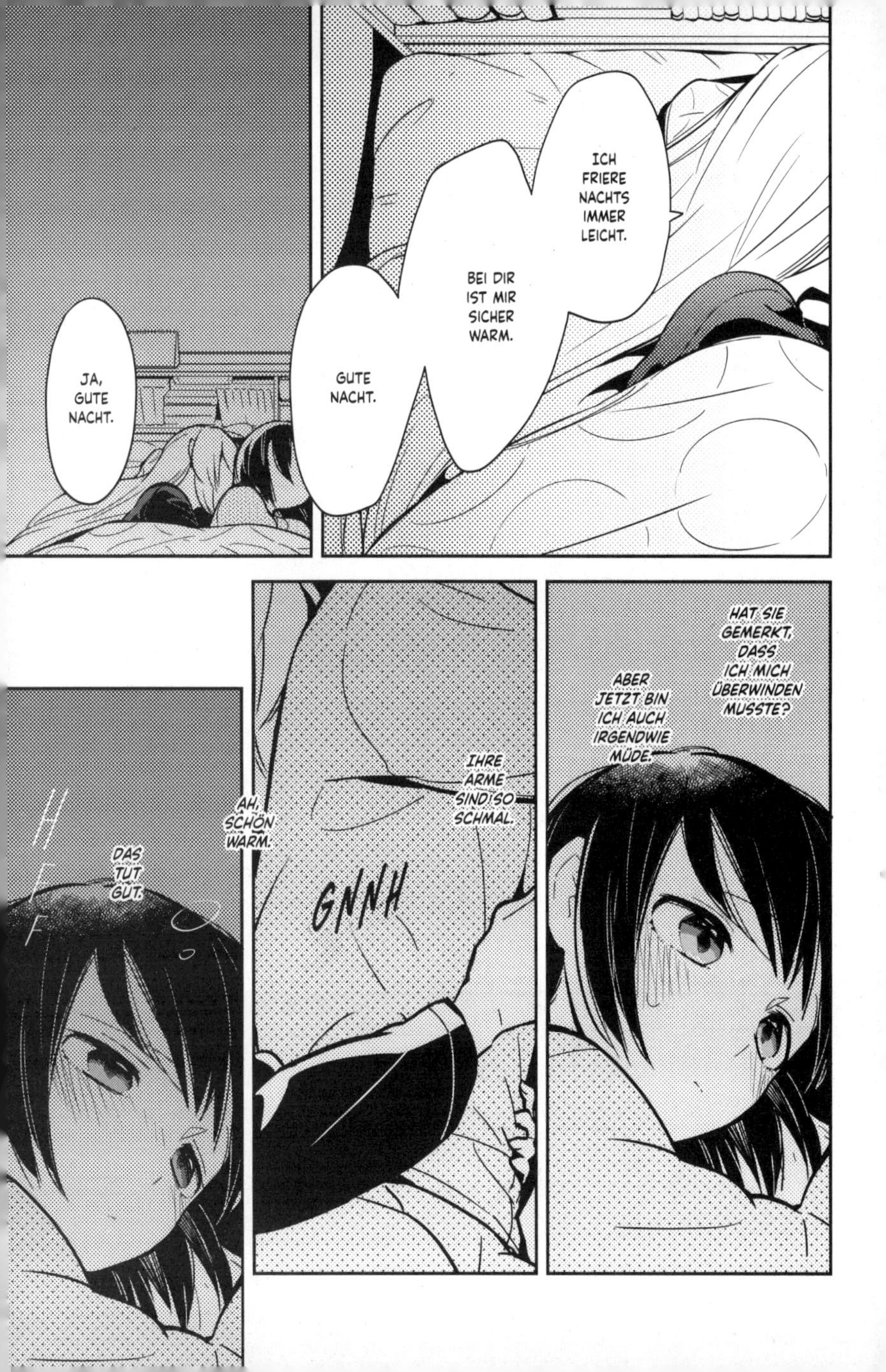
ICH FRIERE NACHTS IMMER LEICHT.
BEI DIR IST MIR SICHER WARM.
GUTE NACHT.
JA, GUTE NACHT.
HAT SIE GEMERKT, DASS ICH MICH ÜBERWINDEN MUSSTE?
ABER JETZT BIN ICH AUCH IRGENDWIE MÜDE.
IHRE ARME SIND SO SCHMAL.
GNNH
AH, SCHÖN WARM.
HFF
DAS TUT GUT.

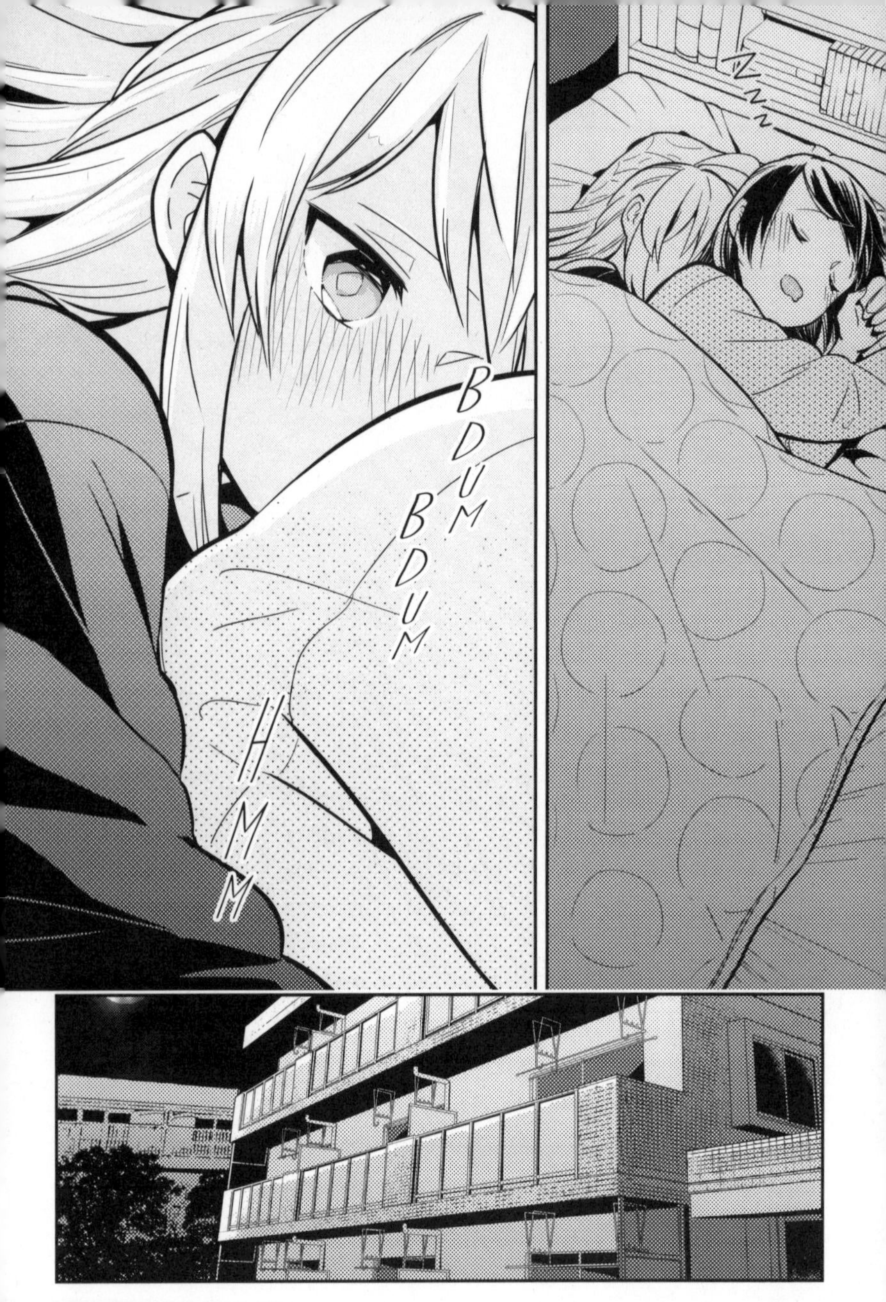
ZZZ
BDUM
BDUM
HMMM

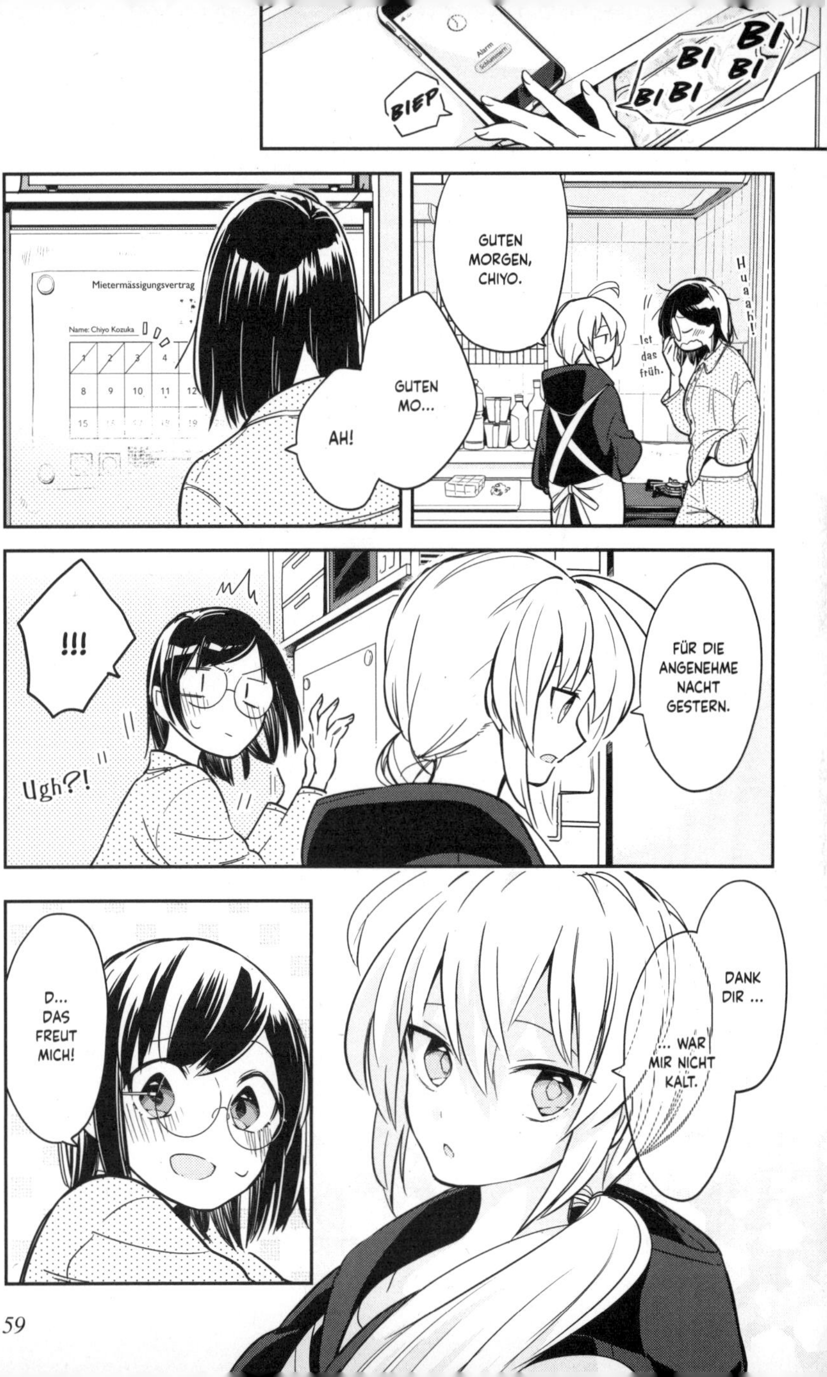
BI BI BI BI BI
Alarm
Schlummern
BIEP
GUTEN MORGEN, CHIYO.
Huaah!
Ist das früh.
Mietermässigungsvertrag
Name: Chiyo Kozuka
GUTEN MO...
AH!
FÜR DIE ANGENEHME NACHT GESTERN.
!!!
Ugh?!
DANK DIR ...
... WAR MIR NICHT KALT.
D... DAS FREUT MICH!

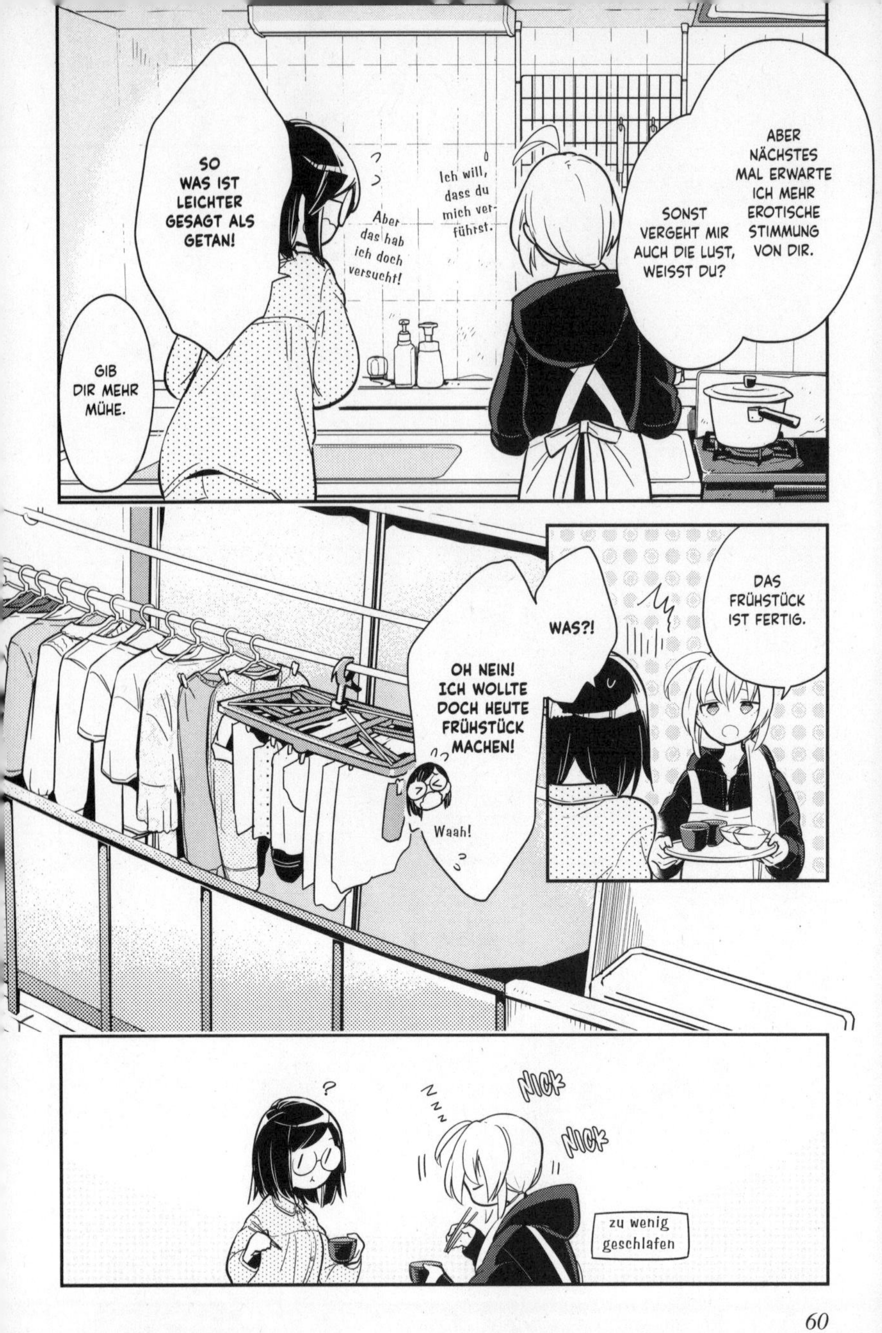
ABER NÄCHSTES MAL ERWARTE ICH MEHR EROTISCHE STIMMUNG VON DIR.
SONST VERGEHT MIR AUCH DIE LUST, WEISST DU?
Ich will, dass du mich verführst.
Aber das hab ich doch versucht!
SO WAS IST LEICHTER GESAGT ALS GETAN!
GIB DIR MEHR MÜHE.
DAS FRÜHSTÜCK IST FERTIG.
WAS?!
OH NEIN! ICH WOLLTE DOCH HEUTE FRÜHSTÜCK MACHEN!
Waah!
NICK
NICK
zu wenig geschlafen

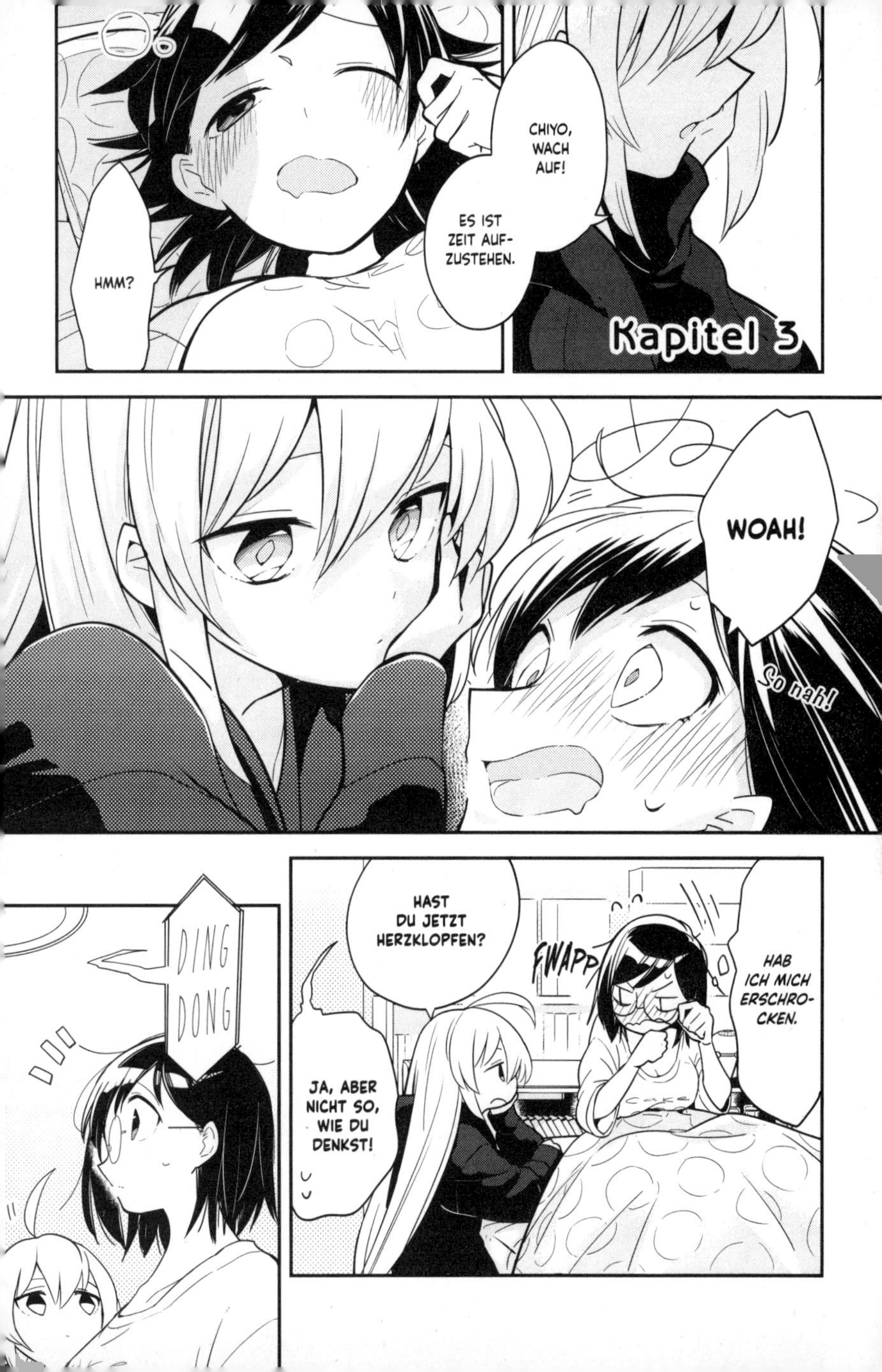
Kapitel 3
CHIYO, WACH AUF!
ES IST ZEIT AUF-ZUSTEHEN.
HMM?
WOAH!
So nah!
HAB ICH MICH ERSCHRO-CKEN.
FWAPP
HAST DU JETZT HERZKLOPFEN?
JA, ABER NICHT SO, WIE DU DENKST!
DING DONG

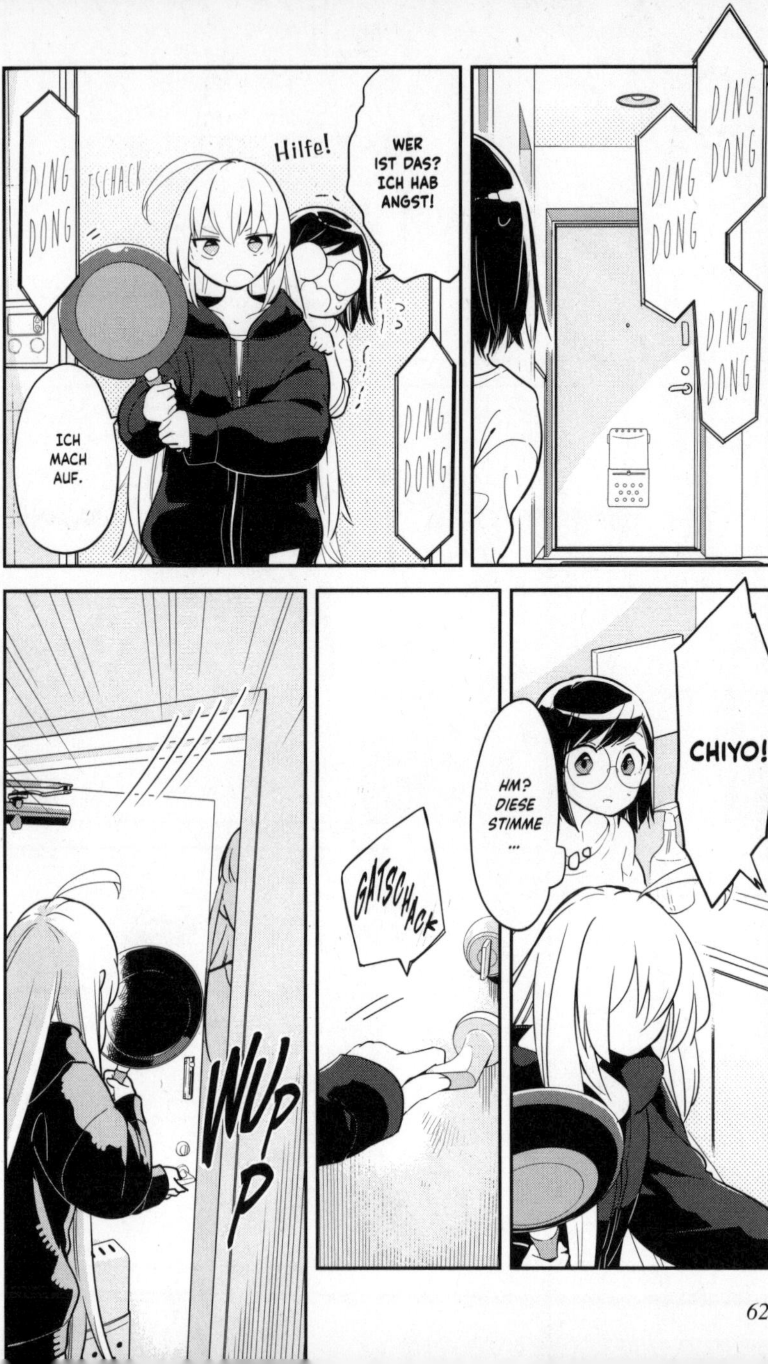
DING DONG
DING DONG
DING DONG
WER IST DAS? ICH HAB ANGST!
Hilfe!
DING DONG
TSCHACK
DING DONG
ICH MACH AUF.
CHIYO!
HM? DIESE STIMME ...
GATSCHACK
WUPP

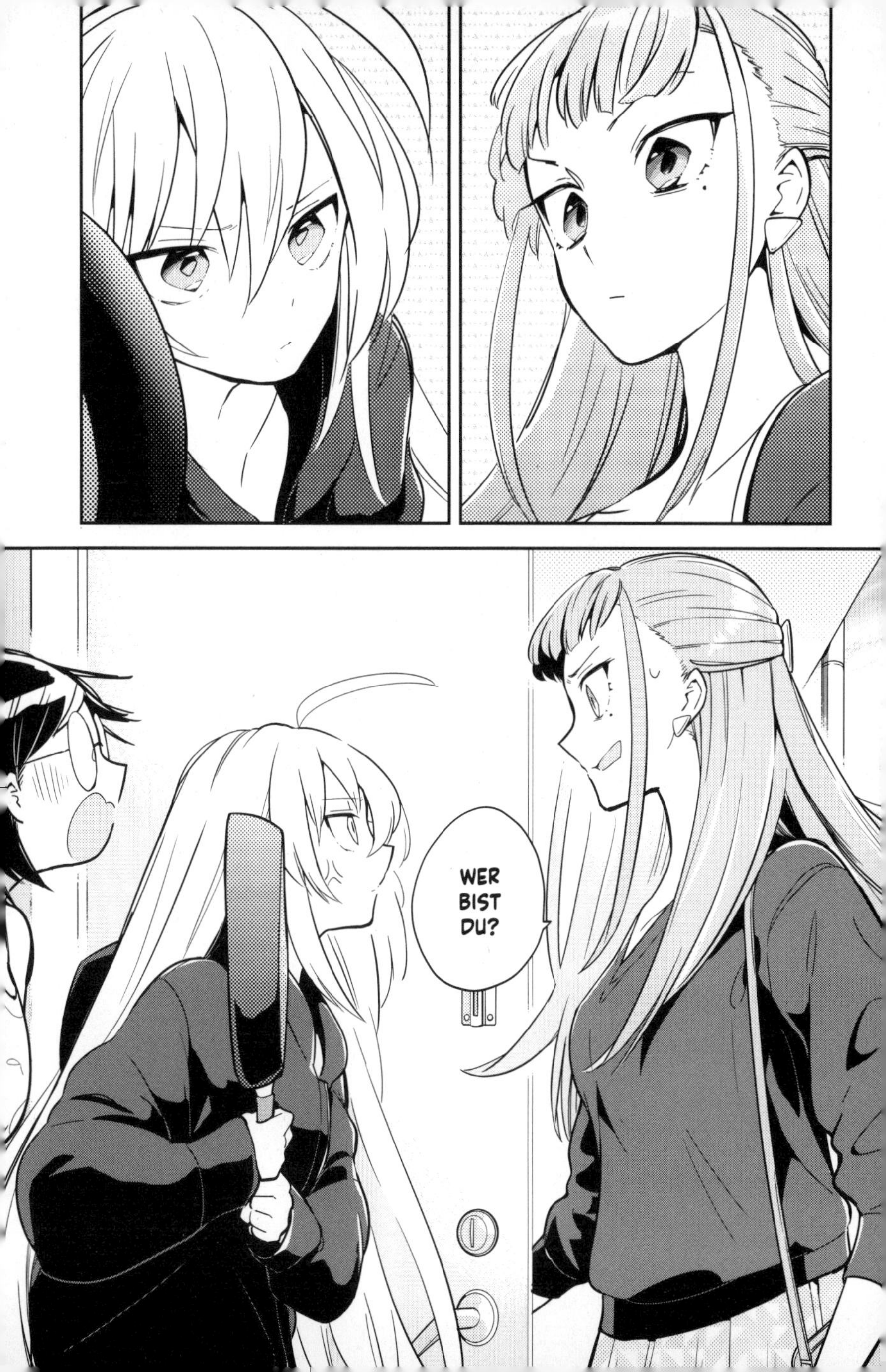
WER BIST DU?

Kapitel 3: Du hast keine Ahnung

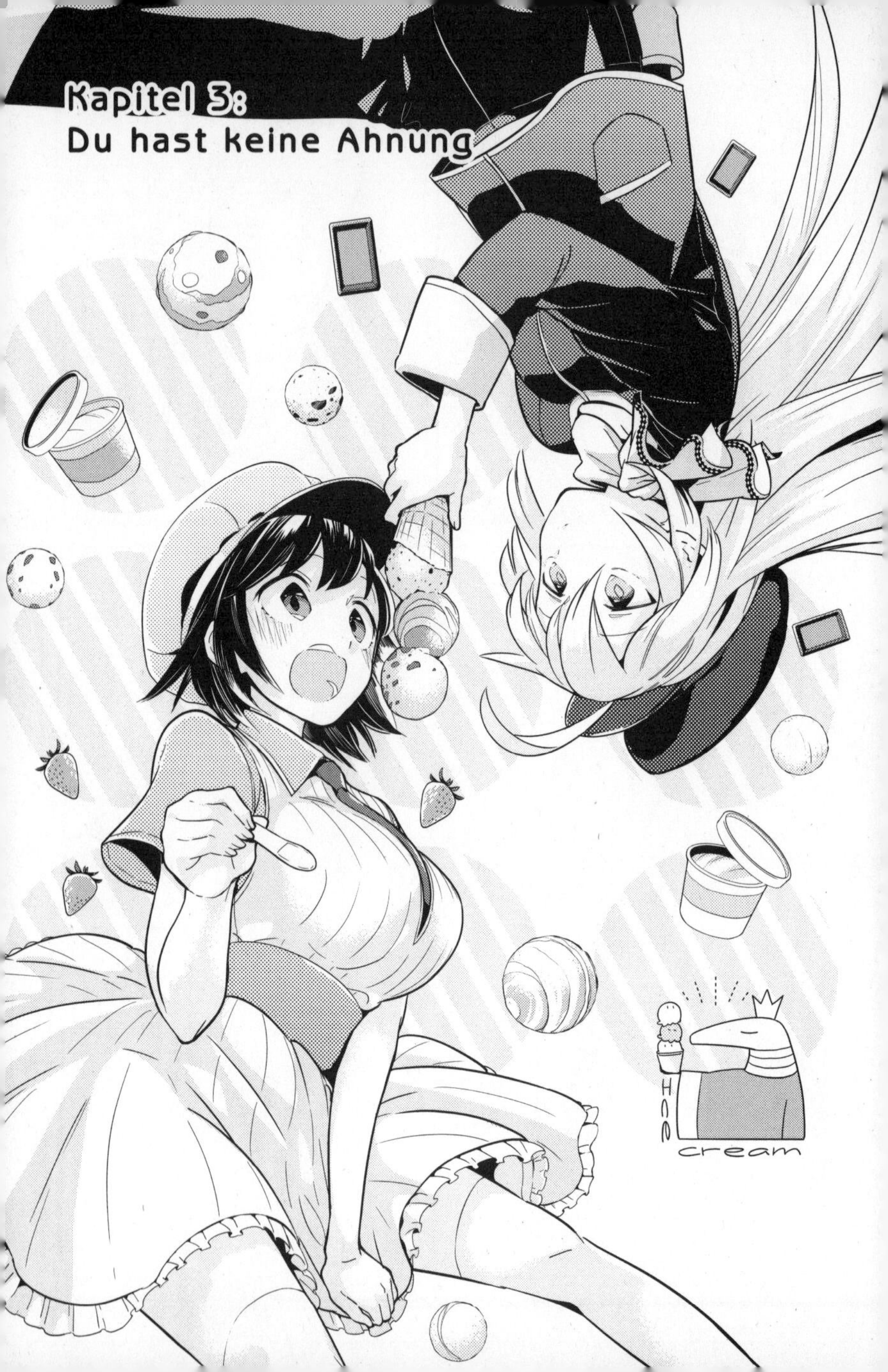

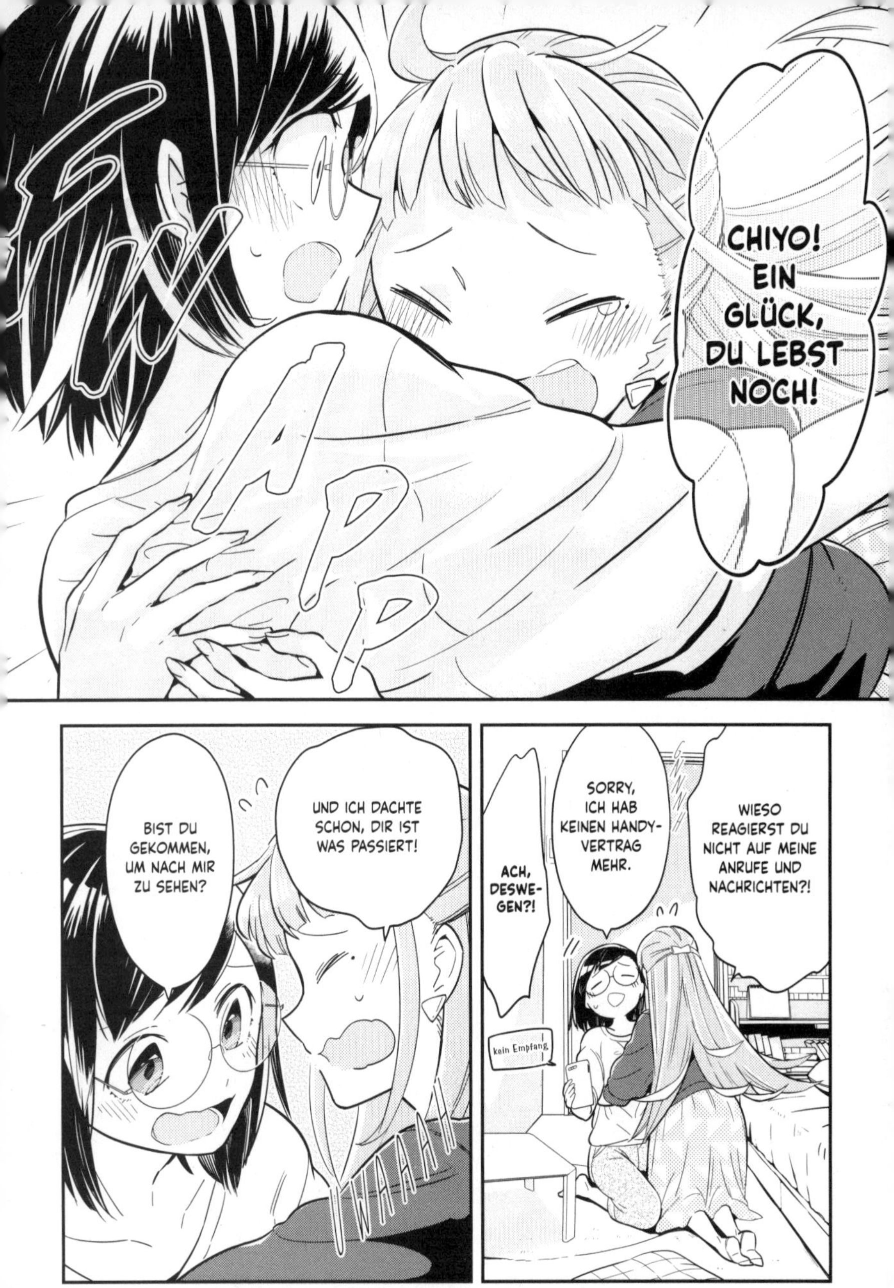
CHIYO! EIN GLÜCK, DU LEBST NOCH!
WIESO REAGIERST DU NICHT AUF MEINE ANRUFE UND NACHRICHTEN?!
SORRY, ICH HAB KEINEN HANDY-VERTRAG MEHR.
ACH, DESWE-GEN?!
kein Empfang
UND ICH DACHTE SCHON, DIR IST WAS PASSIERT!
BIST DU GEKOMMEN, UM NACH MIR ZU SEHEN?

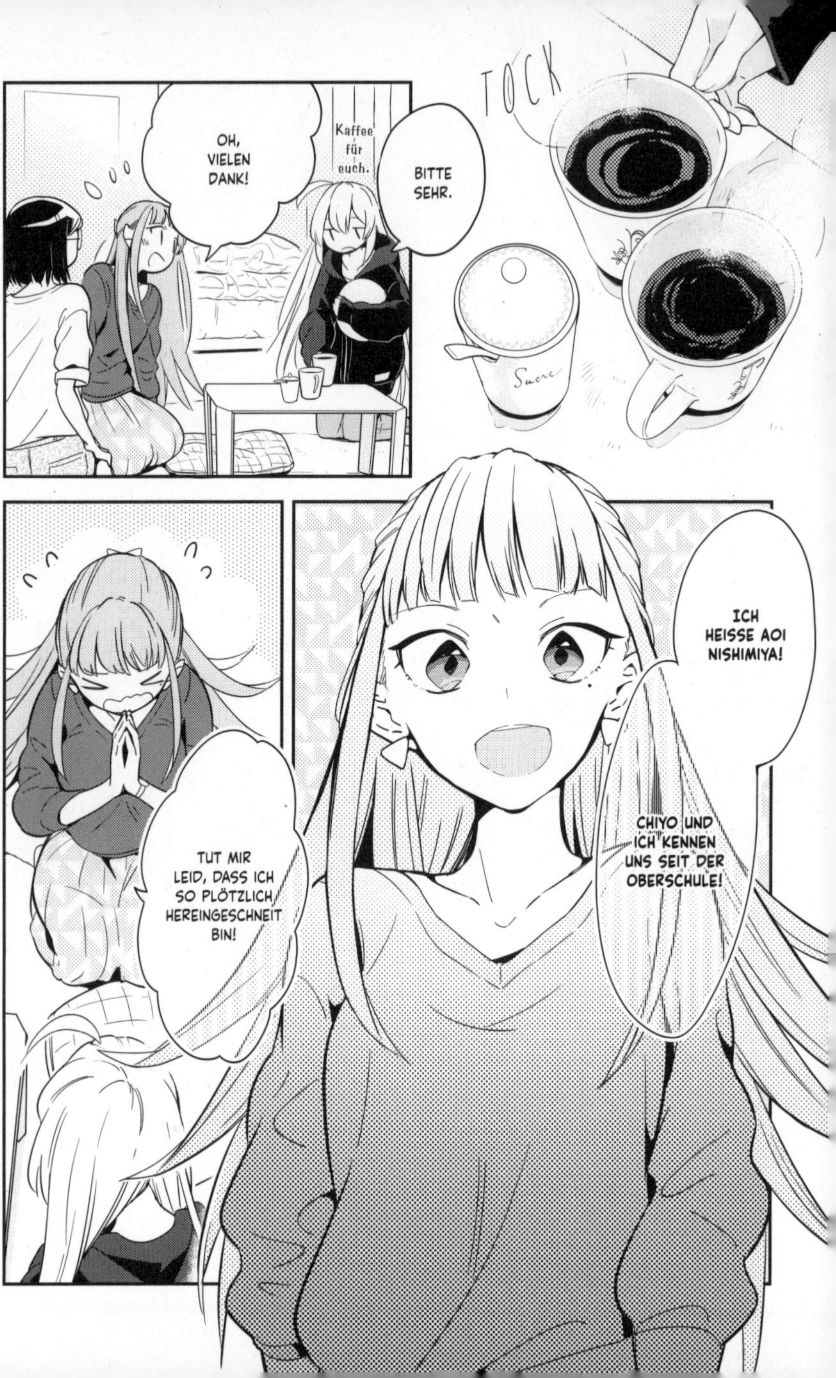
TOCK
BITTE SEHR.
Kaffee für euch.
OH, VIELEN DANK!
ICH HEISSE AOI NISHIMIYA!
CHIYO UND ICH KENNEN UNS SEIT DER OBERSCHULE!
TUT MIR LEID, DASS ICH SO PLÖTZLICH HEREINGESCHNEIT BIN!

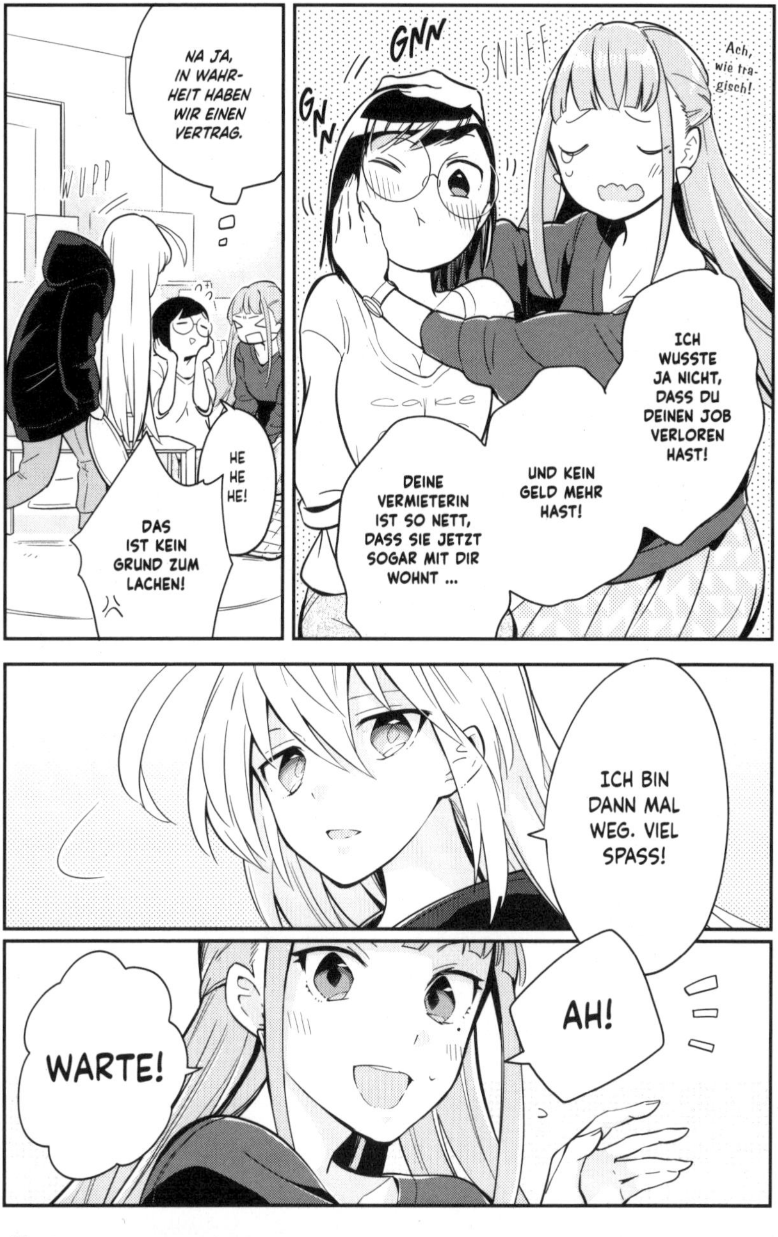
GNN
GNN
SNIFF
Ach, wie tragisch!
ICH WUSSTE JA NICHT, DASS DU DEINEN JOB VERLOREN HAST!
UND KEIN GELD MEHR HAST!
DEINE VERMIETERIN IST SO NETT, DASS SIE JETZT SOGAR MIT DIR WOHNT ...
NA JA, IN WAHRHEIT HABEN WIR EINEN VERTRAG.
WUPP
HE HE HE!
DAS IST KEIN GRUND ZUM LACHEN!
ICH BIN DANN MAL WEG. VIEL SPASS!
AH!
WARTE!

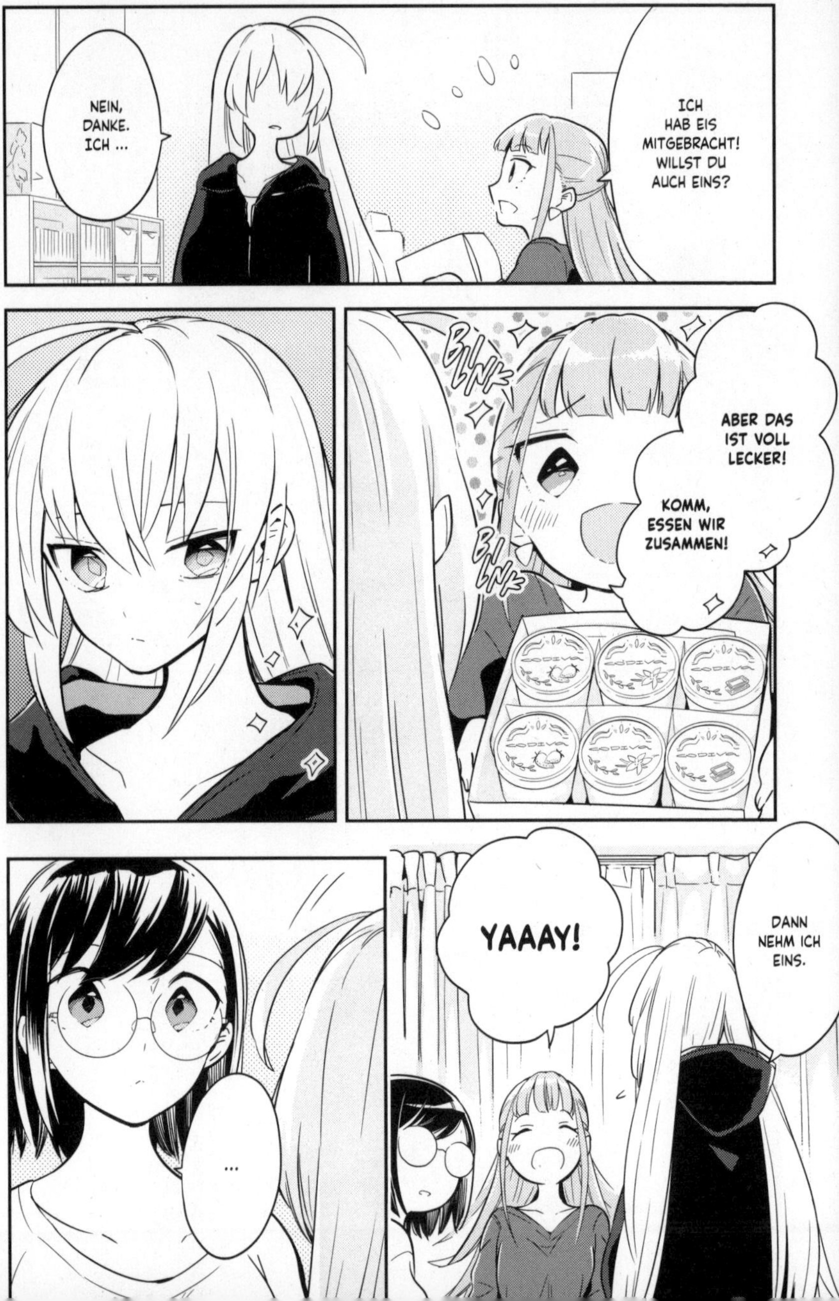
ICH HAB EIS MITGEBRACHT! WILLST DU AUCH EINS?
NEIN, DANKE. ICH ...
BLINK
ABER DAS IST VOLL LECKER!
KOMM, ESSEN WIR ZUSAMMEN!
BLINK
GODIVA
DANN NEHM ICH EINS.
YAAAY!
...

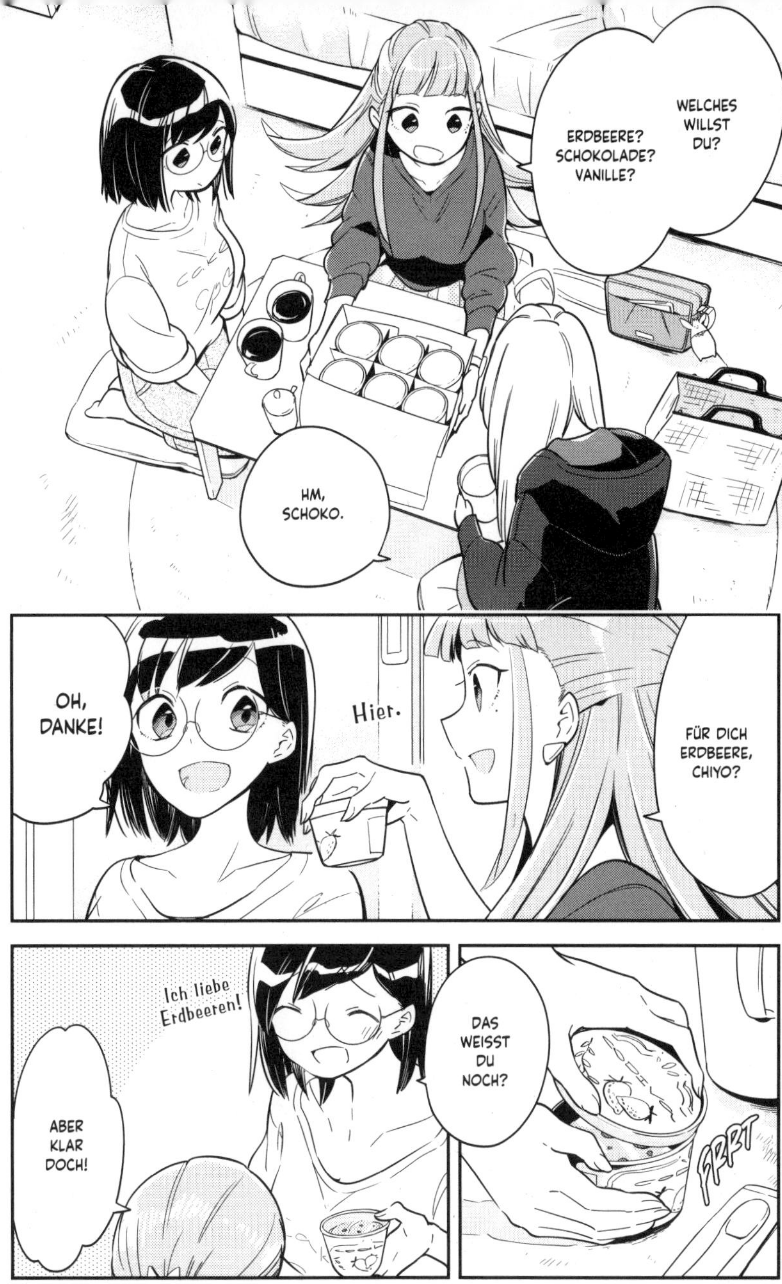

WELCHES WILLST DU?
ERDBEERE? SCHOKOLADE? VANILLE?
HM, SCHOKO.
FÜR DICH ERDBEERE, CHIYO?
Hier.
OH, DANKE!
DAS WEISST DU NOCH?
FRRT
Ich liebe Erdbeeren!
ABER KLAR DOCH!

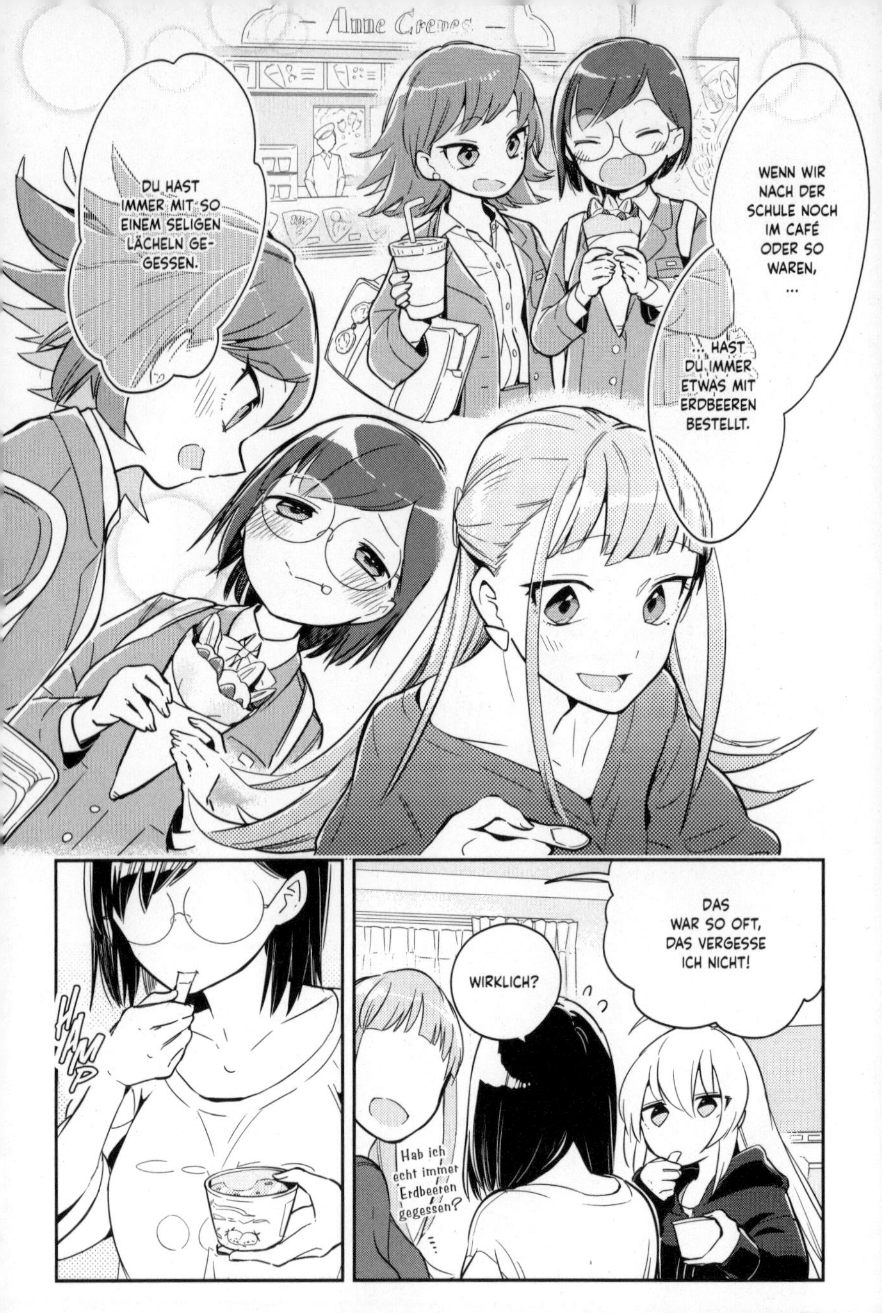
Anne Crepes
WENN WIR NACH DER SCHULE NOCH IM CAFÉ ODER SO WAREN, ...
... HAST DU IMMER ETWAS MIT ERDBEEREN BESTELLT.
DU HAST IMMER MIT SO EINEM SELIGEN LÄCHELN GE-GESSEN.
DAS WAR SO OFT, DAS VERGESSE ICH NICHT!
WIRKLICH?
Hab ich echt immer Erdbeeren gegessen?
HAMP

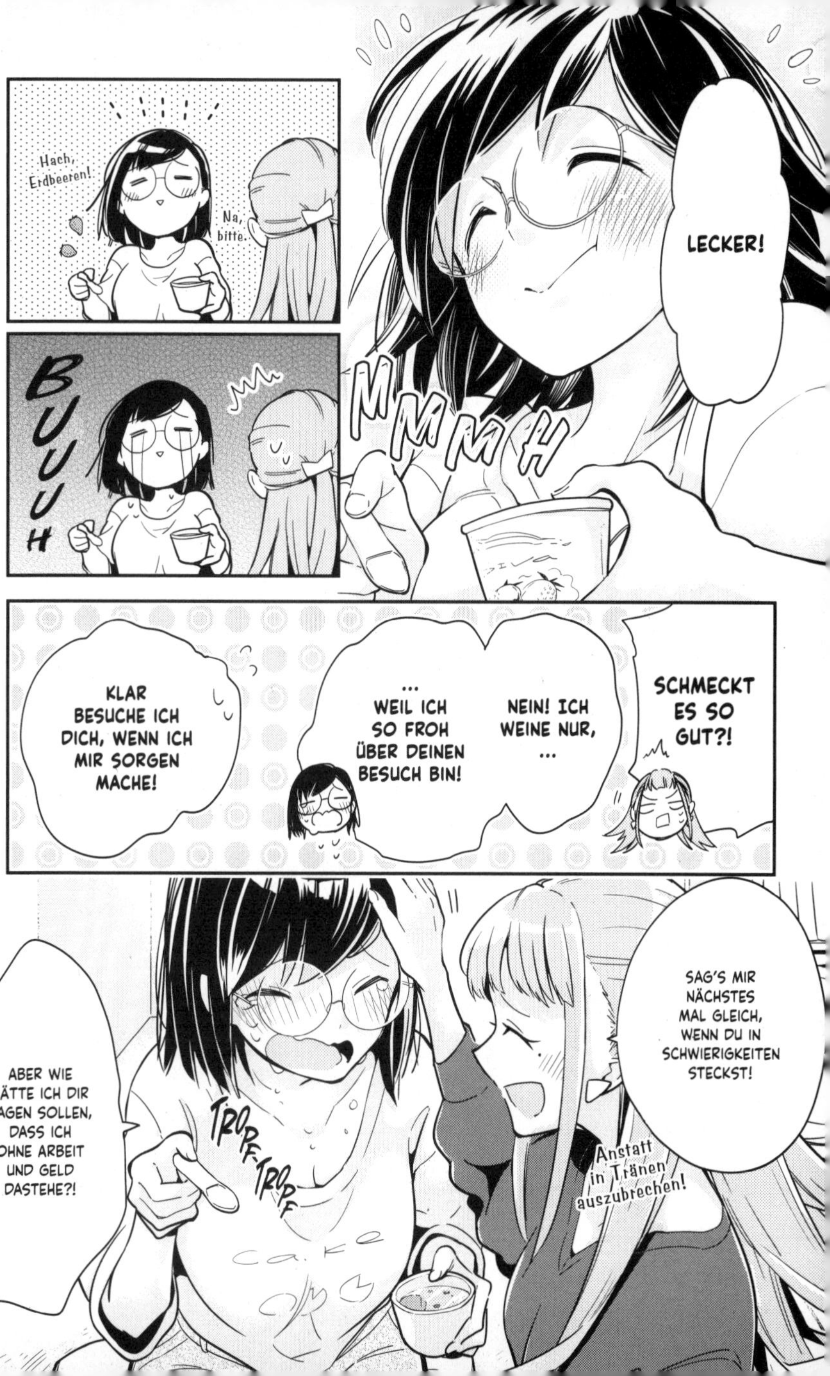
LECKER!
MMMH
Hach, Erdbeeren!
Na, bitte.
BUUUUH
SCHMECKT ES SO GUT?!
NEIN! ICH WEINE NUR, ...
... WEIL ICH SO FROH ÜBER DEINEN BESUCH BIN!
KLAR BESUCHE ICH DICH, WENN ICH MIR SORGEN MACHE!
SAG'S MIR NÄCHSTES MAL GLEICH, WENN DU IN SCHWIERIGKEITEN STECKST!
Anstatt in Tränen auszubrechen!
TROPF-TROPF
ABER WIE HÄTTE ICH DIR SAGEN SOLLEN, DASS ICH OHNE ARBEIT UND GELD DASTEHE?!

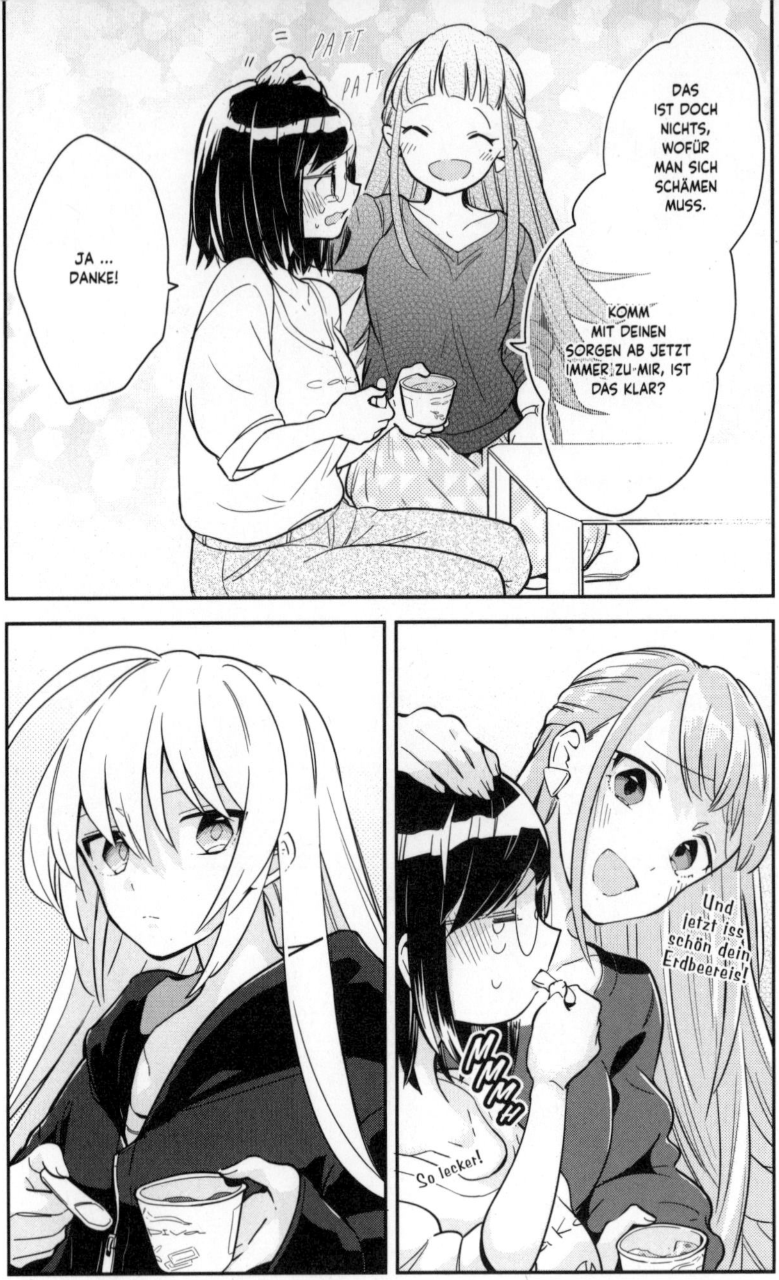
PATT
PATT
DAS IST DOCH NICHTS, WOFÜR MAN SICH SCHÄMEN MUSS.
KOMM MIT DEINEN SORGEN AB JETZT IMMER ZU MIR, IST DAS KLAR?
JA ... DANKE!
Und jetzt iss schön dein Erdbeereis!
MMMH
So lecker!

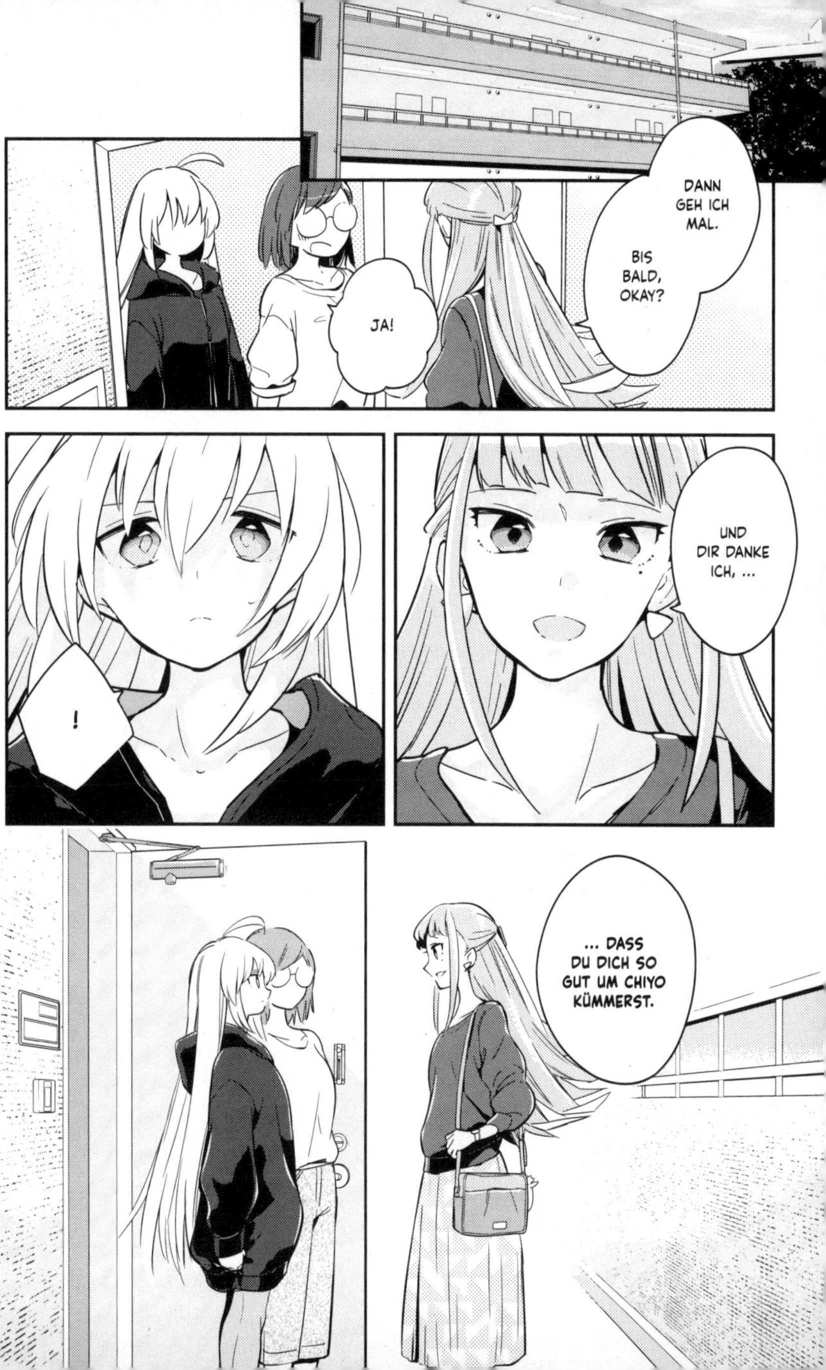
DANN GEH ICH MAL.
BIS BALD, OKAY?
JA!
UND DIR DANKE ICH, ...
!
... DASS DU DICH SO GUT UM CHIYO KÜMMERST.

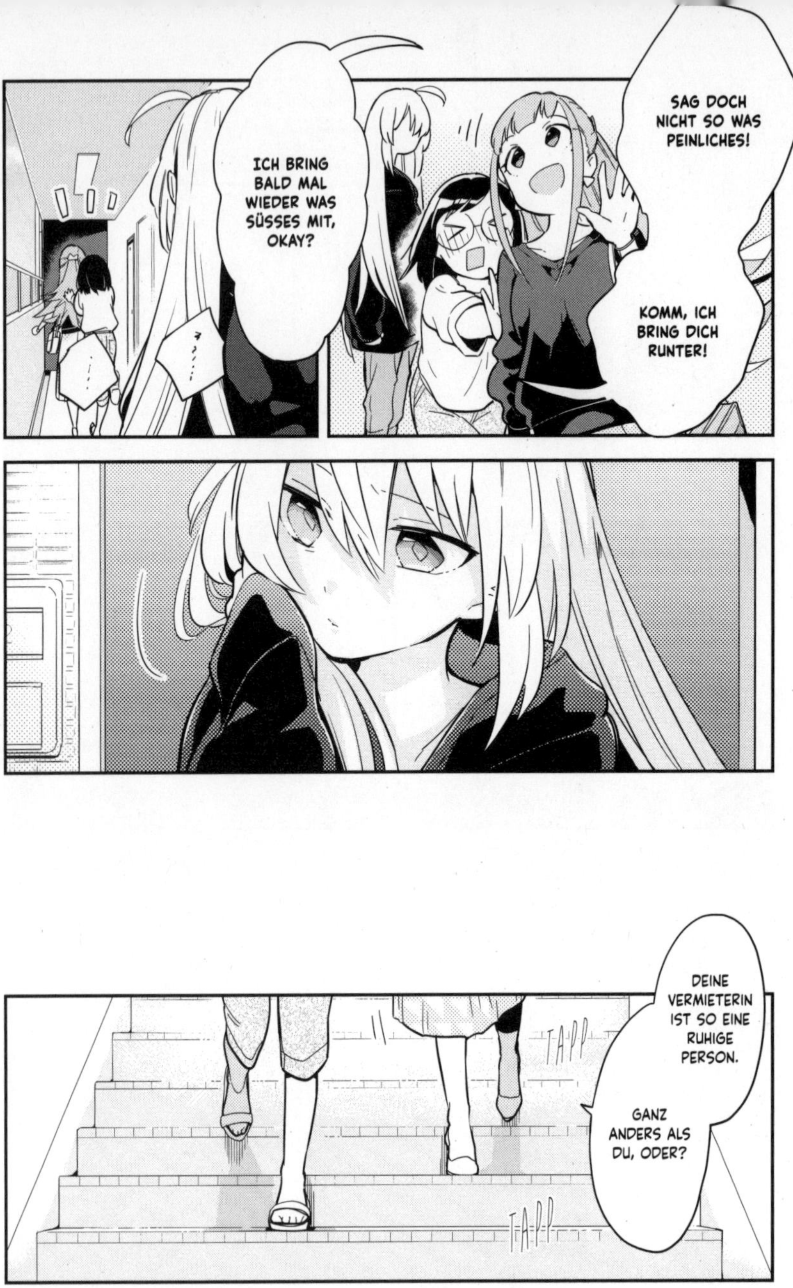
SAG DOCH NICHT SO WAS PEINLICHES!
ICH BRING BALD MAL WIEDER WAS SÜSSES MIT, OKAY?
KOMM, ICH BRING DICH RUNTER!
DEINE VERMIETERIN IST SO EINE RUHIGE PERSON.
GANZ ANDERS ALS DU, ODER?
TAPP
TAPP

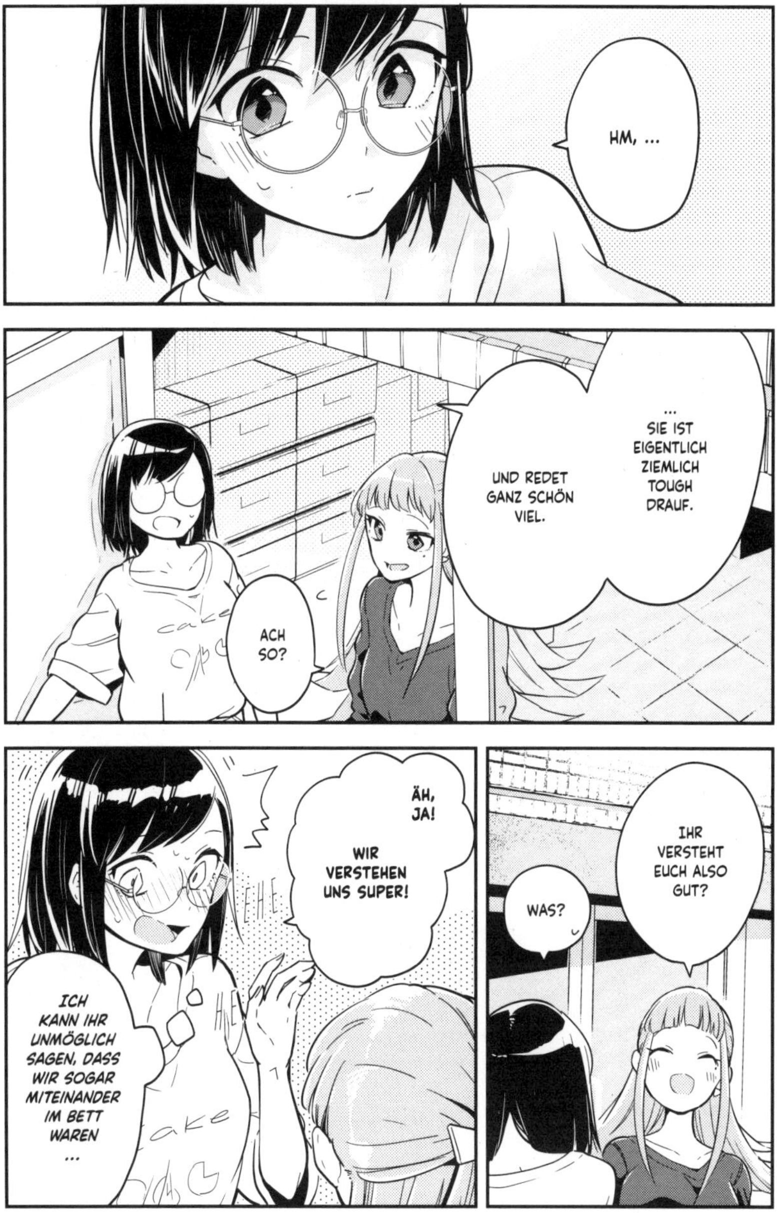
HM, ...
... SIE IST EIGENTLICH ZIEMLICH TOUGH DRAUF.
UND REDET GANZ SCHÖN VIEL.
ACH SO?
IHR VERSTEHT EUCH ALSO GUT?
WAS?
ÄH, JA!
WIR VERSTEHEN UNS SUPER!
ICH KANN IHR UNMÖGLICH SAGEN, DASS WIR SOGAR MITEINANDER IM BETT WAREN ...

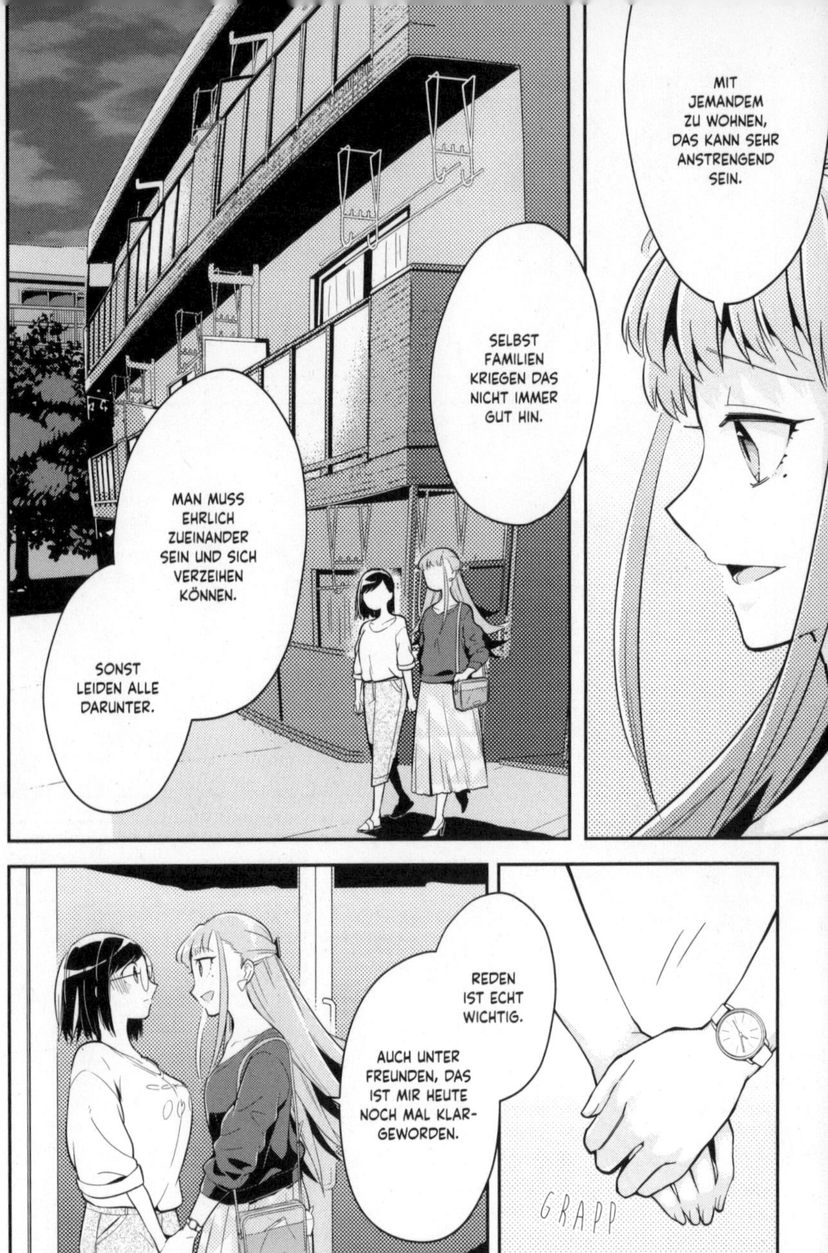
MIT JEMANDEM ZU WOHNEN, DAS KANN SEHR ANSTRENGEND SEIN.
SELBST FAMILIEN KRIEGEN DAS NICHT IMMER GUT HIN.
MAN MUSS EHRLICH ZUEINANDER SEIN UND SICH VERZEIHEN KÖNNEN.
SONST LEIDEN ALLE DARUNTER.
GRAPP
REDEN IST ECHT WICHTIG.
AUCH UNTER FREUNDEN, DAS IST MIR HEUTE NOCH MAL KLAR-GEWORDEN.

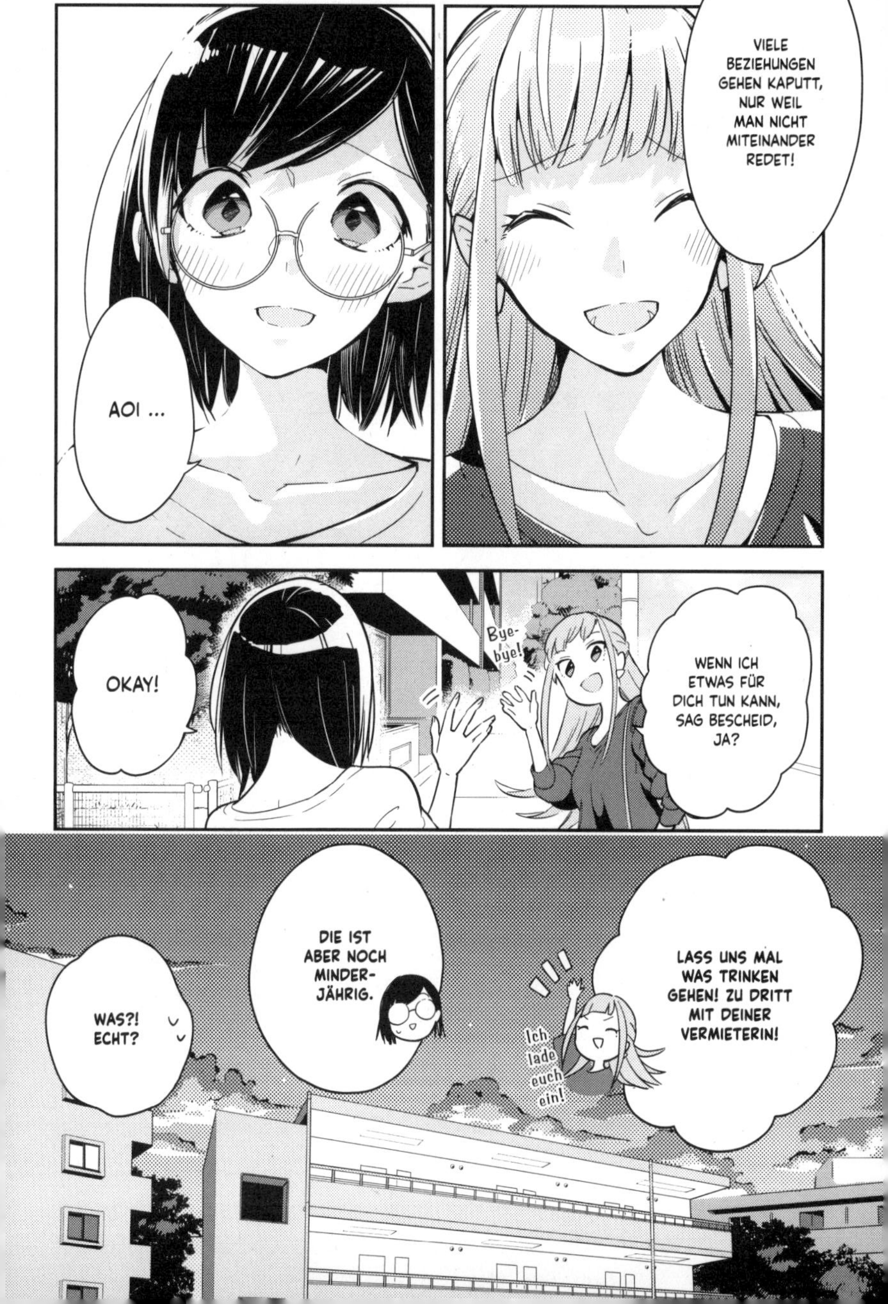
VIELE BEZIEHUNGEN GEHEN KAPUTT, NUR WEIL MAN NICHT MITEINANDER REDET!
AOI …
WENN ICH ETWAS FÜR DICH TUN KANN, SAG BESCHEID, JA?
Bye-bye!
OKAY!
LASS UNS MAL WAS TRINKEN GEHEN! ZU DRITT MIT DEINER VERMIETERIN!
Ich lade euch ein!
DIE IST ABER NOCH MINDER-JÄHRIG.
WAS?! ECHT?

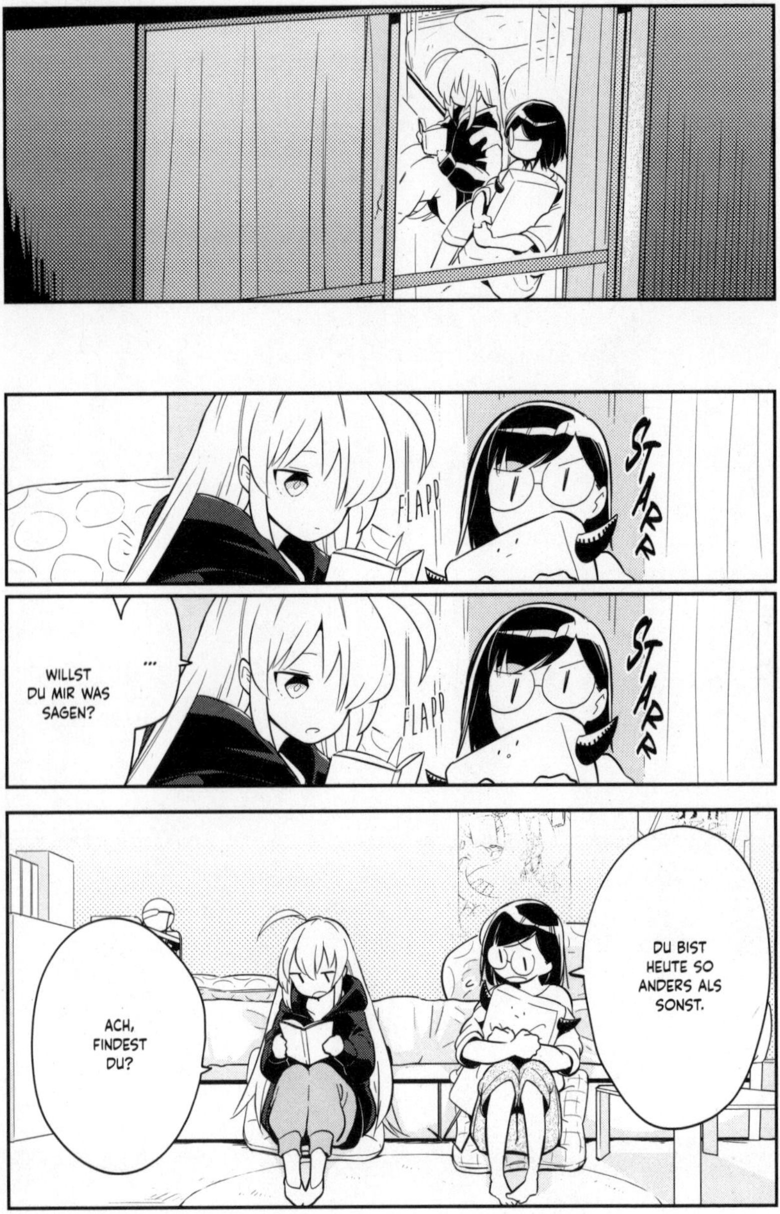
STARR
FLAPP
STARR
FLAPP
...
WILLST DU MIR WAS SAGEN?
DU BIST HEUTE SO ANDERS ALS SONST.
ACH, FINDEST DU?

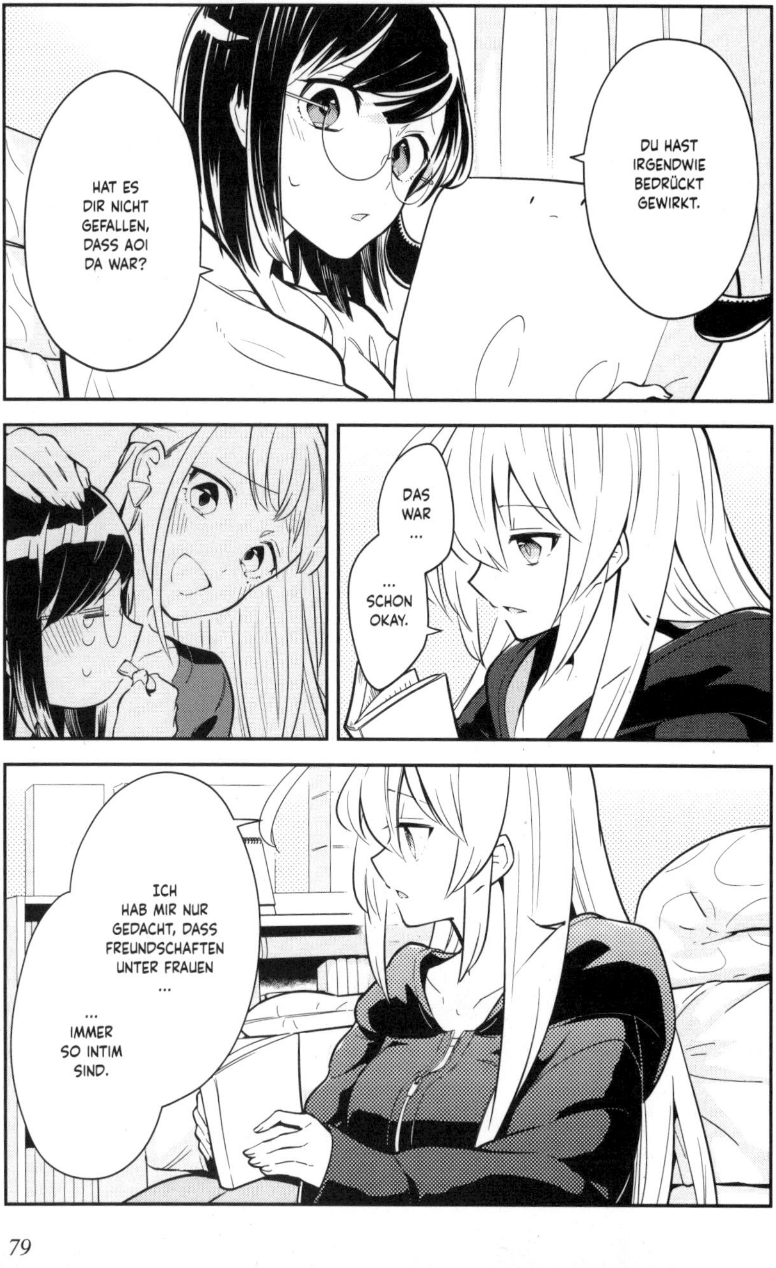
DU HAST IRGENDWIE BEDRÜCKT GEWIRKT.
HAT ES DIR NICHT GEFALLEN, DASS AOI DA WAR?
DAS WAR ...
... SCHON OKAY.
ICH HAB MIR NUR GEDACHT, DASS FREUNDSCHAFTEN UNTER FRAUEN ...
... IMMER SO INTIM SIND.

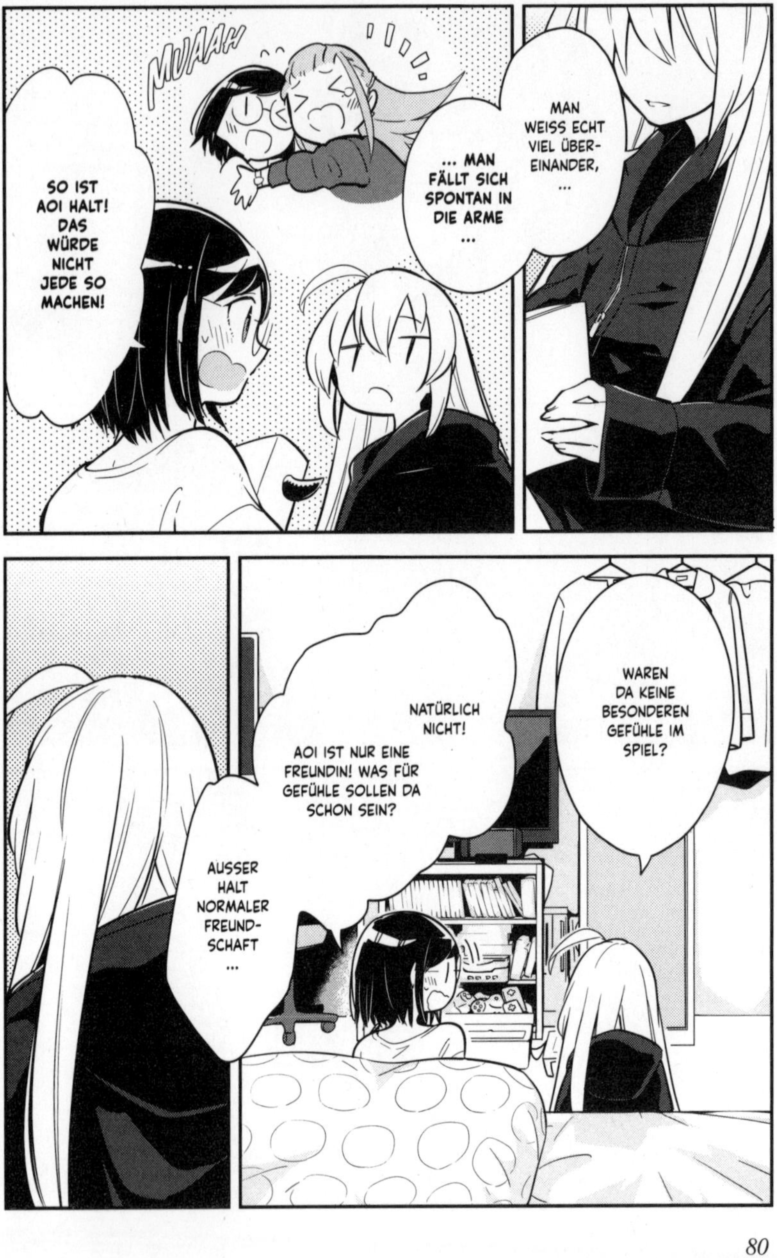
MAN WEISS ECHT VIEL ÜBER-EINANDER, ...
... MAN FÄLLT SICH SPONTAN IN DIE ARME ...
MUAAH
SO IST AOI HALT! DAS WÜRDE NICHT JEDE SO MACHEN!
WAREN DA KEINE BESONDEREN GEFÜHLE IM SPIEL?
NATÜRLICH NICHT!
AOI IST NUR EINE FREUNDIN! WAS FÜR GEFÜHLE SOLLEN DA SCHON SEIN?
AUSSER HALT NORMALER FREUND-SCHAFT ...

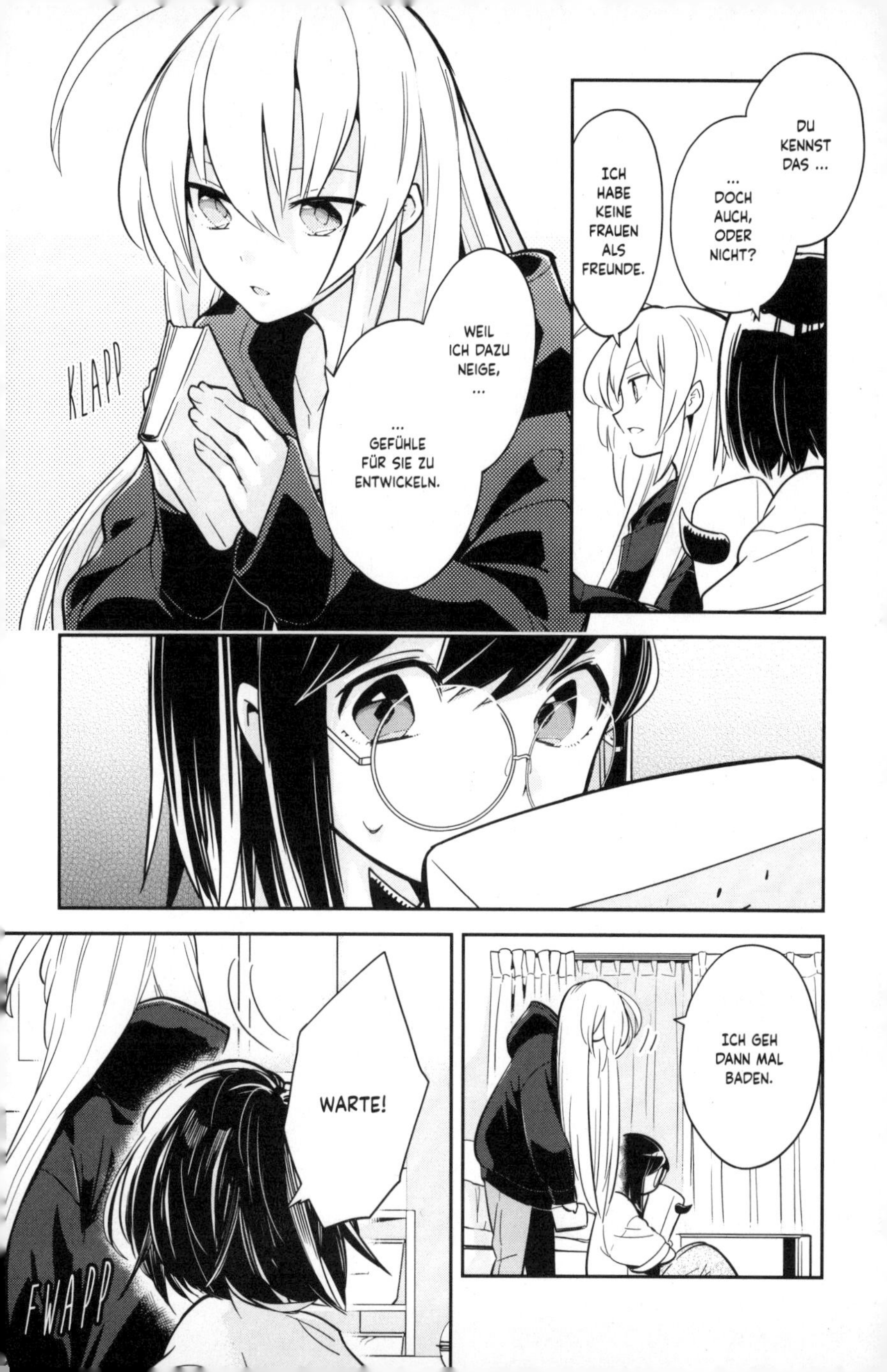
DU KENNST DAS ...
... DOCH AUCH, ODER NICHT?
ICH HABE KEINE FRAUEN ALS FREUNDE.
WEIL ICH DAZU NEIGE, ...
... GEFÜHLE FÜR SIE ZU ENTWICKELN.
KLAPP
ICH GEH DANN MAL BADEN.
WARTE!
FWAPP

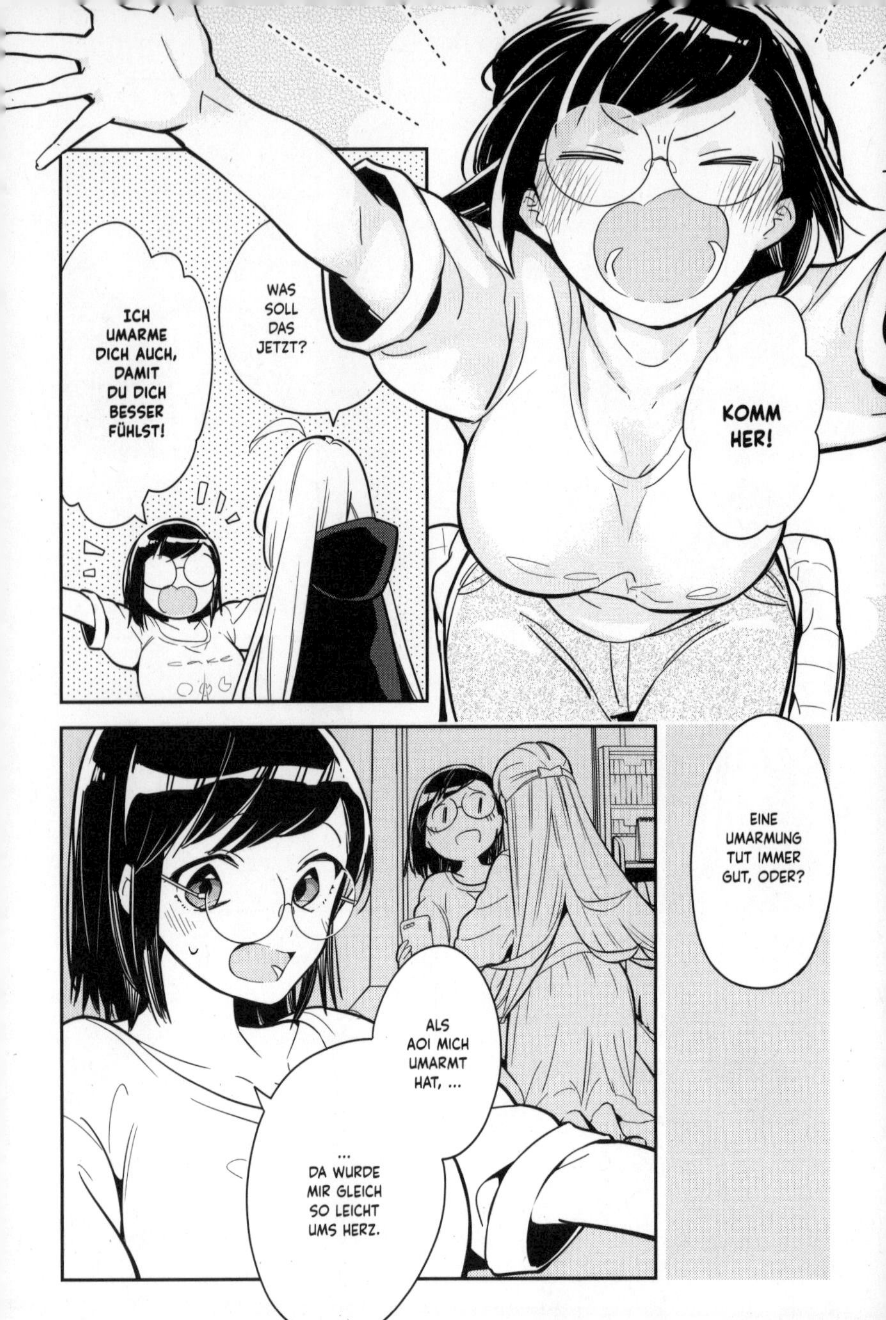
KOMM HER!
WAS SOLL DAS JETZT?
ICH UMARME DICH AUCH, DAMIT DU DICH BESSER FÜHLST!
EINE UMARMUNG TUT IMMER GUT, ODER?
ALS AOI MICH UMARMT HAT, ...
... DA WURDE MIR GLEICH SO LEICHT UMS HERZ.

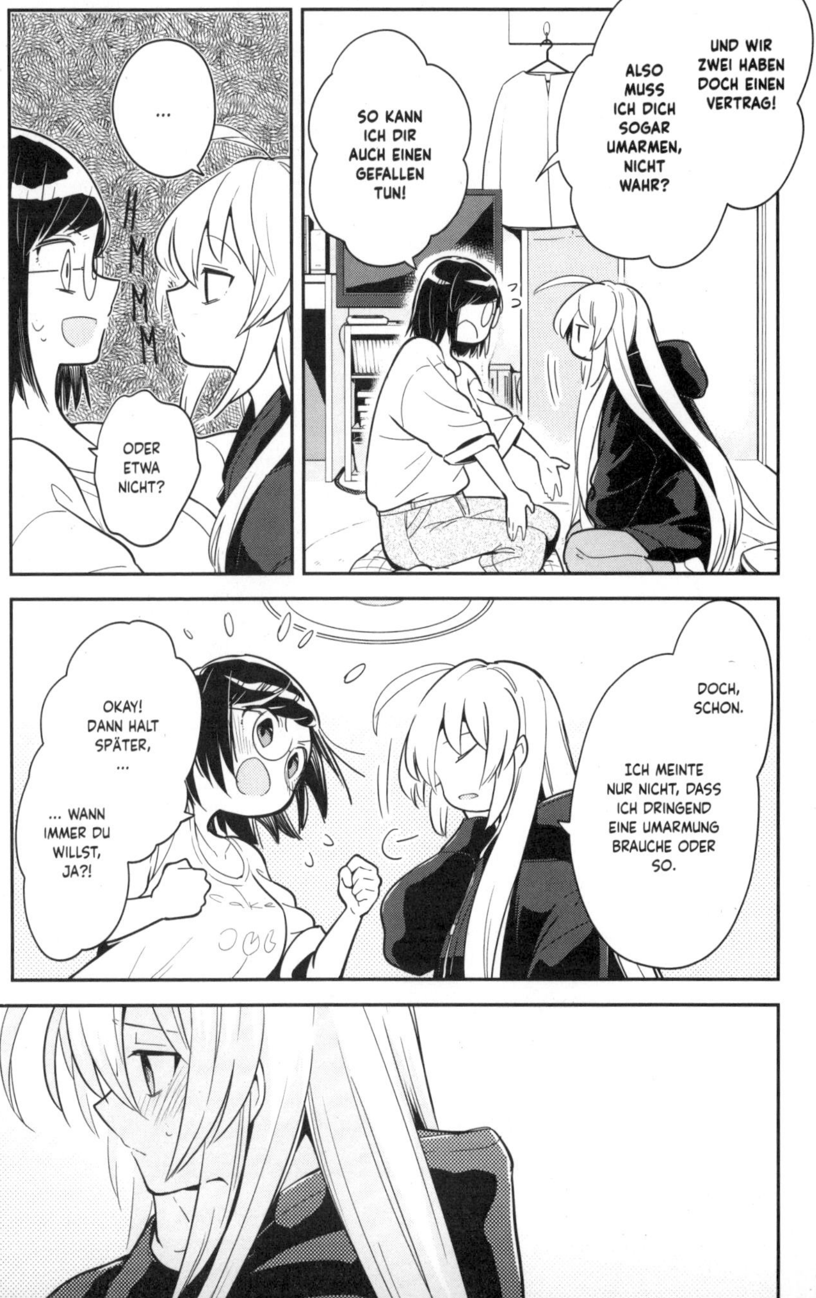
UND WIR ZWEI HABEN DOCH EINEN VERTRAG!
ALSO MUSS ICH DICH SOGAR UMARMEN, NICHT WAHR?
SO KANN ICH DIR AUCH EINEN GEFALLEN TUN!
...
HMMM
ODER ETWA NICHT?
DOCH, SCHON.
ICH MEINTE NUR NICHT, DASS ICH DRINGEND EINE UMARMUNG BRAUCHE ODER SO.
OKAY! DANN HALT SPÄTER, ...
... WANN IMMER DU WILLST, JA?!

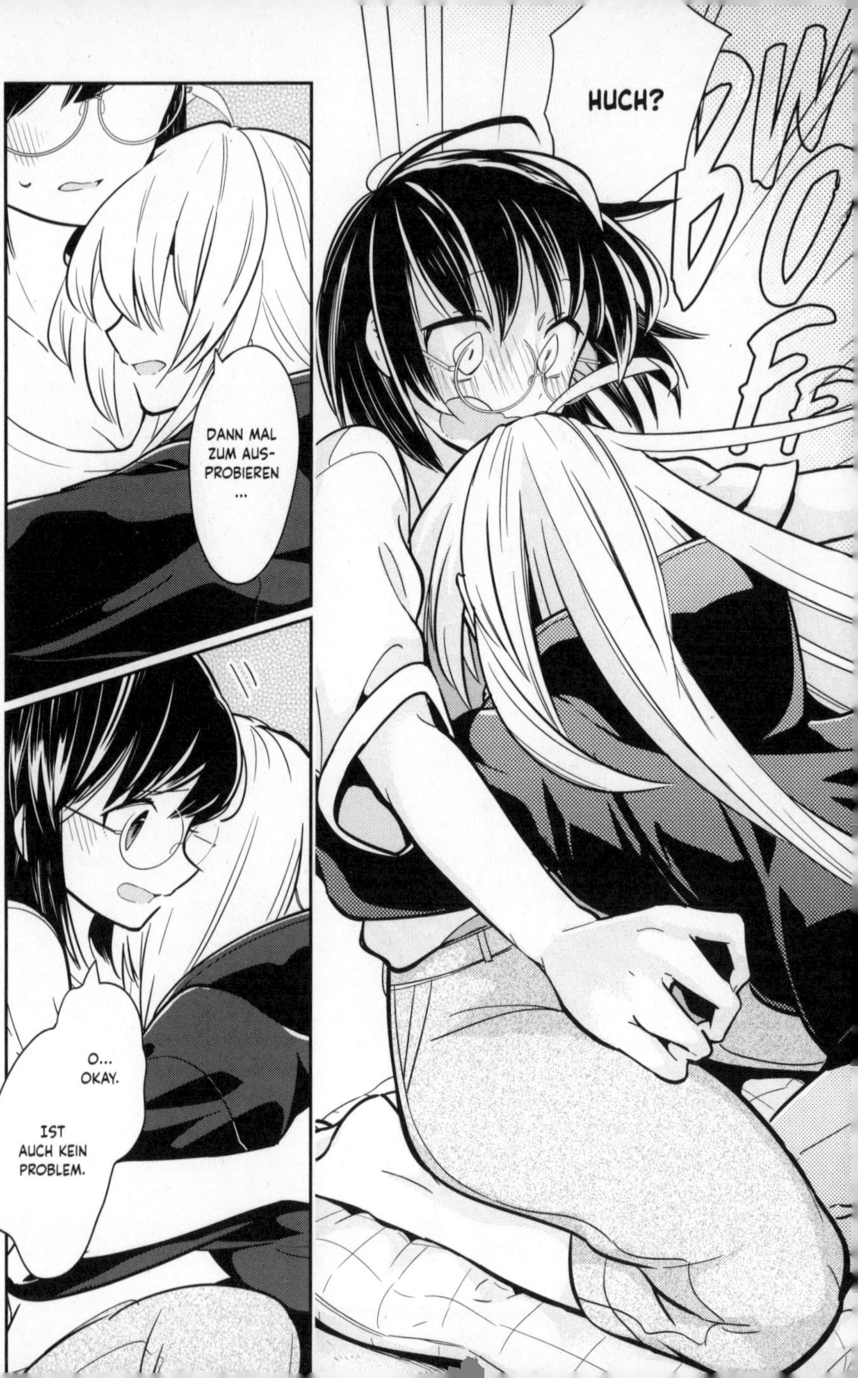
HUCH?
DANN MAL ZUM AUS-PROBIEREN ...
O... OKAY.
IST AUCH KEIN PROBLEM.

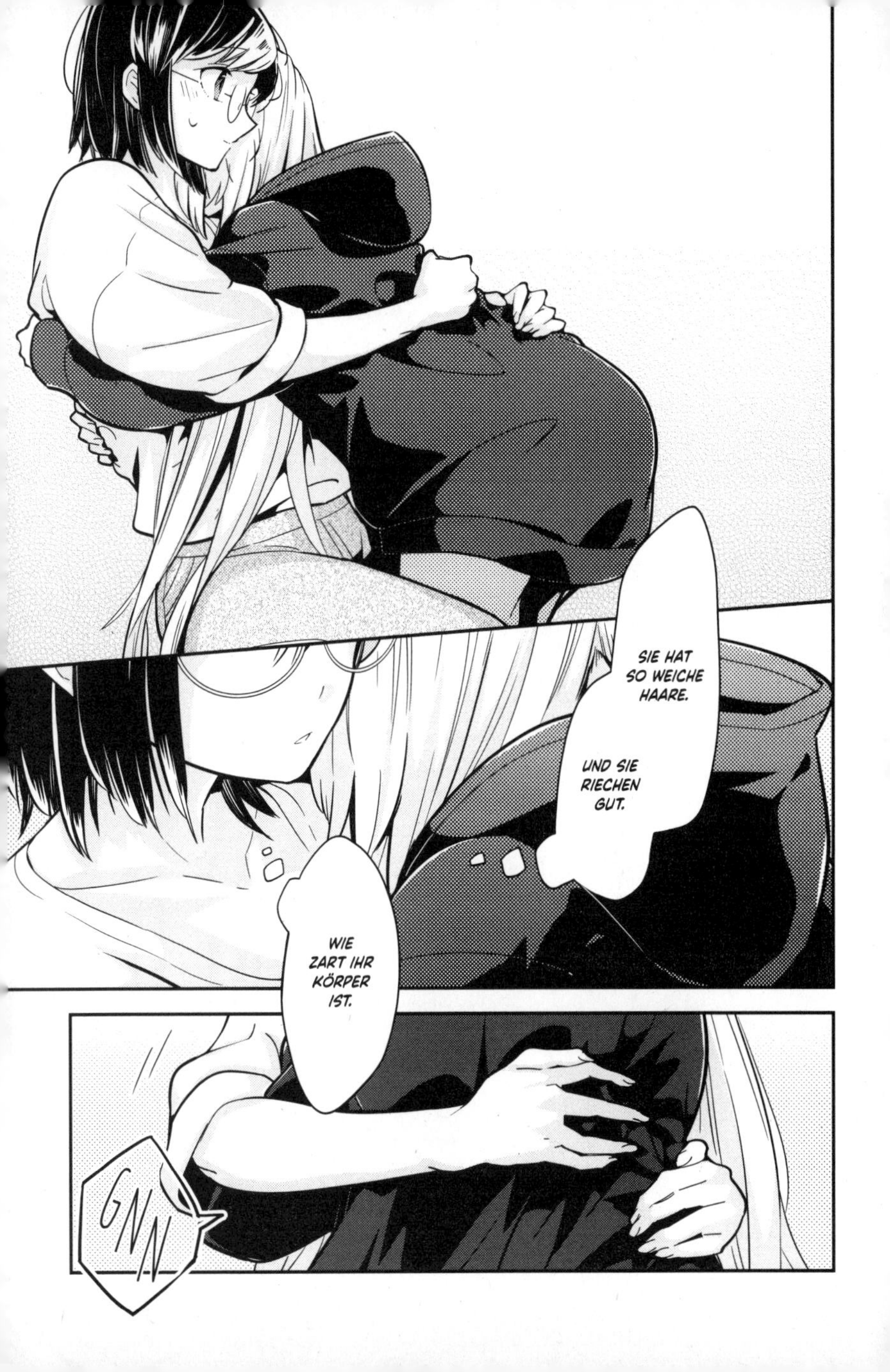
SIE HAT SO WEICHE HAARE.
UND SIE RIECHEN GUT.
WIE ZART IHR KÖRPER IST.
GNN

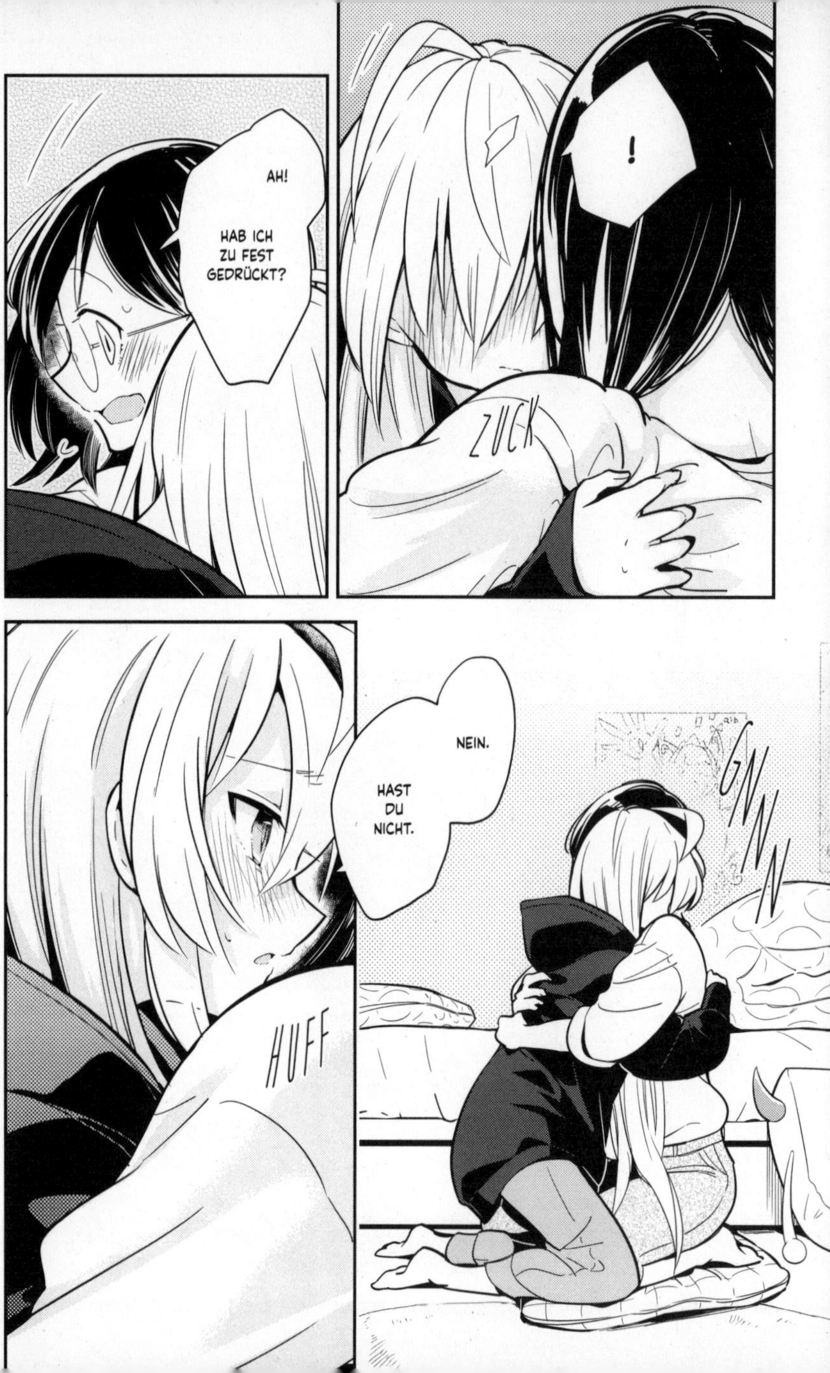
!
ZUCK
AH!
HAB ICH ZU FEST GEDRÜCKT?
GNNN
NEIN.
HAST DU NICHT.
HUFF

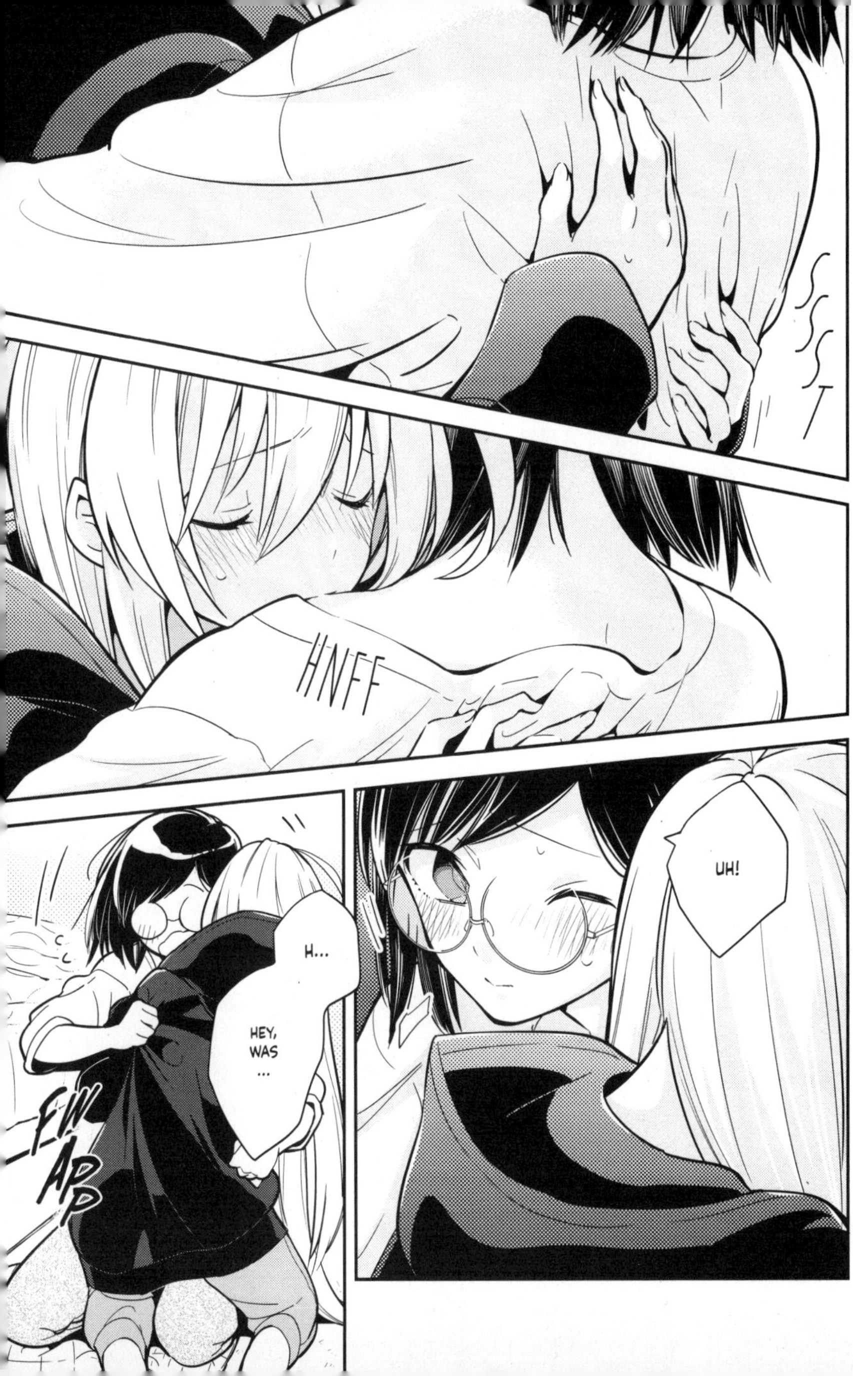
SST
HNFF
UH!
H...
HEY, WAS ...
FWAPP

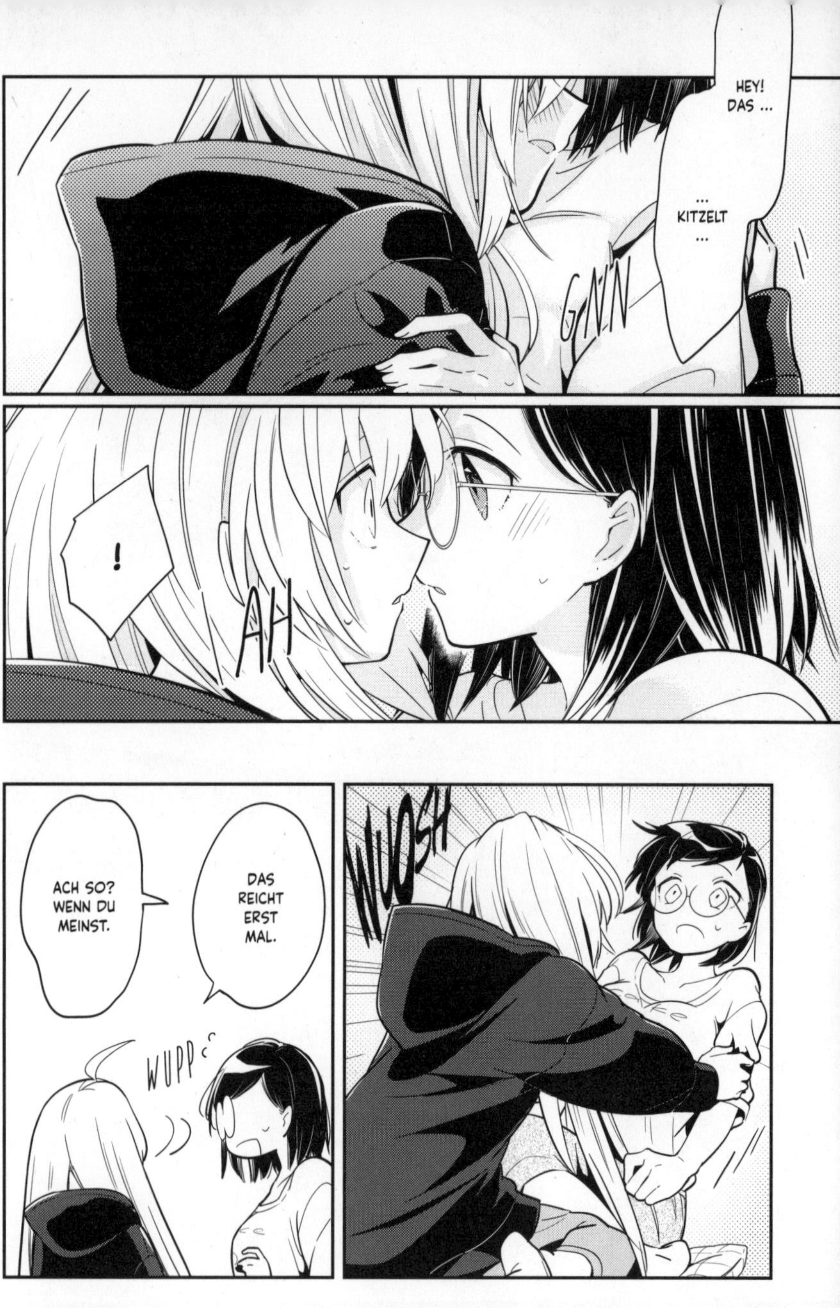
HEY! DAS ...
... KITZELT ...
GNN
!
AH
WUOSH
DAS REICHT ERST MAL.
ACH SO? WENN DU MEINST.
WUPP

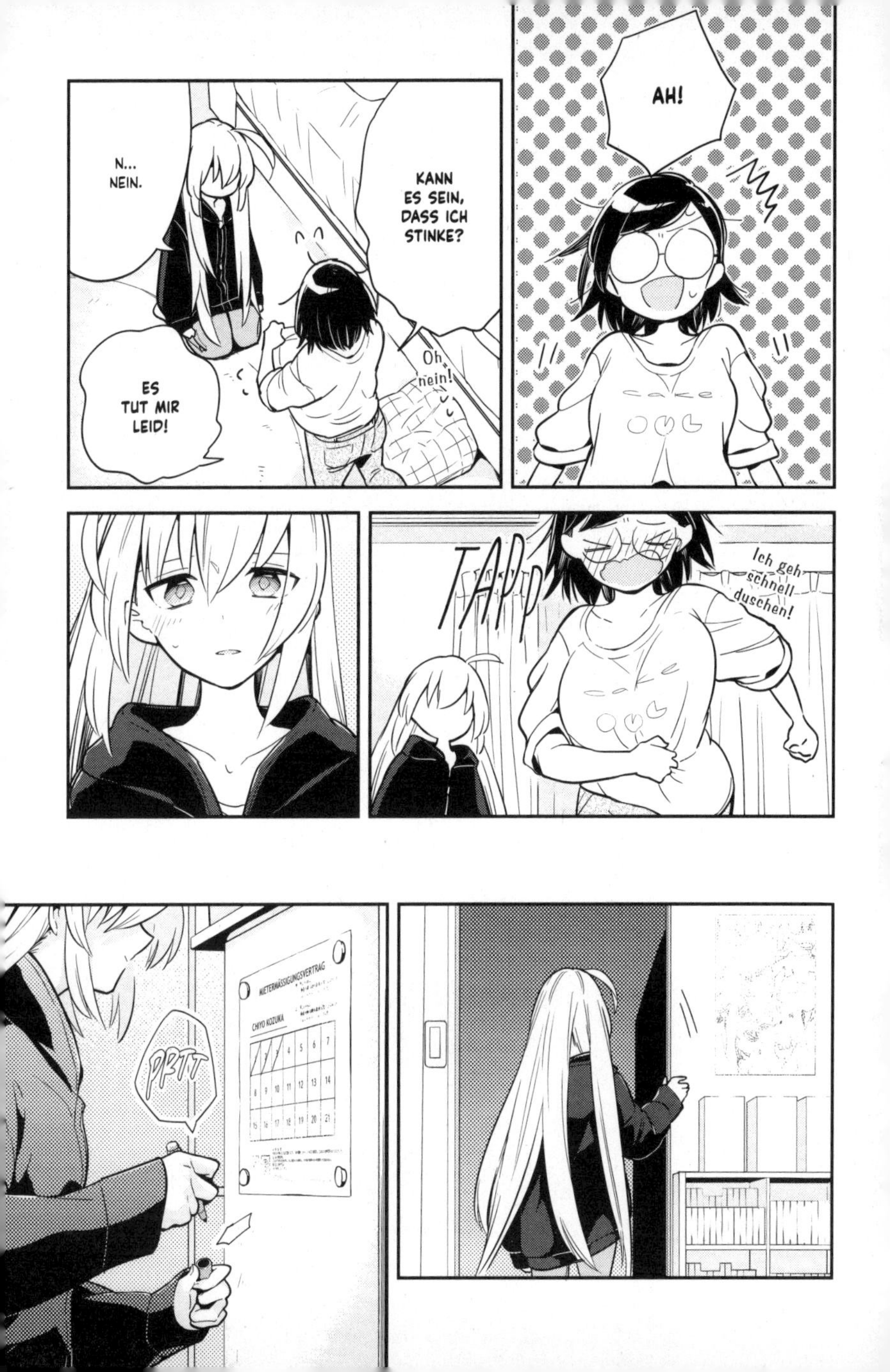
AH!
KANN ES SEIN, DASS ICH STINKE?
N... NEIN.
Oh nein!
ES TUT MIR LEID!
TAPP
Ich geh schnell duschen!
MIETERMÄSSIGUNGSVERTRAG
CHIYO KOZUKA
PRTT

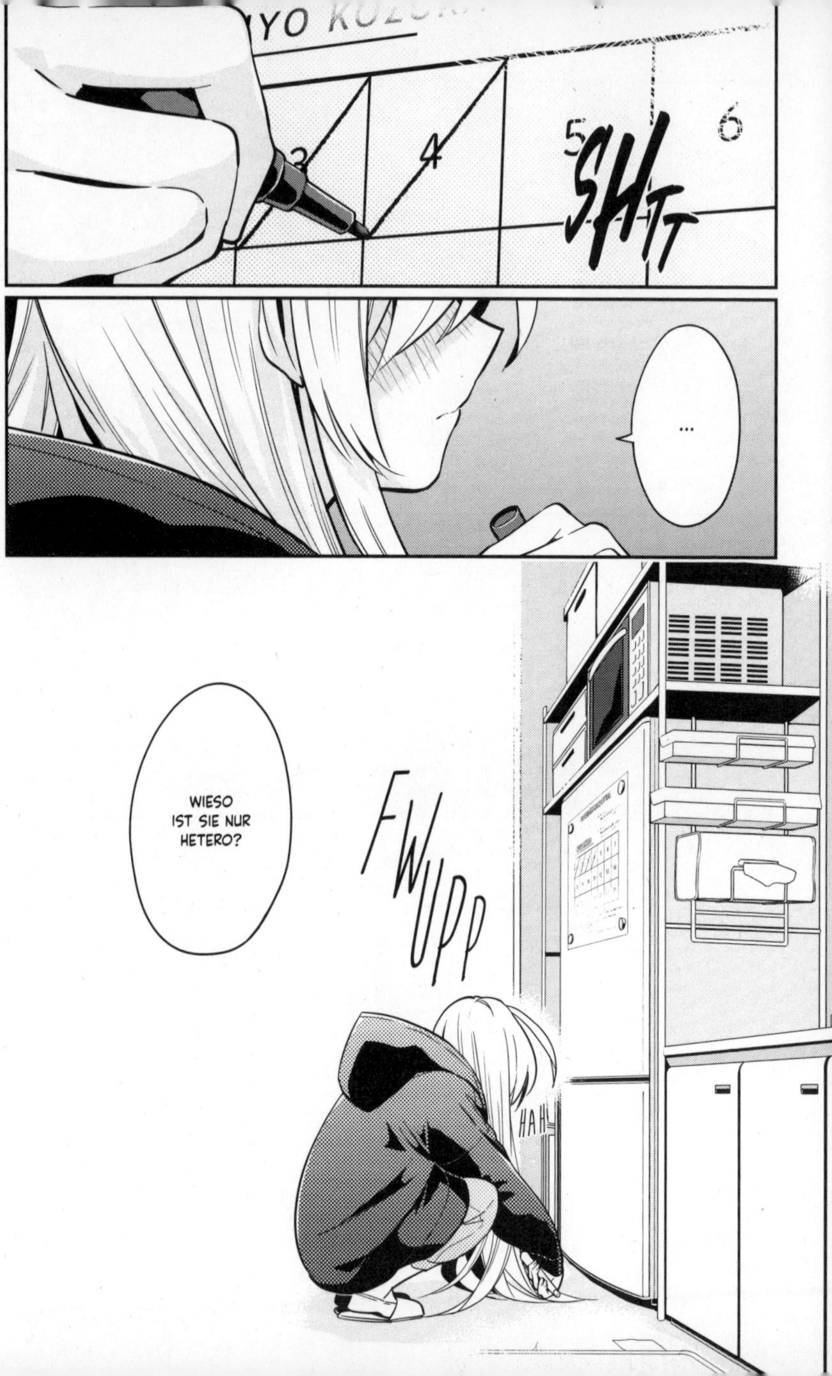

...YO KOZU...
3
4
5
6
SHTT
...
WIESO IST SIE NUR HETERO?
FWUPP
HAH

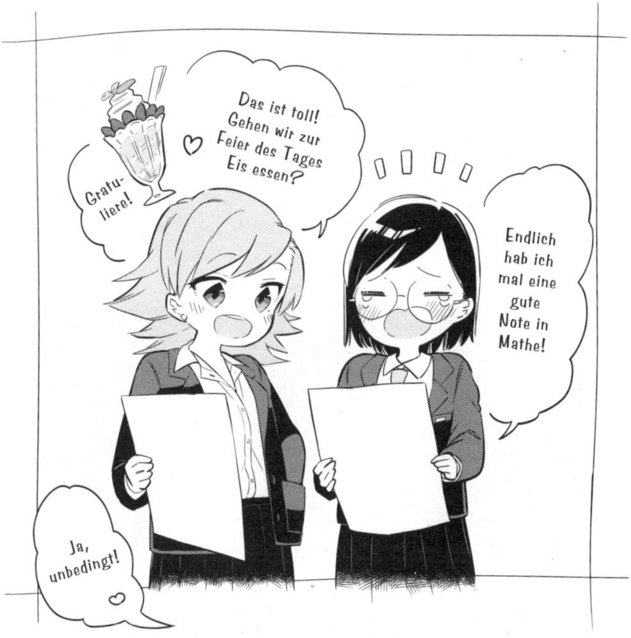
Endlich hab ich mal eine gute Note in Mathe!
Das ist toll! Gehen wir zur Feier des Tages Eis essen?
Gratu-liere!
Ja, unbedingt!

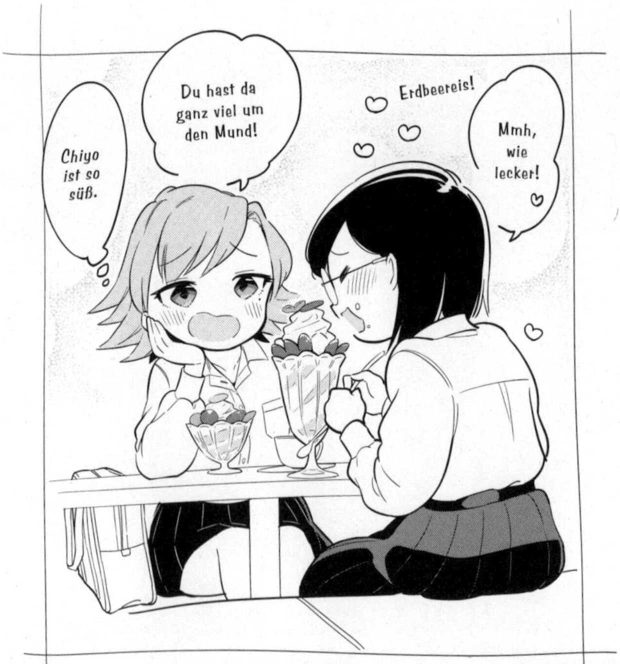
Erdbeereis!
Mmh, wie lecker!
Du hast da ganz viel um den Mund!
Chiyo ist so süß.

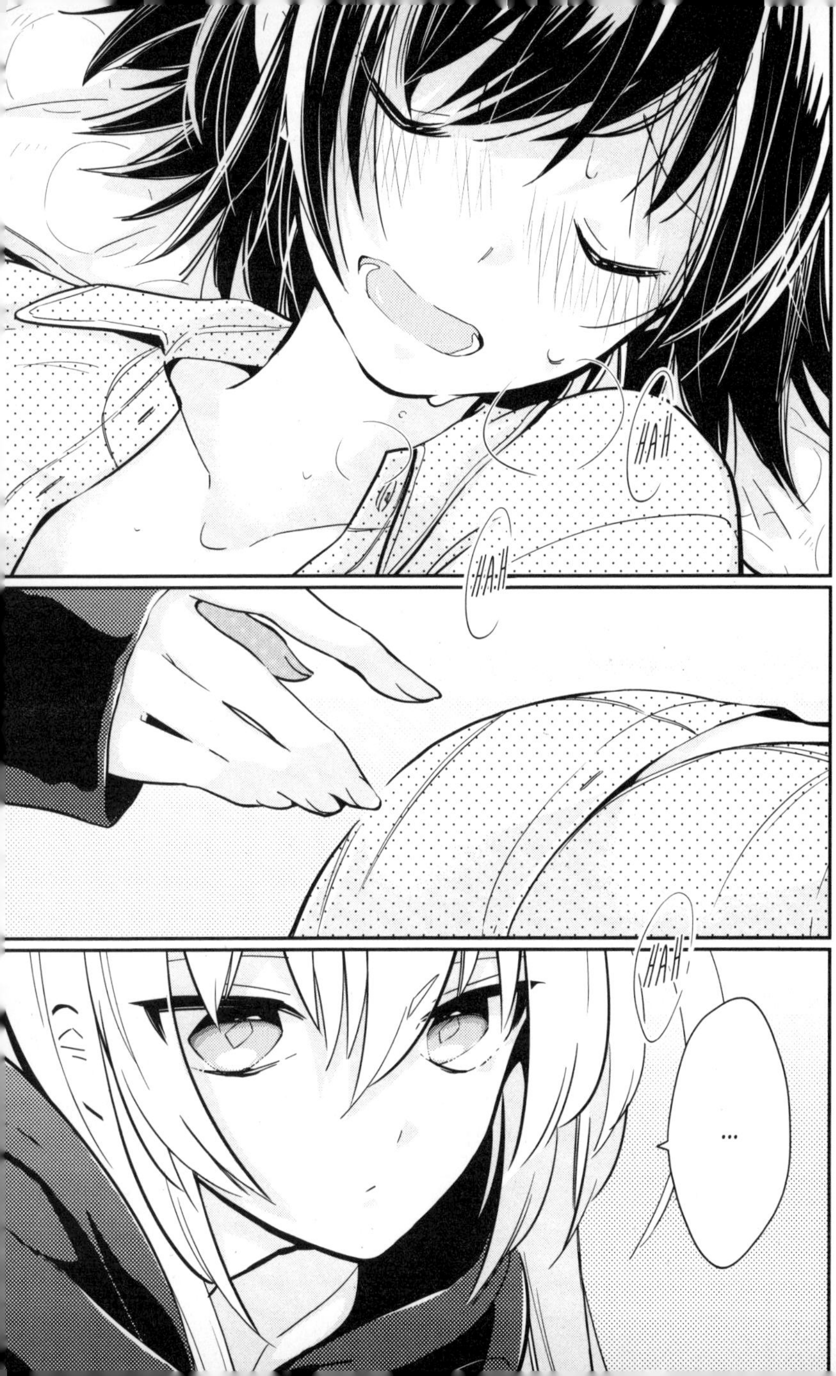
HAH
HAH
HAH
...

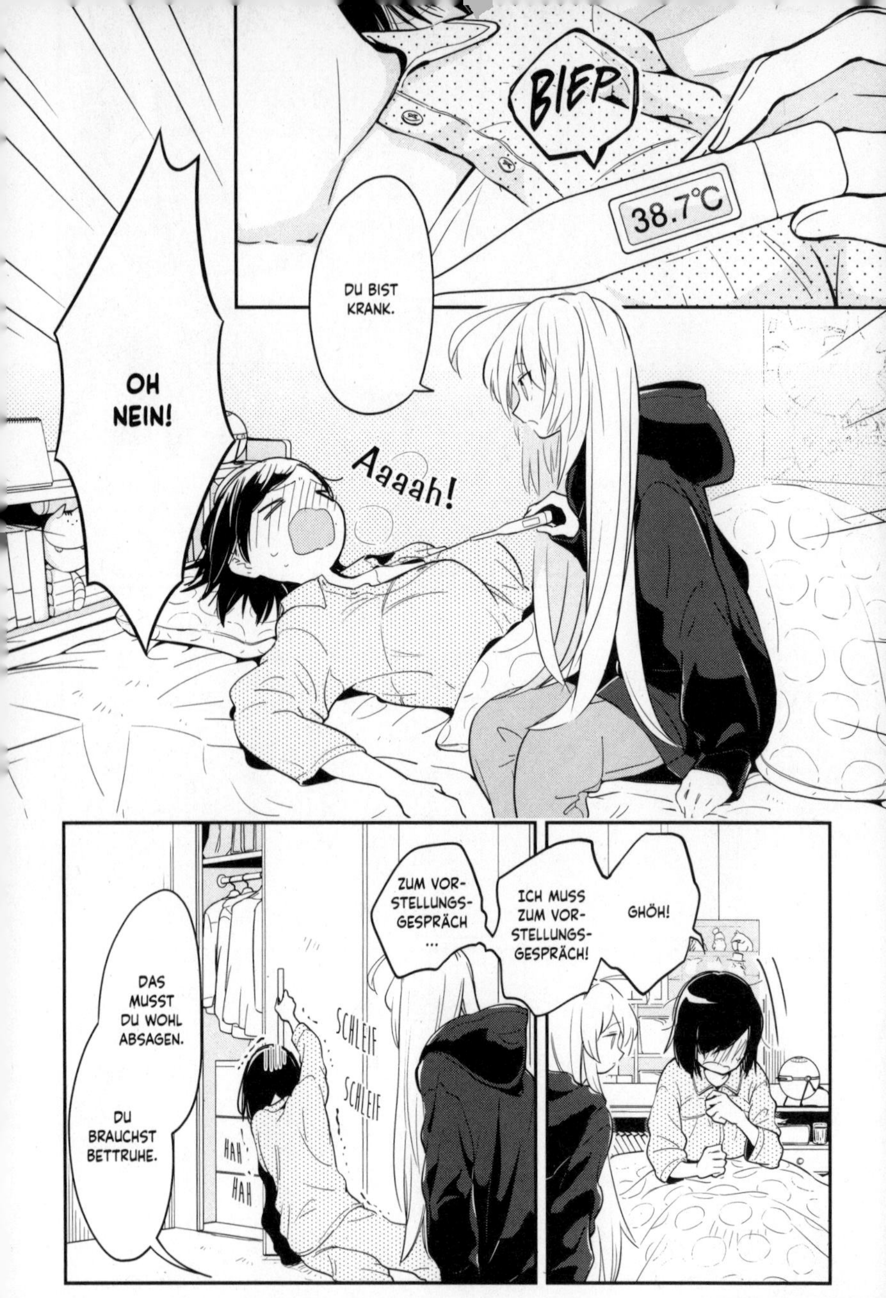

BIEP
38.7°C
DU BIST KRANK.
Aaaah!
OH NEIN!
GHÖH!
ICH MUSS ZUM VOR-STELLUNGS-GESPRÄCH!
ZUM VOR-STELLUNGS-GESPRÄCH ...
SCHLEIF
SCHLEIF
HAH
HAH
DAS MUSST DU WOHL ABSAGEN.
DU BRAUCHST BETTRUHE.

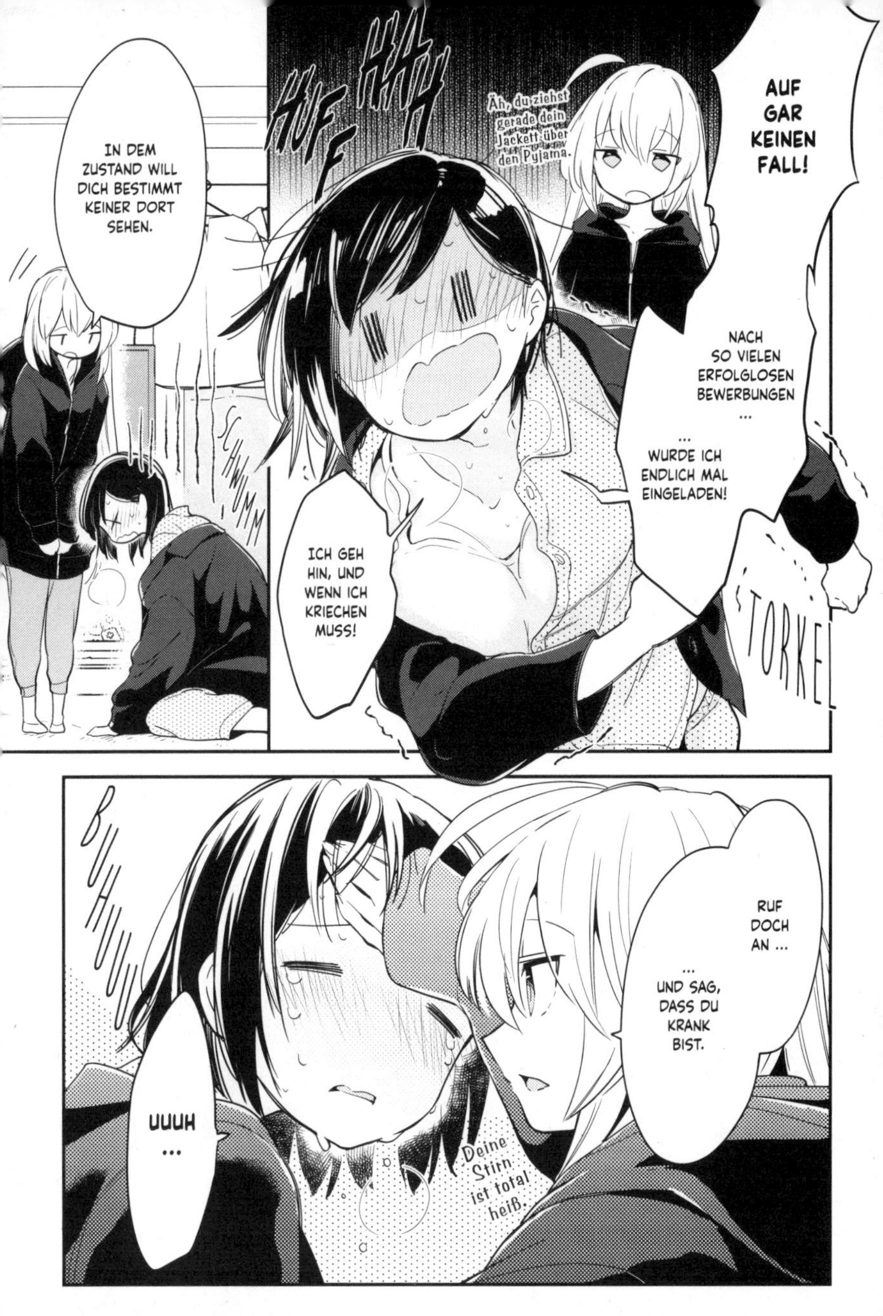
AUF GAR KEINEN FALL!
NACH SO VIELEN ERFOLGLOSEN BEWERBUNGEN ...
... WURDE ICH ENDLICH MAL EINGELADEN!
TORKEL
Äh, du ziehst gerade dein Jackett über den Pyjama.
ICH GEH HIN, UND WENN ICH KRIECHEN MUSS!
IN DEM ZUSTAND WILL DICH BESTIMMT KEINER DORT SEHEN.
SCHWUMM
RUF DOCH AN ...
... UND SAG, DASS DU KRANK BIST.
Deine Stirn ist total heiß.
UUUH ...
BUHUUU

Kapitel 4: Wenn du nur wüsstest

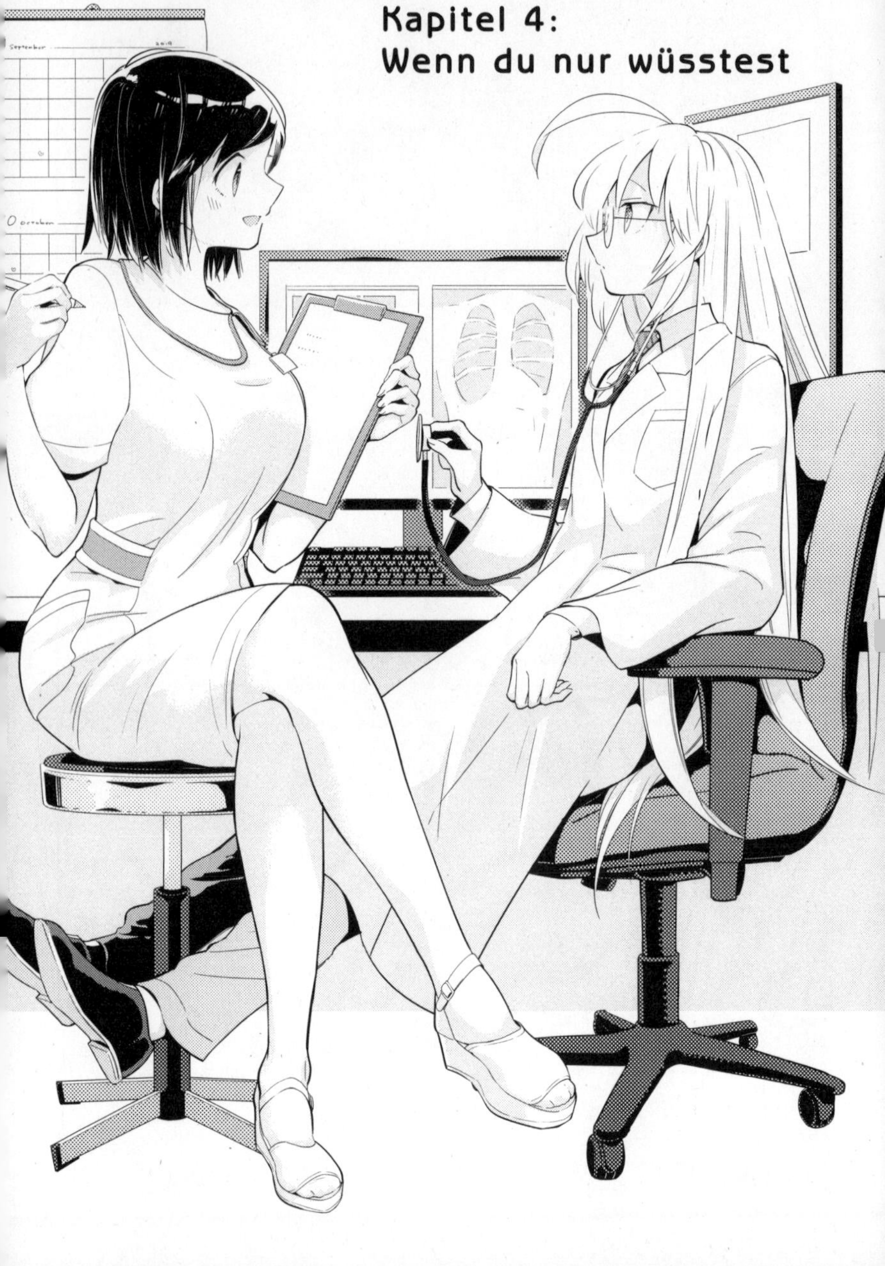

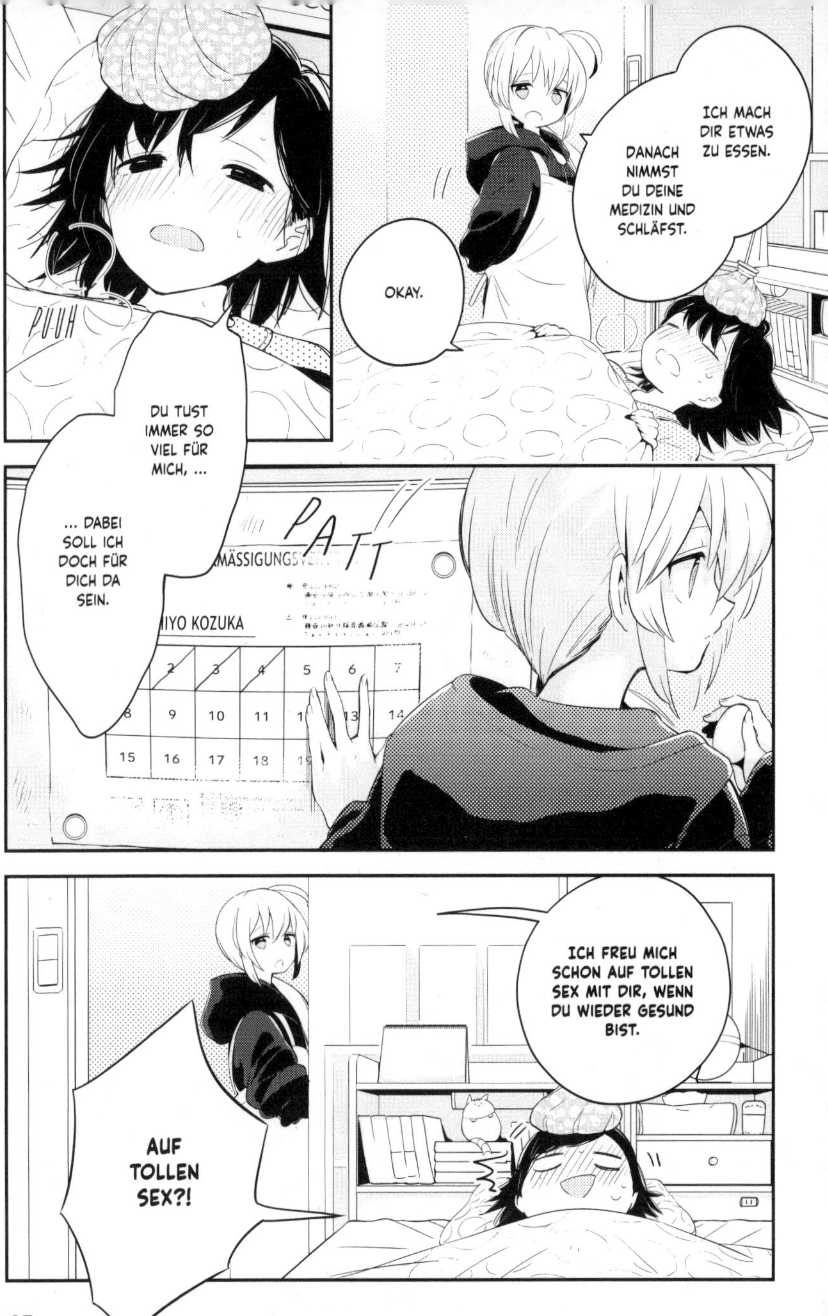
ICH MACH DIR ETWAS ZU ESSEN.
DANACH NIMMST DU DEINE MEDIZIN UND SCHLÄFST.
OKAY.
PUUH
DU TUST IMMER SO VIEL FÜR MICH, ...
... DABEI SOLL ICH DOCH FÜR DICH DA SEIN.
PATT
ICH FREU MICH SCHON AUF TOLLEN SEX MIT DIR, WENN DU WIEDER GESUND BIST.
AUF TOLLEN SEX?!

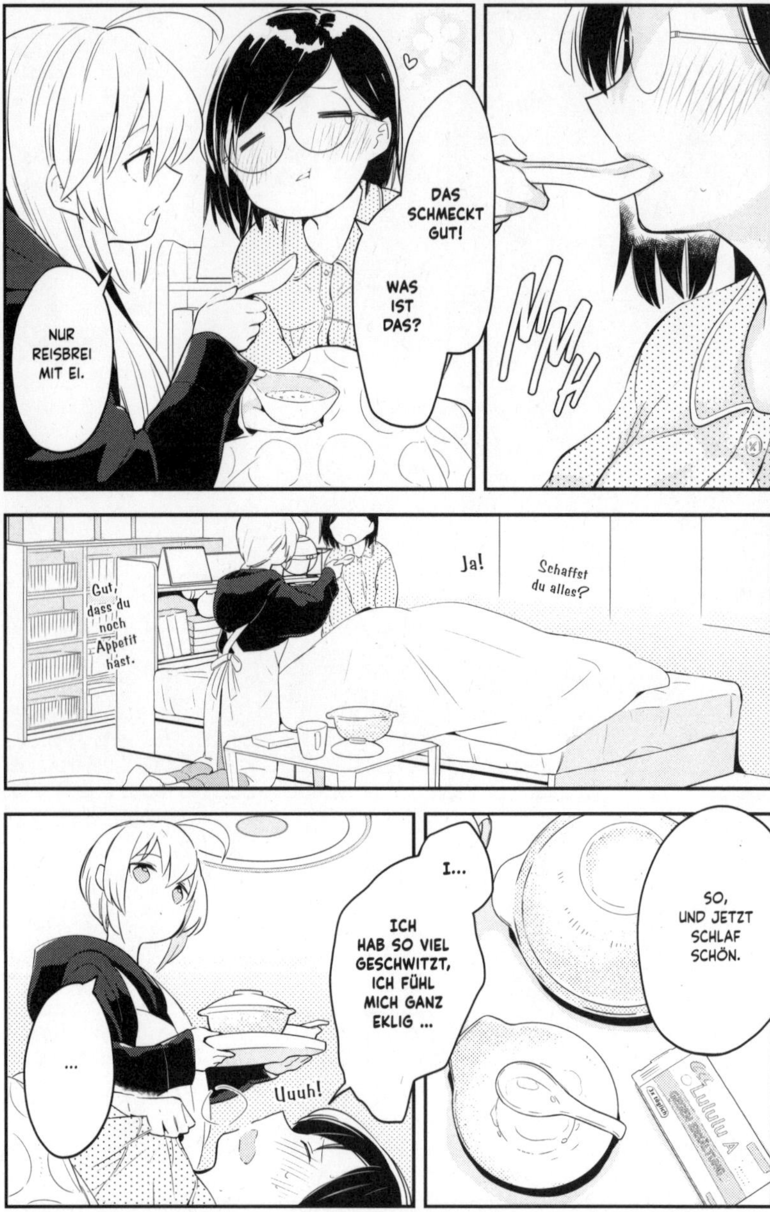
MMH
DAS SCHMECKT GUT!
WAS IST DAS?
NUR REISBREI MIT EI.
Schaffst du alles?
Ja!
Gut, dass du noch Appetit hast.
SO, UND JETZT SCHLAF SCHÖN.
Lululu A
I...
ICH HAB SO VIEL GESCHWITZT, ICH FÜHL MICH GANZ EKLIG ...
Uuuh!
...

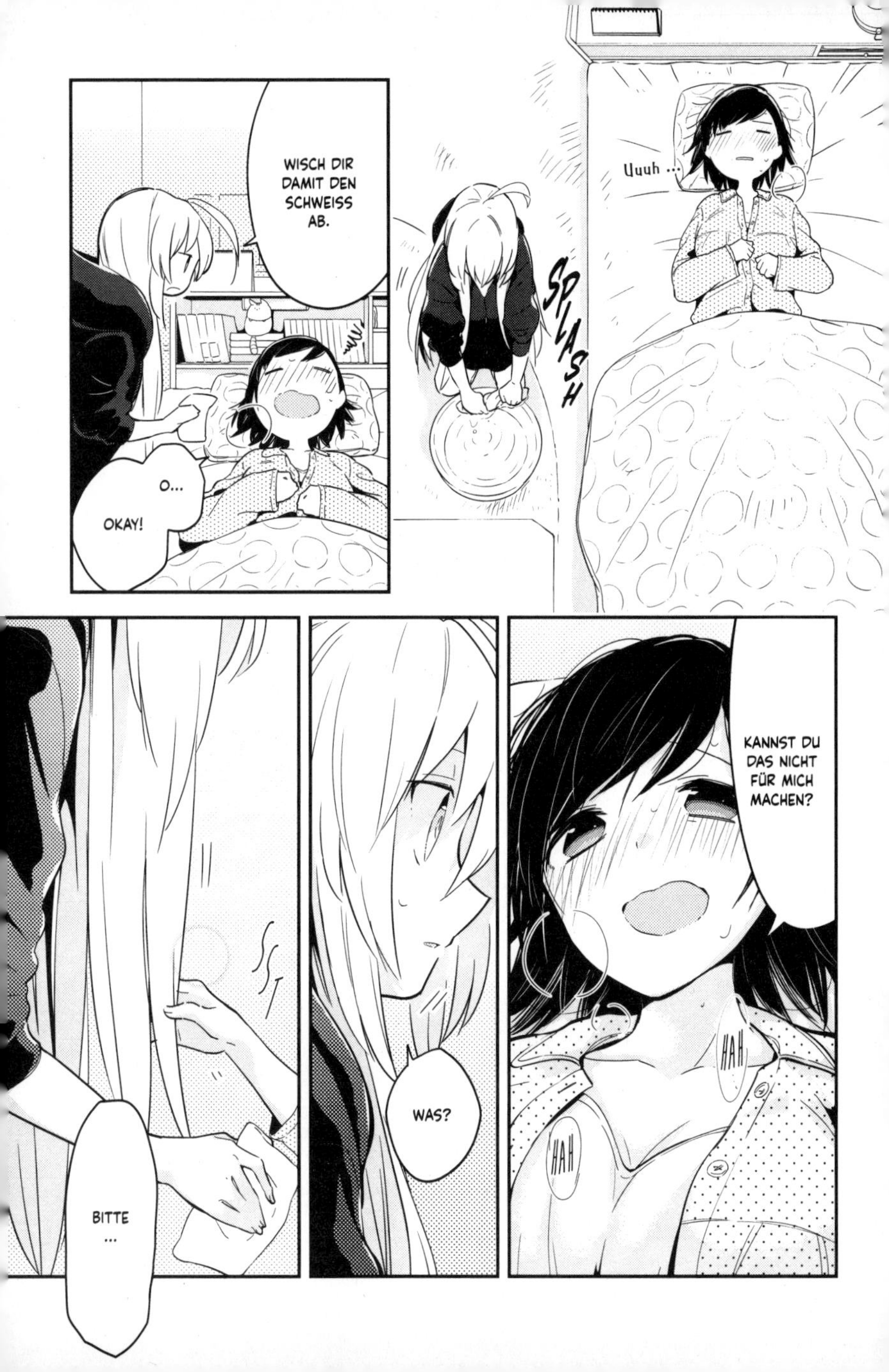
Uuuh ...
SPLASH
WISCH DIR DAMIT DEN SCHWEISS AB.
O...
OKAY!
KANNST DU DAS NICHT FÜR MICH MACHEN?
HAH
HAH
WAS?
BITTE ...

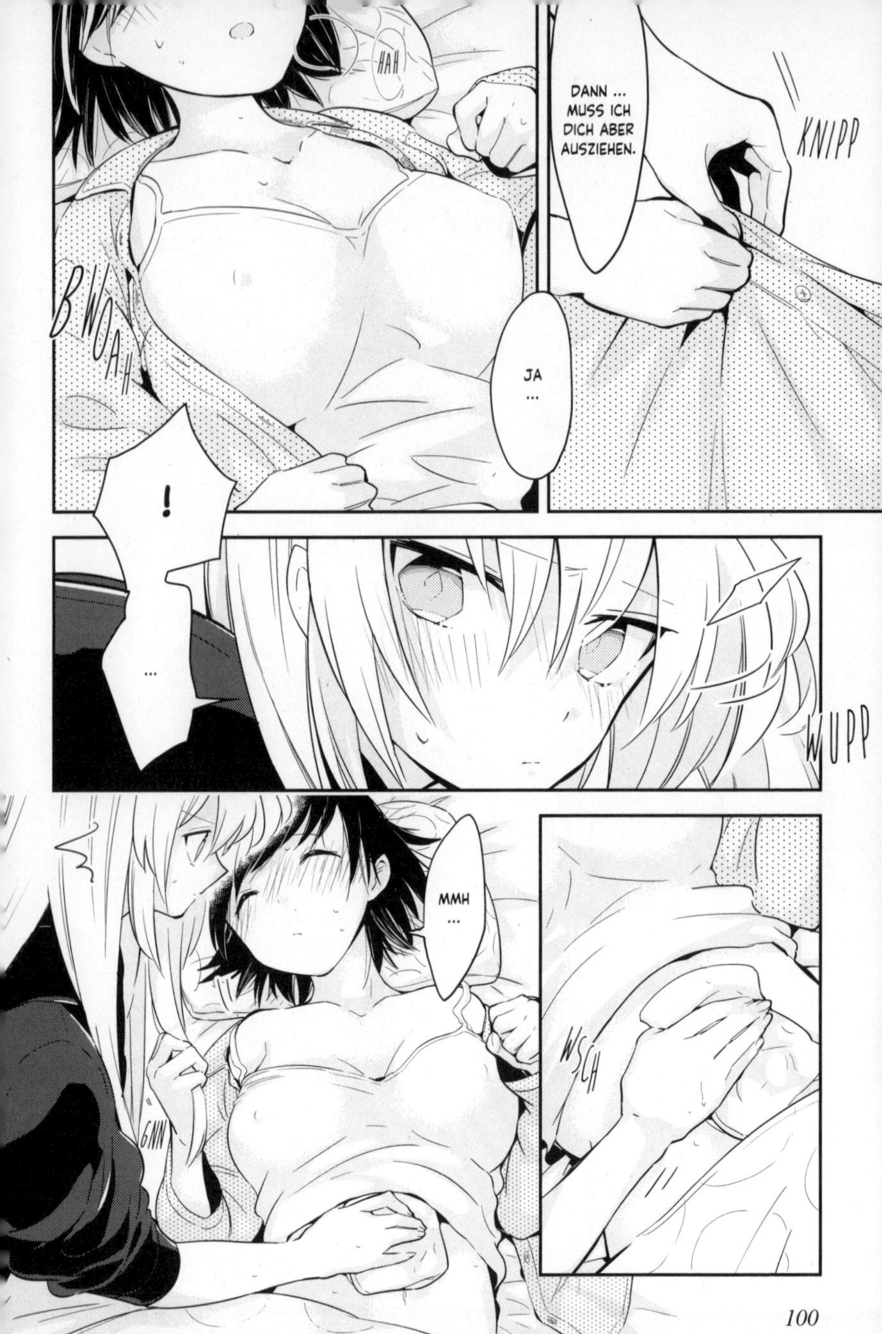

DANN ... MUSS ICH DICH ABER AUSZIEHEN.
KNIPP
JA ...
HAH
BWOAH
!
...
WUPP
WSCH
MMH ...
GNN

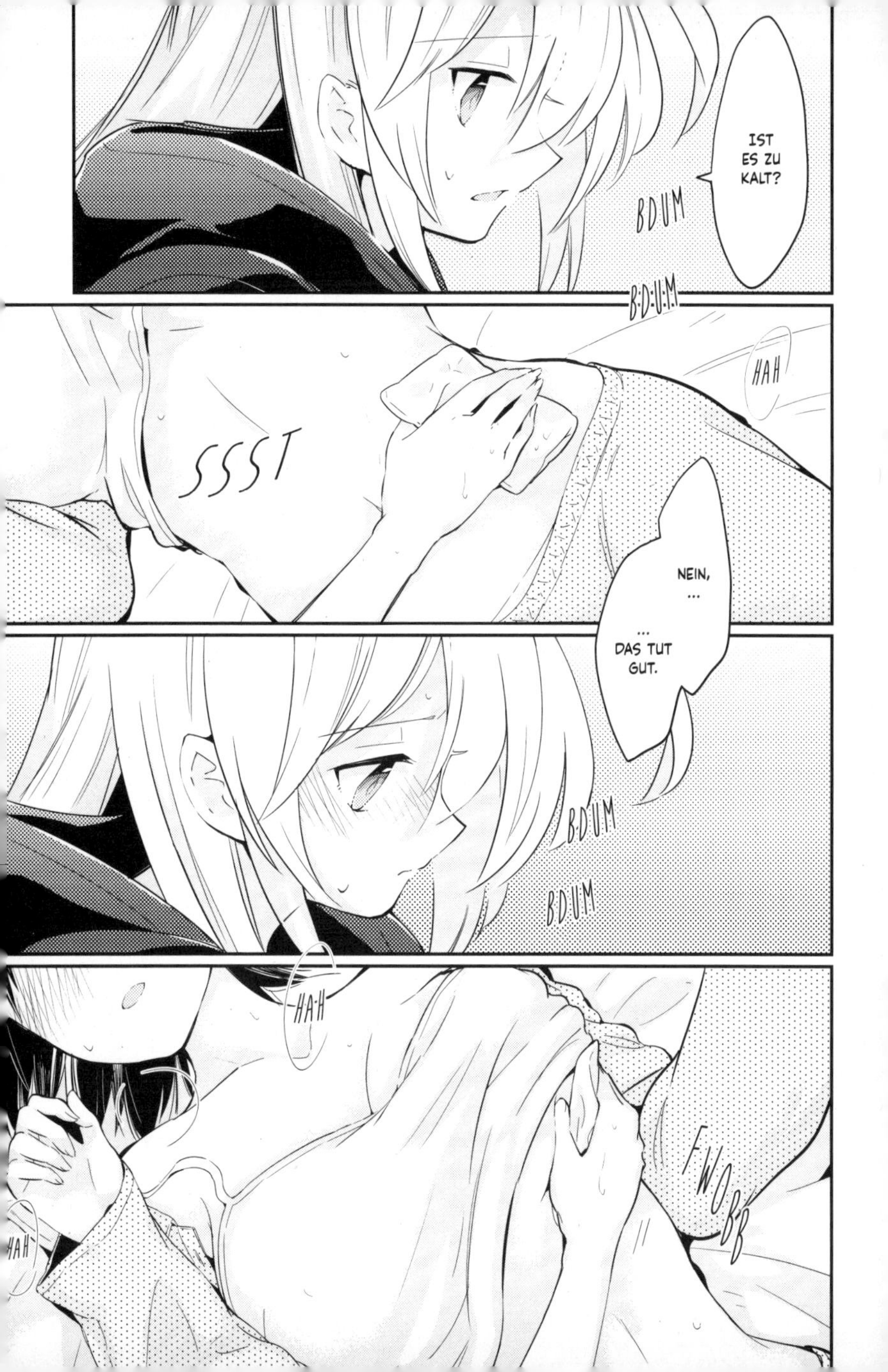
IST ES ZU KALT?
BDUM
BDUM
HAH
SSST
NEIN, ...
... DAS TUT GUT.
BDUM
BDUM
HAH
HAH
FWOBB

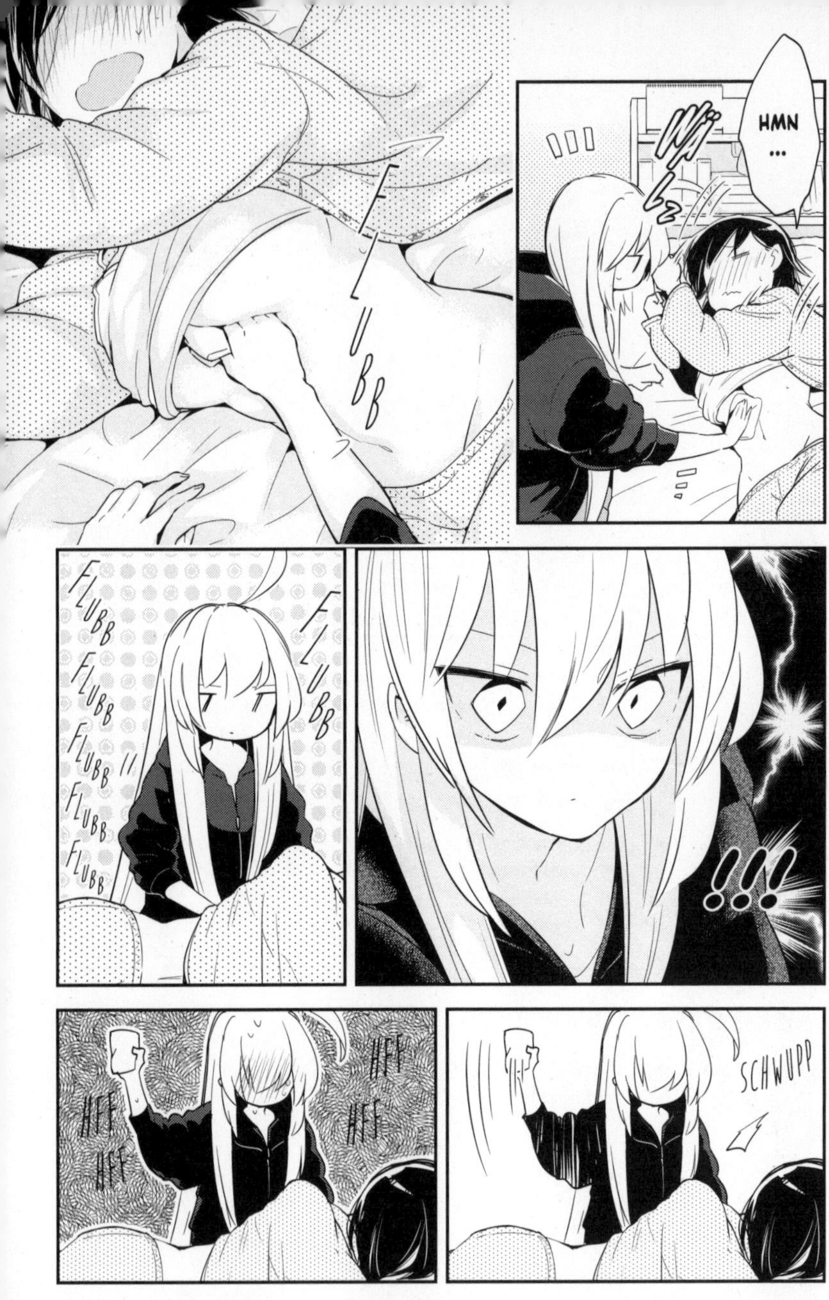
HMN ...
FLUBB
!!!
FLUBB
FLUBB
FLUBB
FLUBB
FLUBB
FLUBB
SCHWUPP
HFF
HFF
HFF
HFF

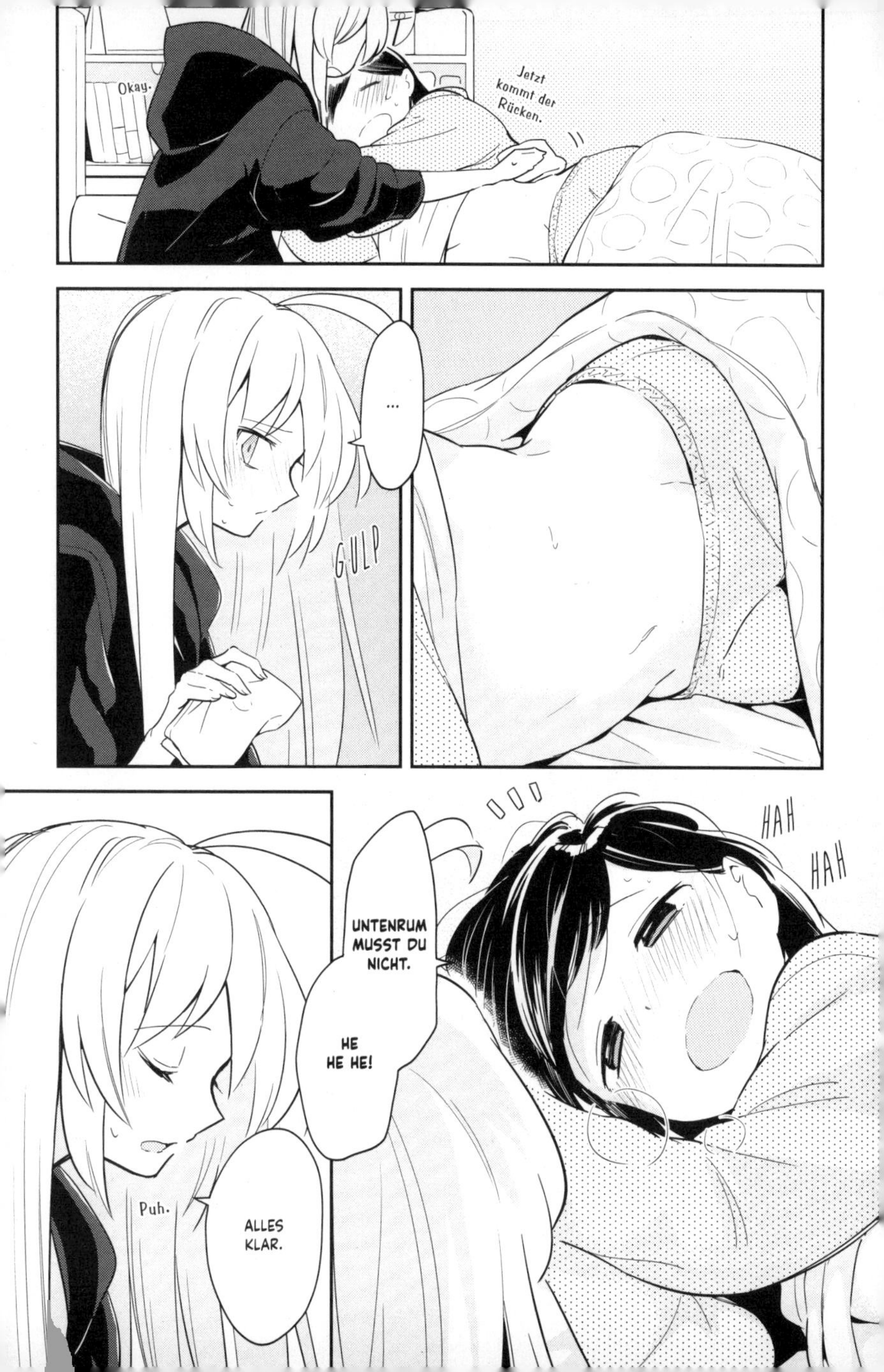
Jetzt kommt der Rücken.
Okay.
...
GULP
HAH HAH
UNTENRUM MUSST DU NICHT.
HE HE HE!
ALLES KLAR.
Puh.

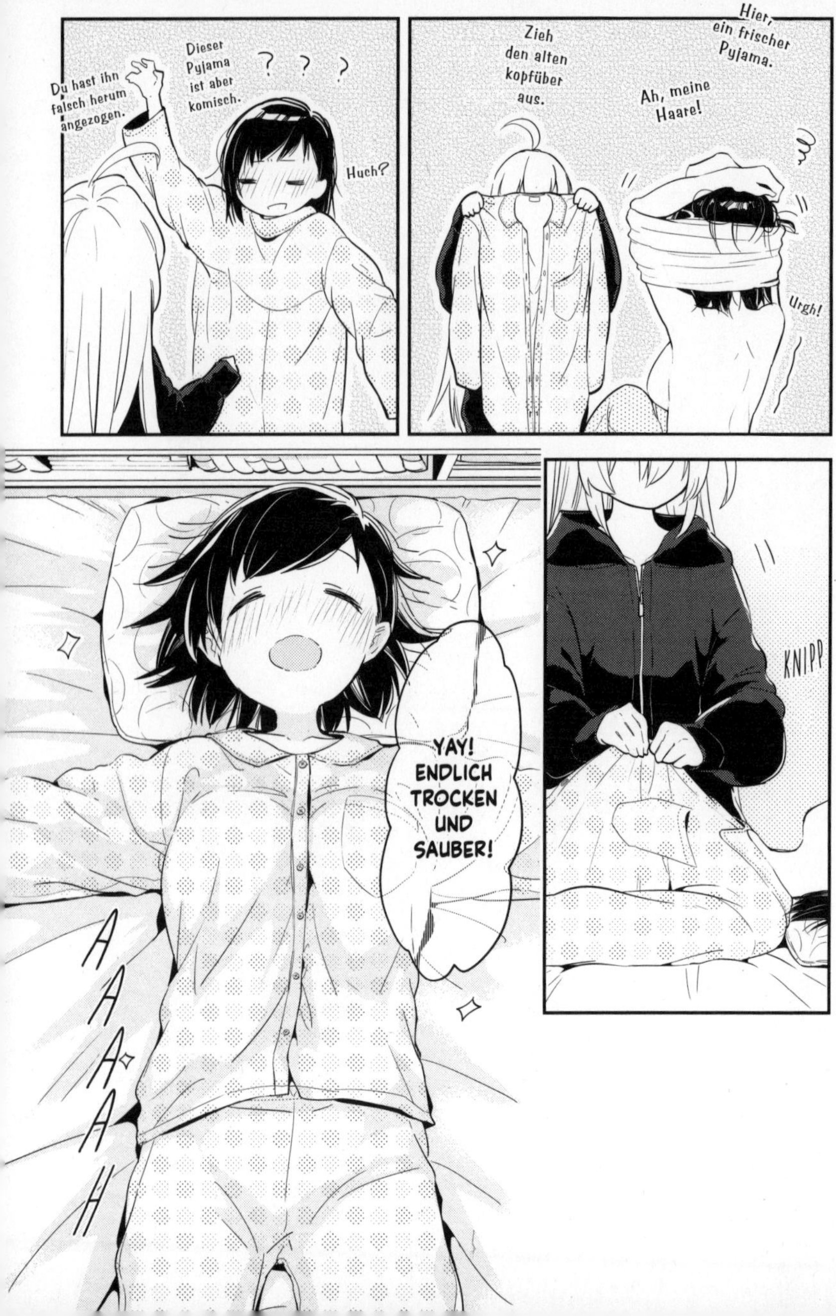
Hier, ein frischer Pyjama.
Ah, meine Haare!
Zieh den alten kopfüber aus.
Urgh!
Dieser Pyjama ist aber komisch.
? ? ?
Du hast ihn falsch herum angezogen.
Huch?
KNIPP
YAY! ENDLICH TROCKEN UND SAUBER!
AAAAAH

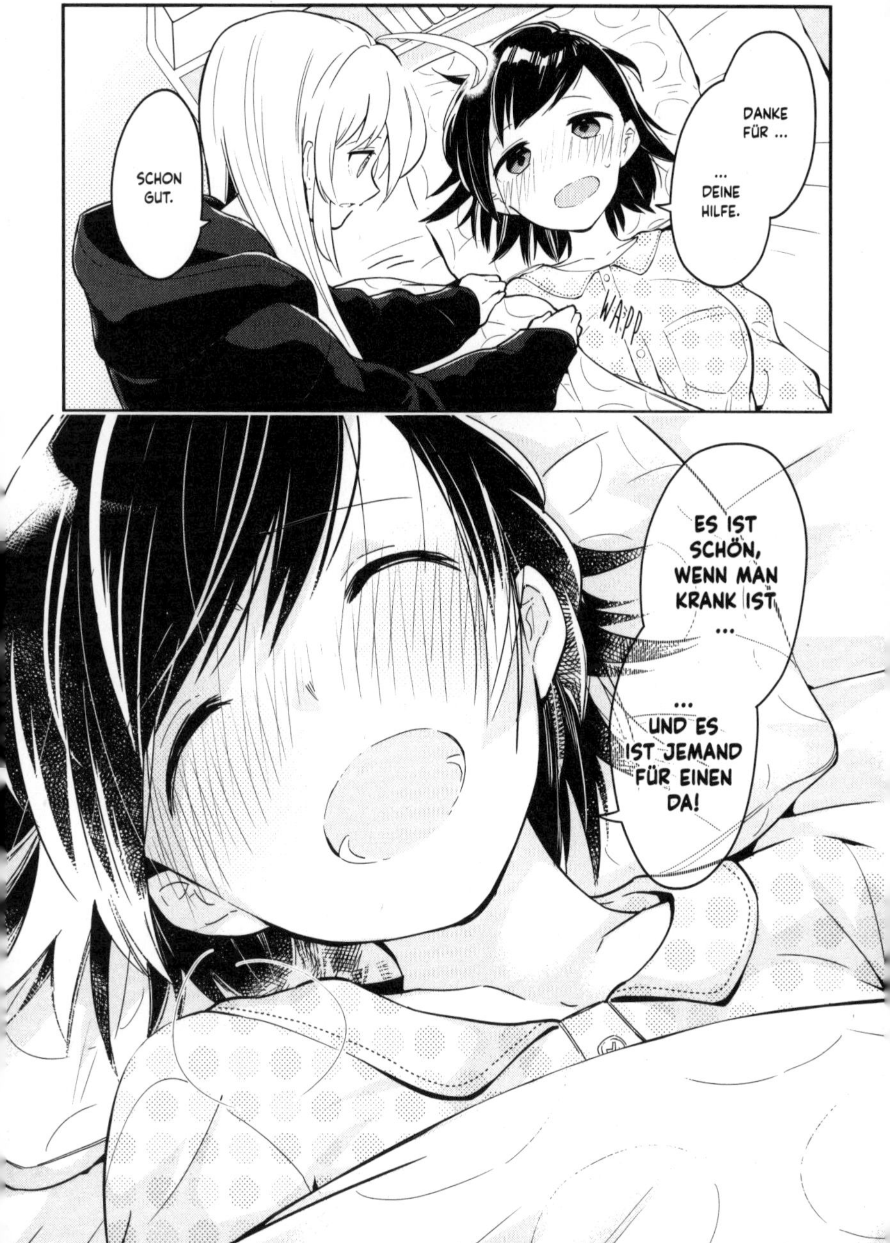
DANKE FÜR ...
... DEINE HILFE.
SCHON GUT.
WAPP
ES IST SCHÖN, WENN MAN KRANK IST ...
... UND ES IST JEMAND FÜR EINEN DA!

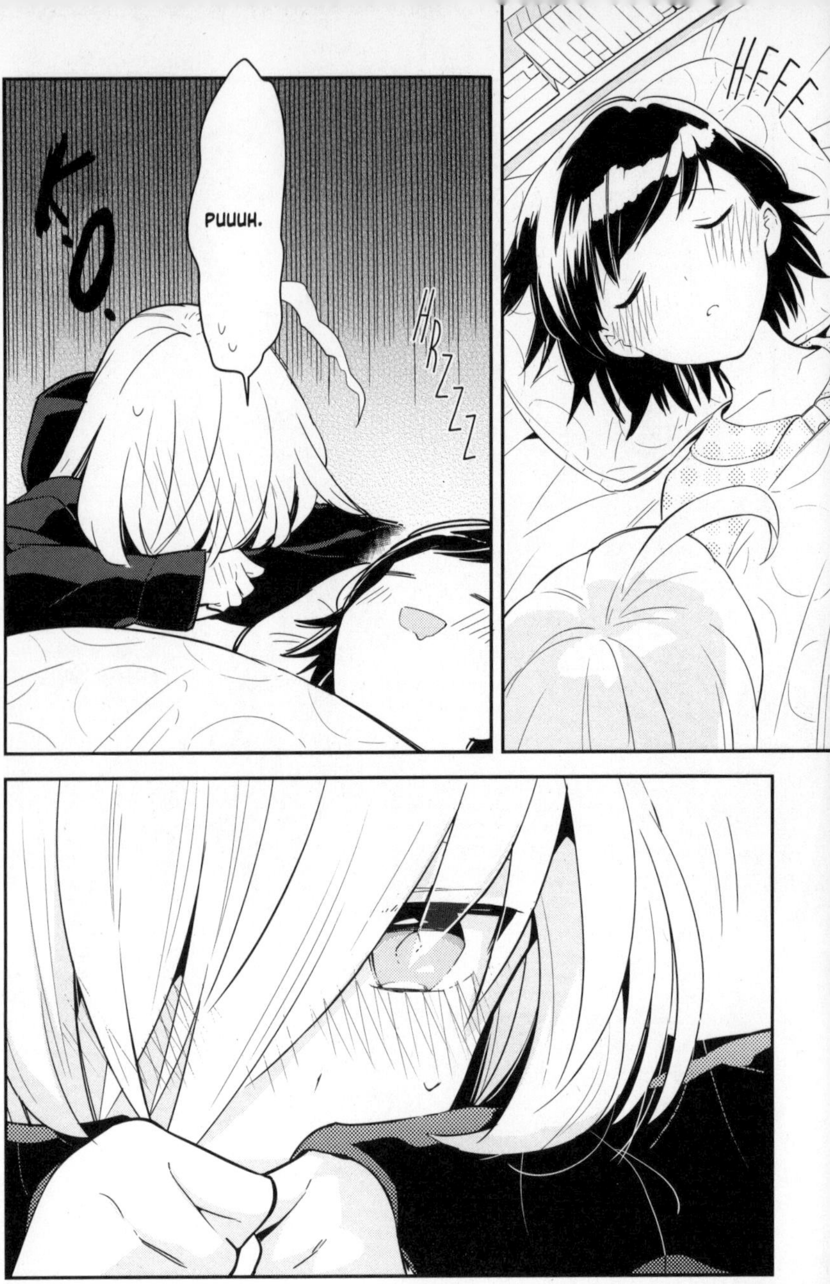
HEFF
HRZZZ
PUUUH.
K.O.

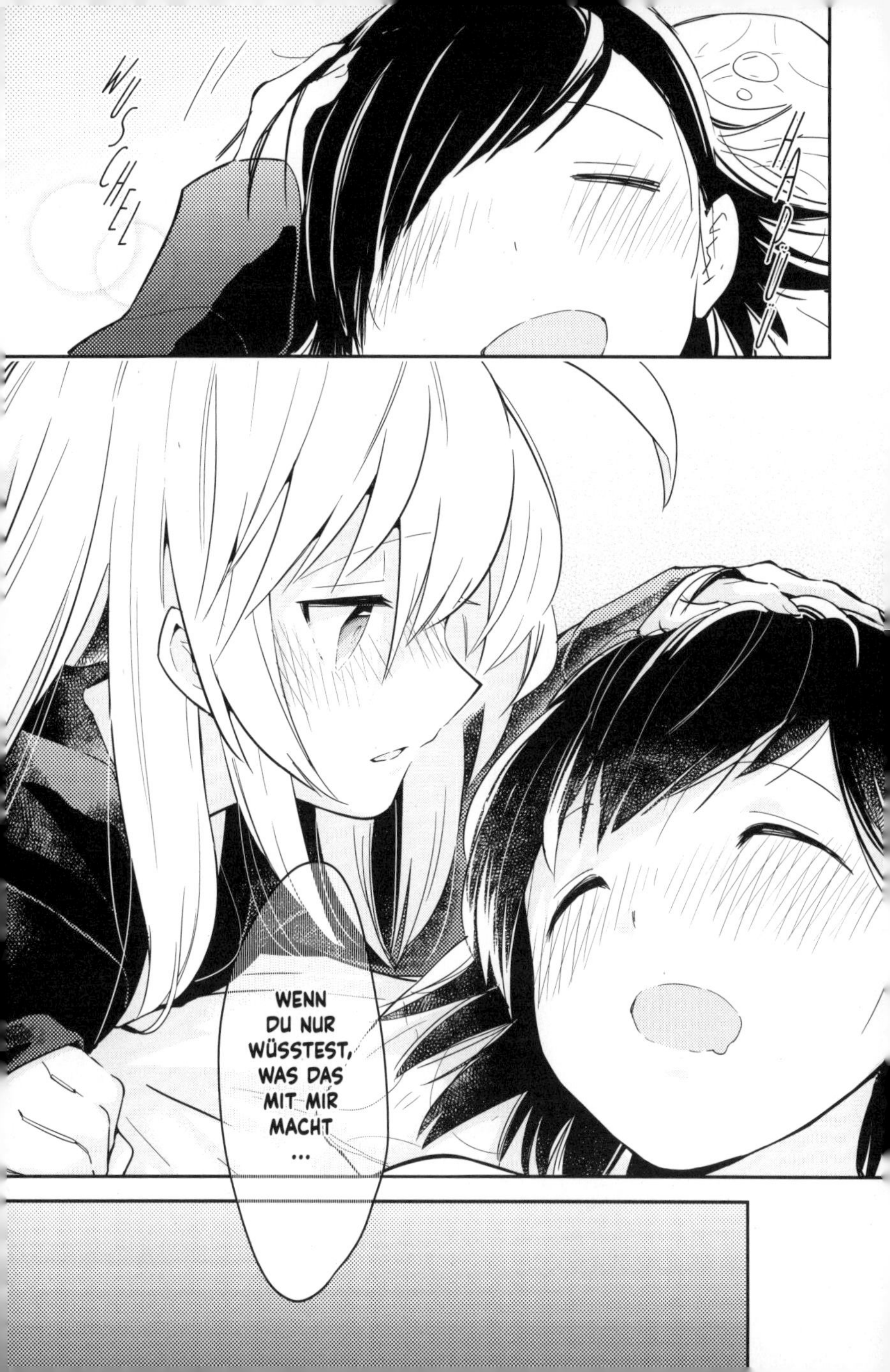
HAPÜÜ
WUSCHEL
WENN DU NUR WÜSSTEST, WAS DAS MIT MIR MACHT ...

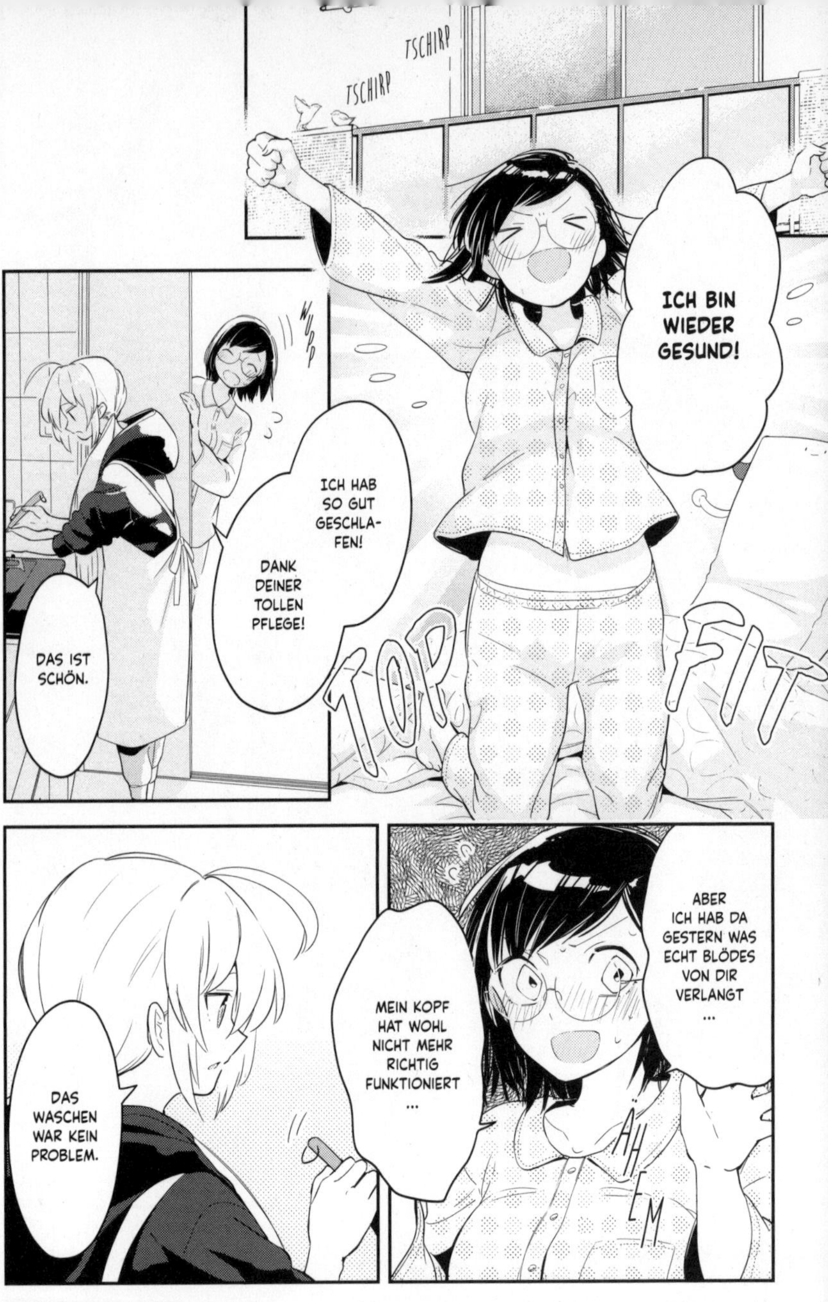
TSCHIRP
TSCHIRP
ICH BIN WIEDER GESUND!
TOP FIT
WUPP
ICH HAB SO GUT GESCHLAFEN!
DANK DEINER TOLLEN PFLEGE!
DAS IST SCHÖN.
ABER ICH HAB DA GESTERN WAS ECHT BLÖDES VON DIR VERLANGT ...
ÄHEM
MEIN KOPF HAT WOHL NICHT MEHR RICHTIG FUNKTIONIERT ...
DAS WASCHEN WAR KEIN PROBLEM.

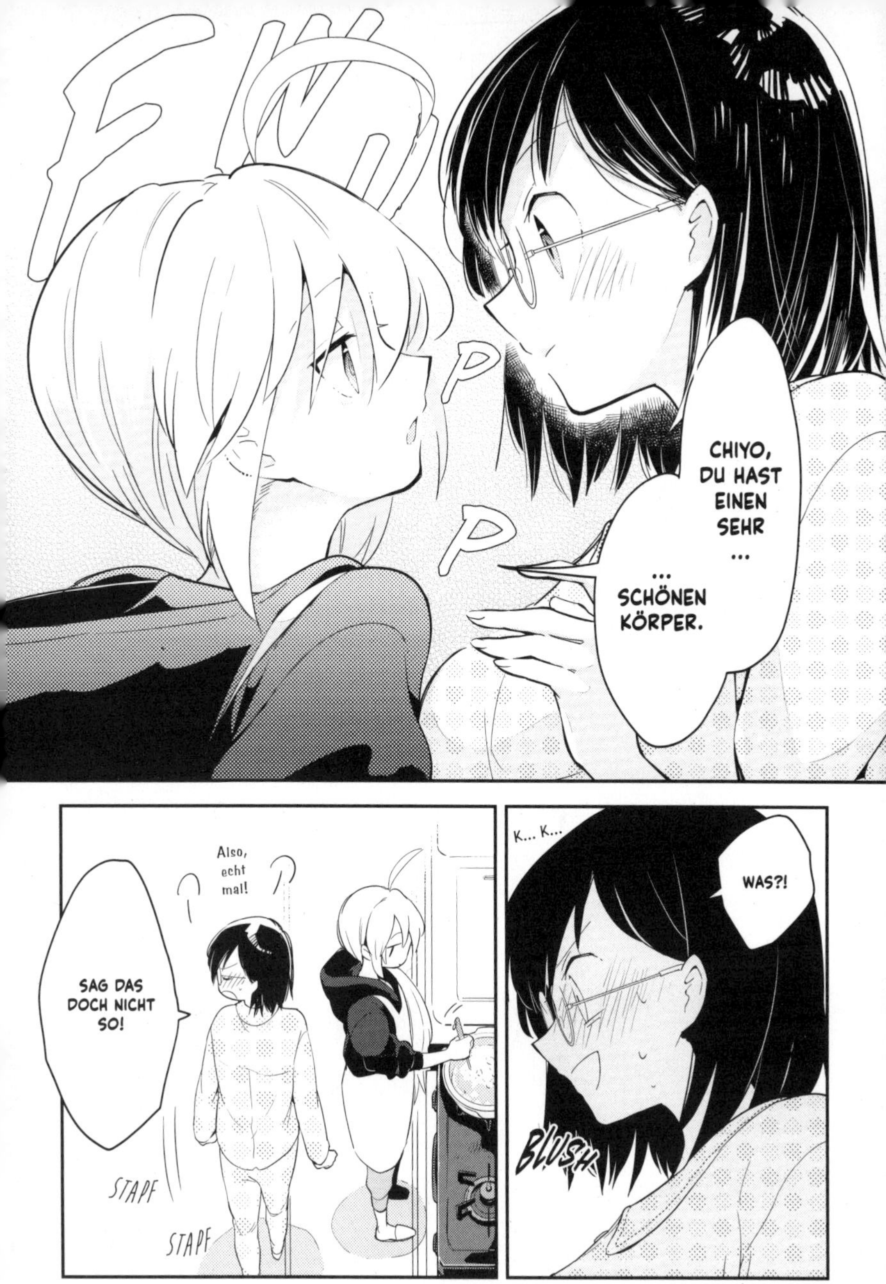
P
P
CHIYO, DU HAST EINEN SEHR ...
... SCHÖNEN KÖRPER.
K... K...
WAS?!
BLUSH
Also, echt mal!
SAG DAS DOCH NICHT SO!
STAPF
STAPF

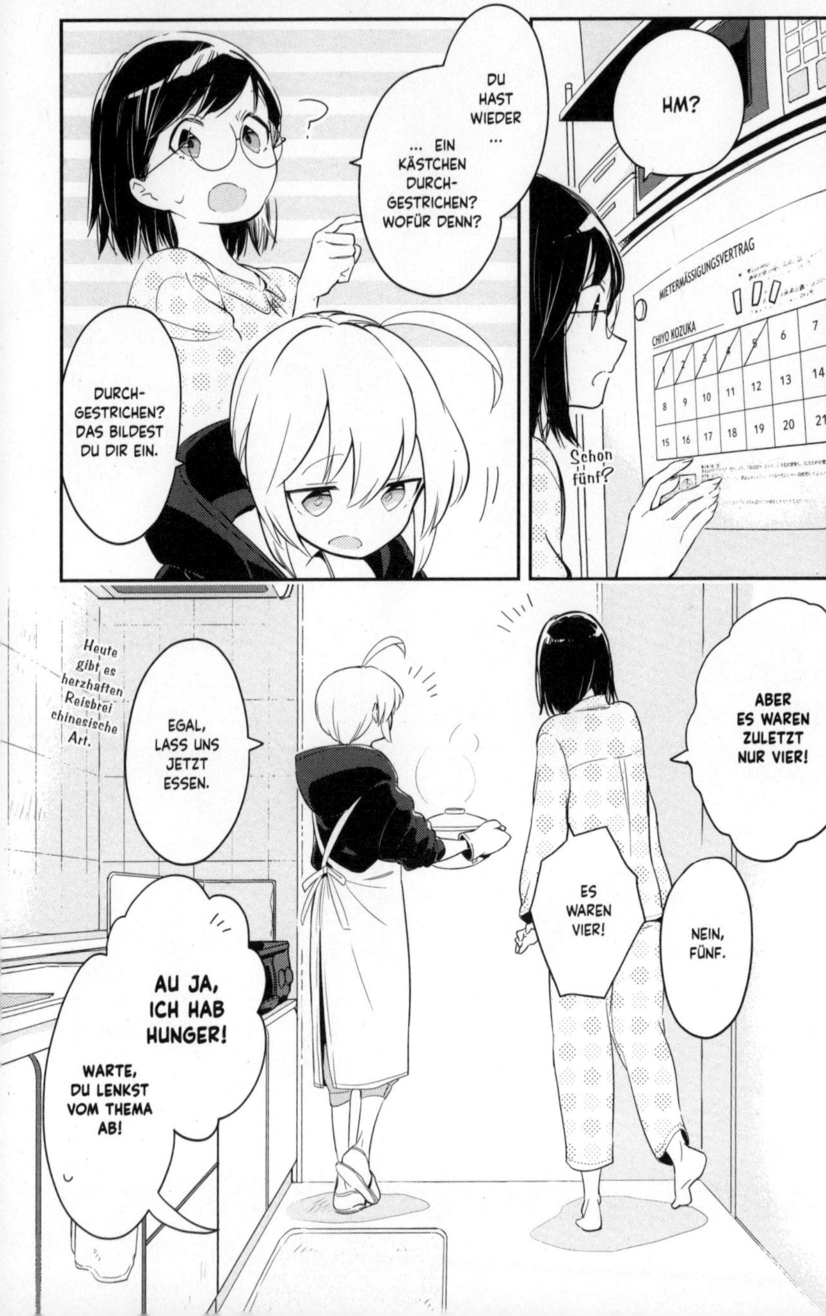
HM?
MIETERMÄSSIGUNGSVERTRAG
CHIYO KOZUKA
Schon fünf?
DU HAST WIEDER ... ... EIN KÄSTCHEN DURCH-GESTRICHEN? WOFÜR DENN?
DURCH-GESTRICHEN? DAS BILDEST DU DIR EIN.
ABER ES WAREN ZULETZT NUR VIER!
NEIN, FÜNF.
ES WAREN VIER!
EGAL, LASS UNS JETZT ESSEN.
Heute gibt es herzhaften Reisbrei chinesische Art.
AU JA, ICH HAB HUNGER!
WARTE, DU LENKST VOM THEMA AB!

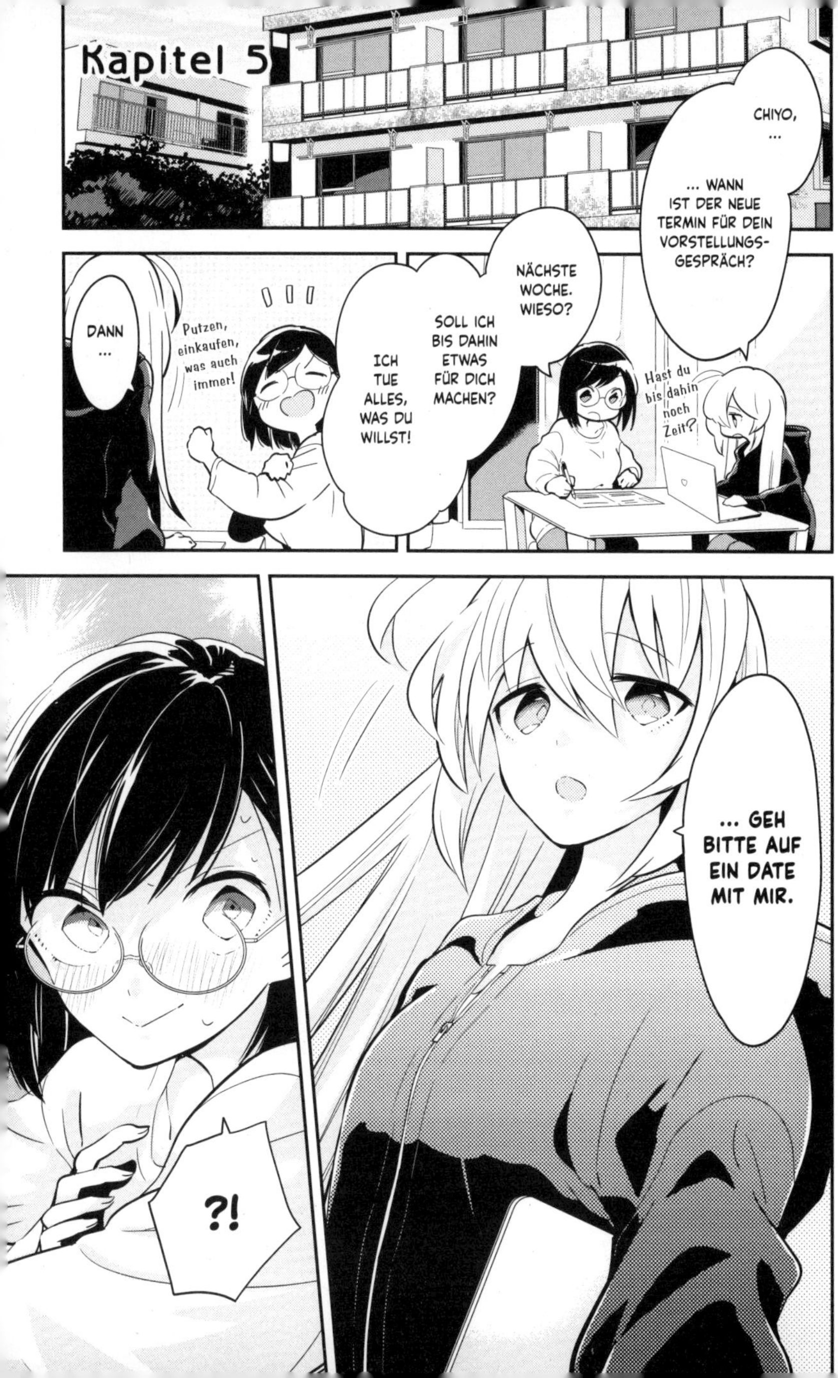
Kapitel 5
Chiyo, ...
... wann ist der neue Termin für dein Vorstellungs-gespräch?
Hast du bis dahin noch Zeit?
Nächste Woche. Wieso?
Soll ich bis dahin etwas für dich machen?
Ich tue alles, was du willst!
Putzen, einkaufen, was auch immer!
Dann ...
... Geh bitte auf ein Date mit mir.
?!

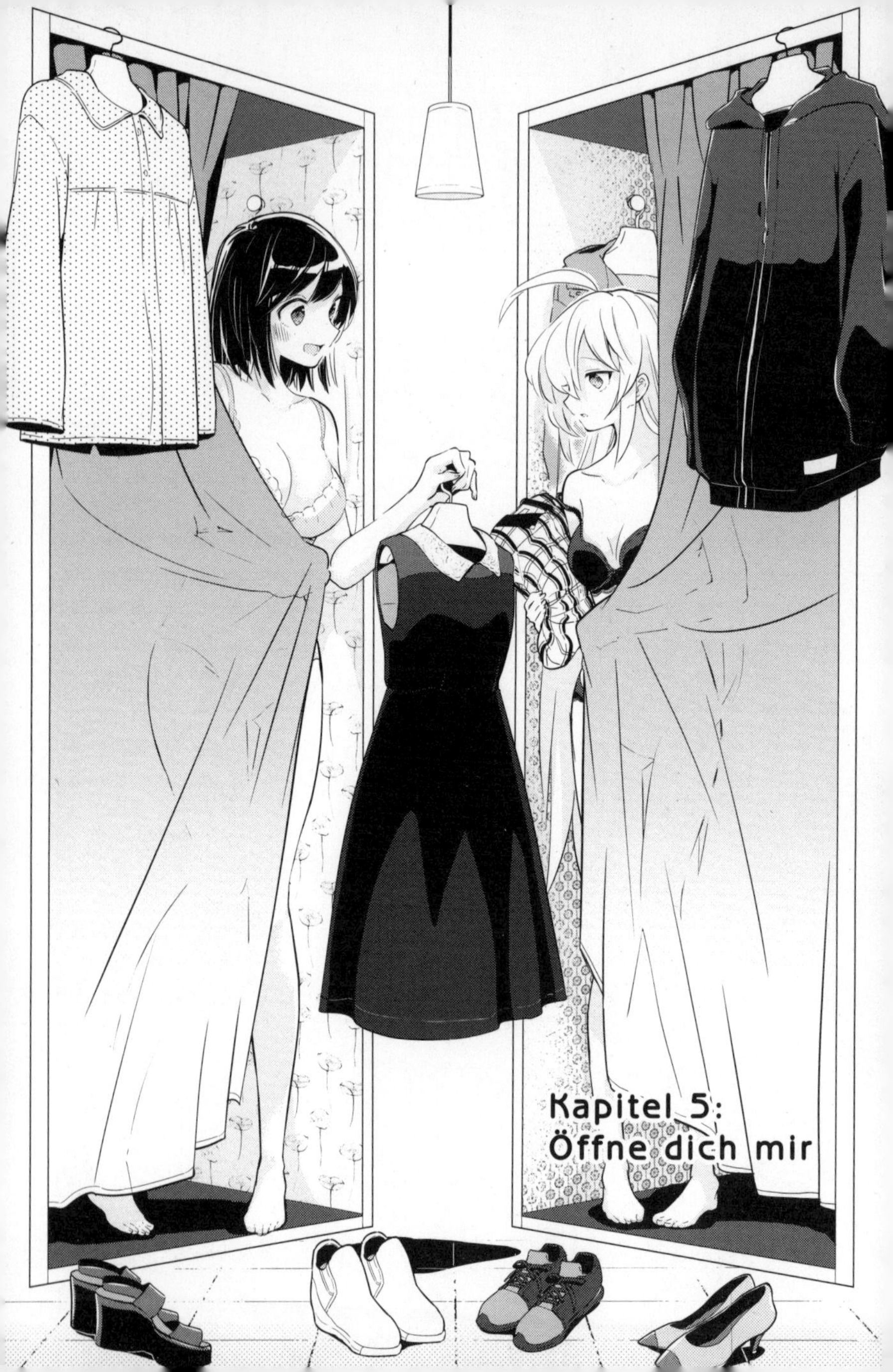
Kapitel 5:
Öffne dich mir

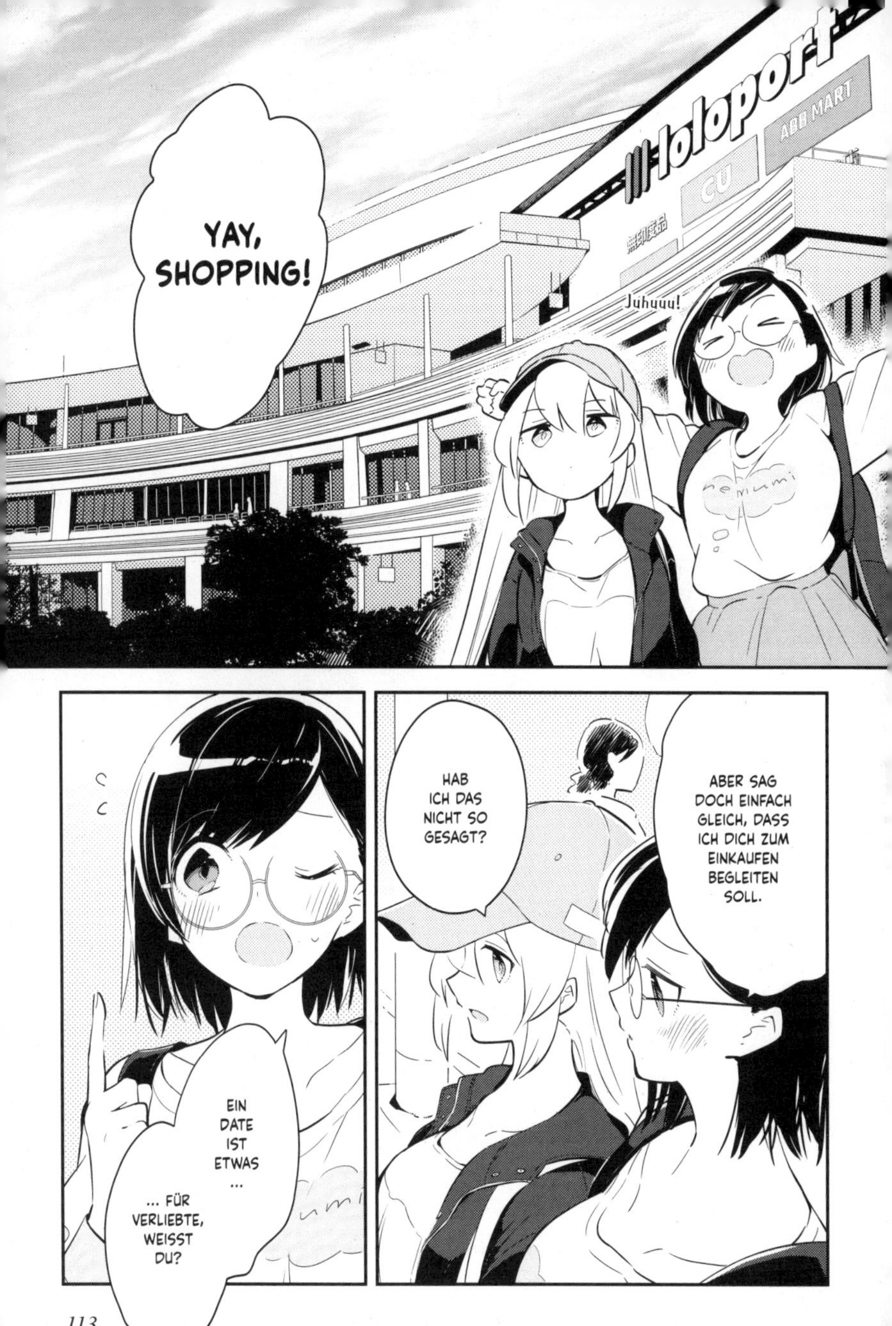
YAY, SHOPPING!
Juhuuu!
lolopart
CU
ABB MART
無印良品
ABER SAG DOCH EINFACH GLEICH, DASS ICH DICH ZUM EINKAUFEN BEGLEITEN SOLL.
HAB ICH DAS NICHT SO GESAGT?
EIN DATE IST ETWAS …
… FÜR VERLIEBTE, WEISST DU?

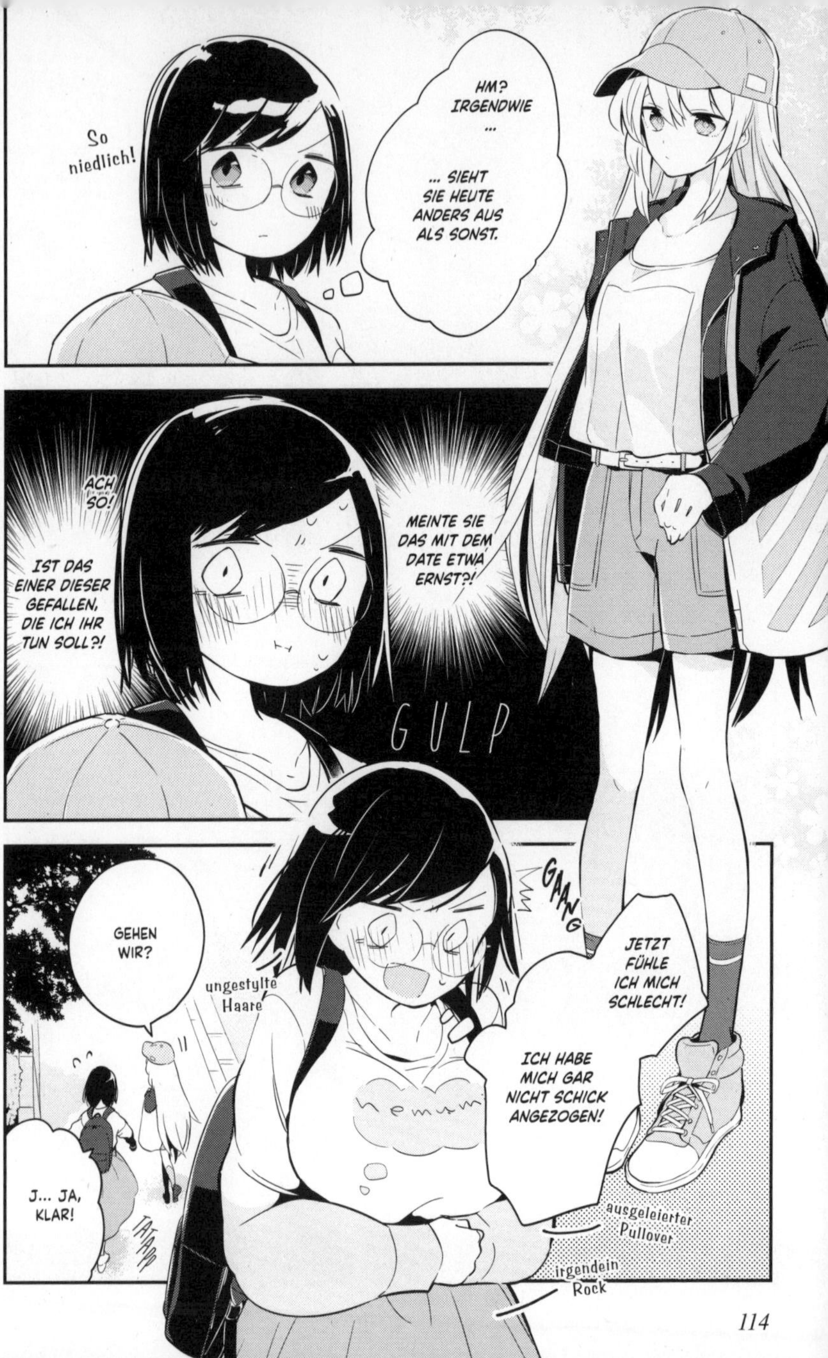
HM? IRGENDWIE ...
... SIEHT SIE HEUTE ANDERS AUS ALS SONST.
So niedlich!
ACH SO!
MEINTE SIE DAS MIT DEM DATE ETWA ERNST?!
IST DAS EINER DIESER GEFALLEN, DIE ICH IHR TUN SOLL?!
GULP
GAAANG
JETZT FÜHLE ICH MICH SCHLECHT!
ICH HABE MICH GAR NICHT SCHICK ANGEZOGEN!
ungestylte Haare
ausgeleierter Pullover
irgendein Rock
GEHEN WIR?
J... JA, KLAR!
TATAP

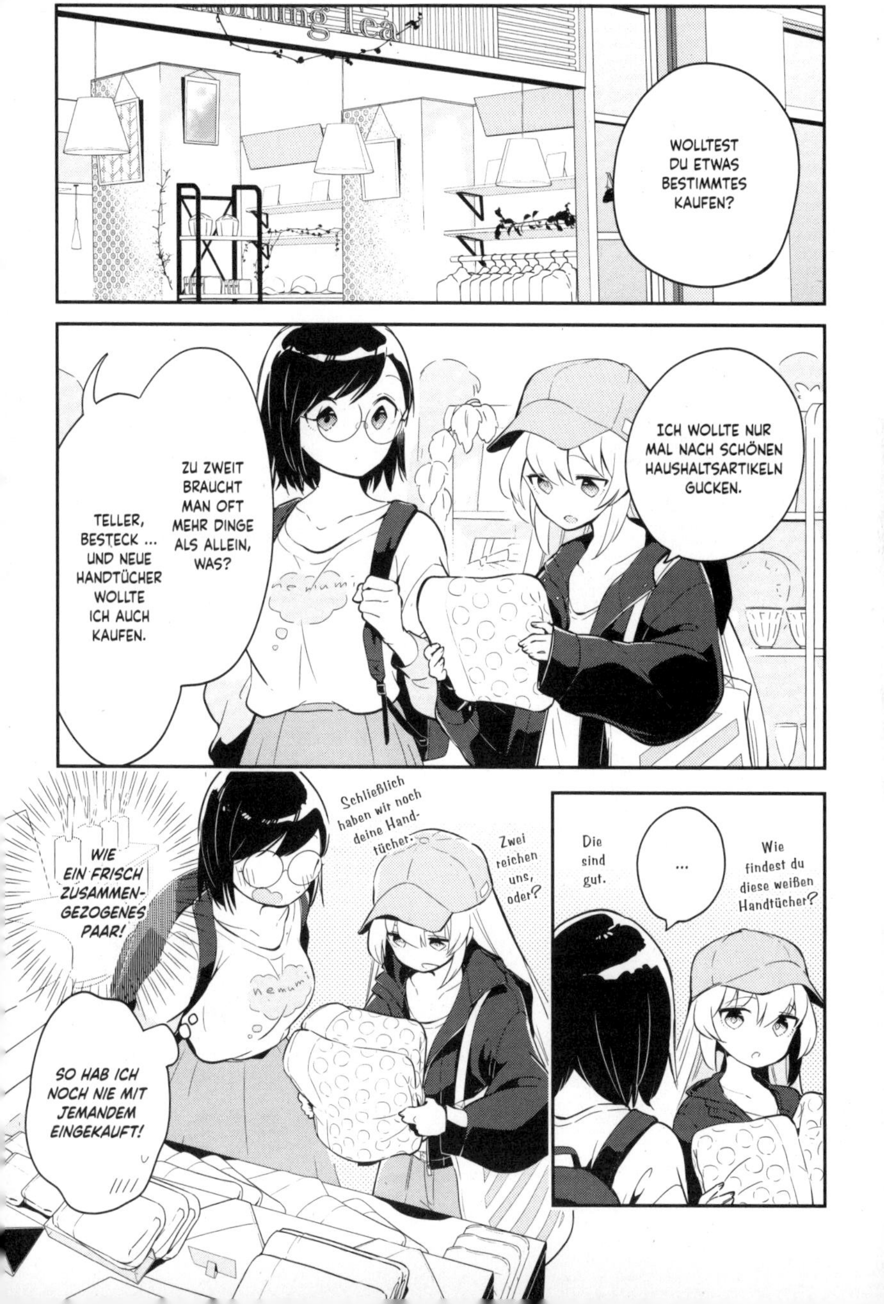
WOLLTEST DU ETWAS BESTIMMTES KAUFEN?
ICH WOLLTE NUR MAL NACH SCHÖNEN HAUSHALTSARTIKELN GUCKEN.
ZU ZWEIT BRAUCHT MAN OFT MEHR DINGE ALS ALLEIN, WAS?
TELLER, BESTECK ... UND NEUE HANDTÜCHER WOLLTE ICH AUCH KAUFEN.
Wie findest du diese weißen Handtücher?
...
Die sind gut.
Zwei reichen uns, oder?
Schließlich haben wir noch deine Handtücher.
WIE EIN FRISCH ZUSAMMENGEZOGENES PAAR!
SO HAB ICH NOCH NIE MIT JEMANDEM EINGEKAUFT!

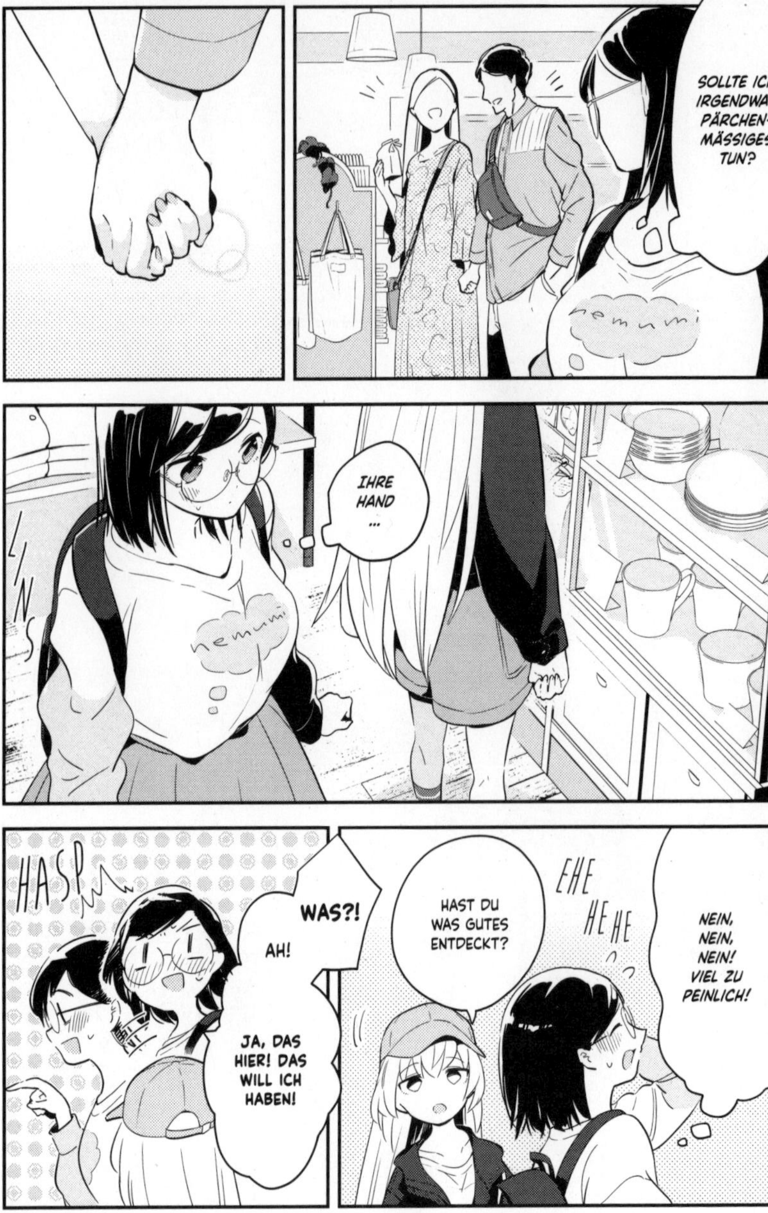

SOLLTE ICH IRGENDWAS PÄRCHEN-MÄSSIGES TUN?
IHRE HAND ...
LINS
NEIN, NEIN, NEIN! VIEL ZU PEINLICH!
EHE HEHE
HAST DU WAS GUTES ENTDECKT?
WAS?!
AH!
JA, DAS HIER! DAS WILL ICH HABEN!
HASP

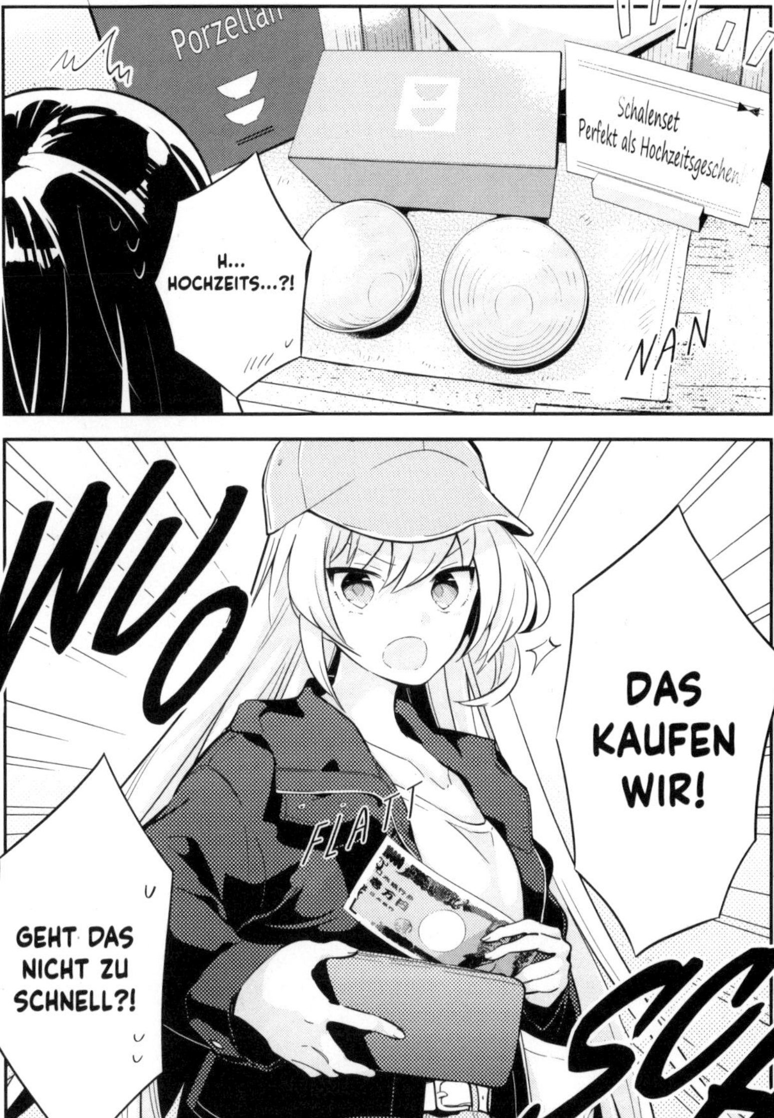
Porzellan
Schalenset
Perfekt als Hochzeitsgeschen
H... HOCHZEITS...?!
NAN
WUO
DAS KAUFEN WIR!
FLAT
GEHT DAS NICHT ZU SCHNELL?!
SCH

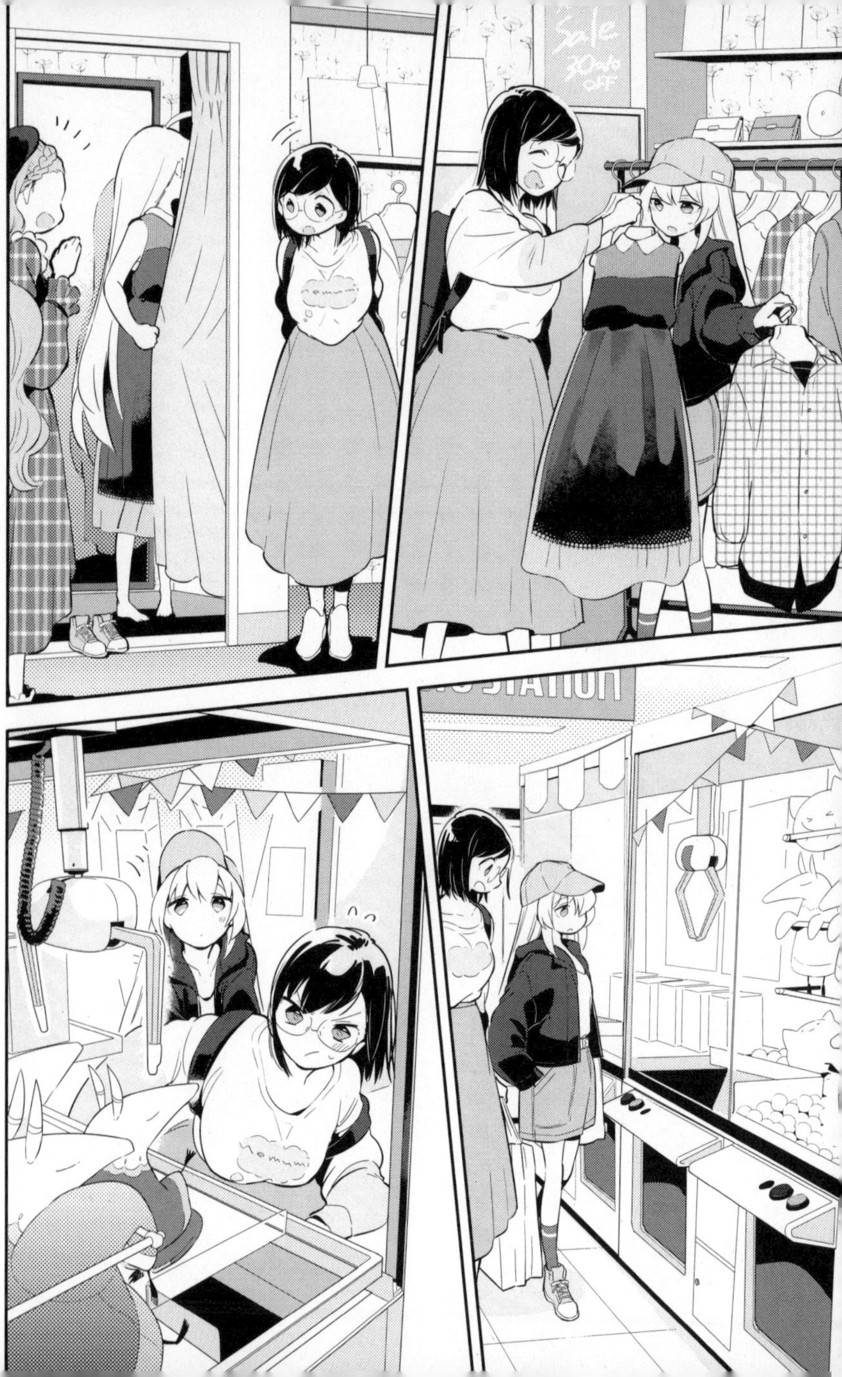
Sale
30% OFF
nemumi

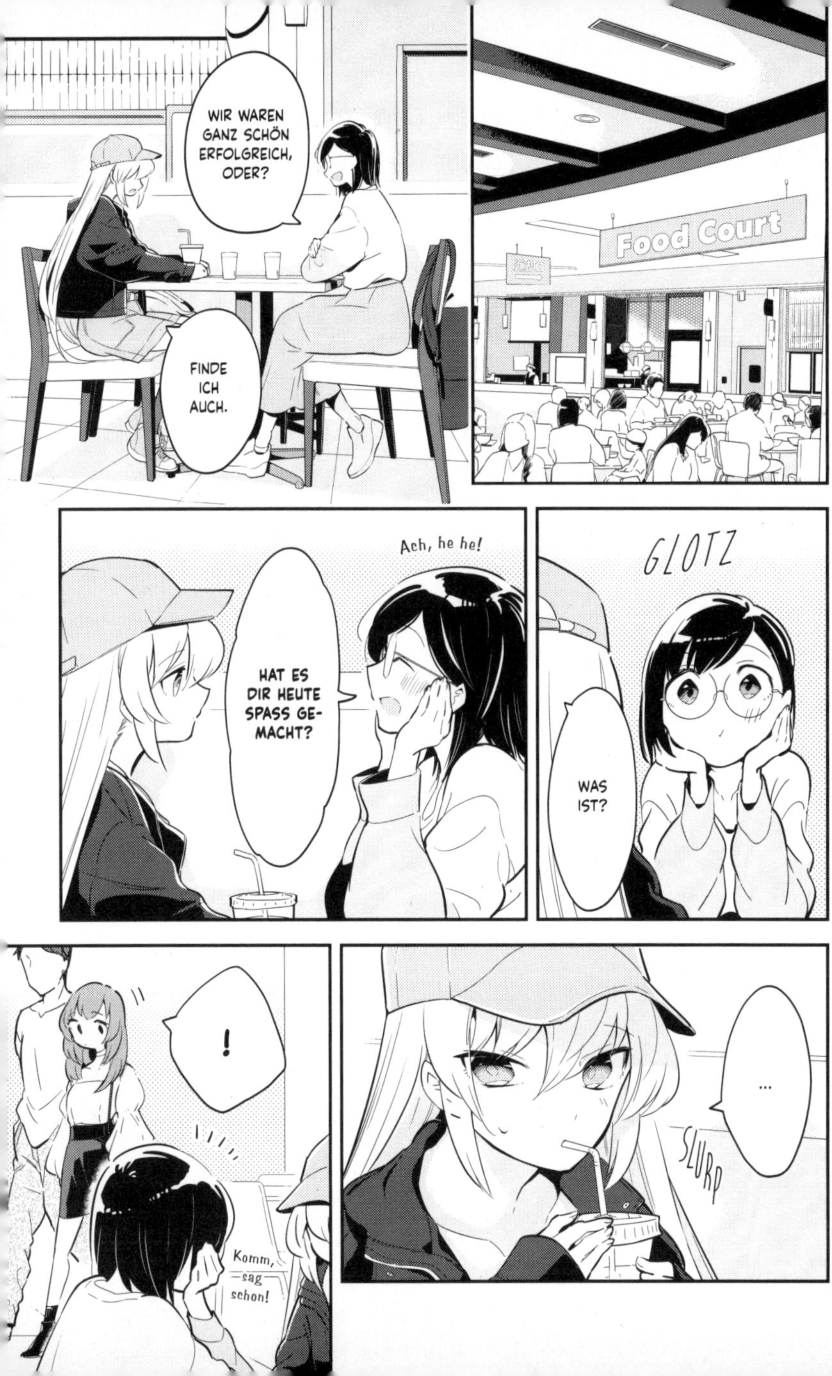
WIR WAREN GANZ SCHÖN ERFOLGREICH, ODER?
FINDE ICH AUCH.
Food Court
Ach, he he!
HAT ES DIR HEUTE SPASS GE-MACHT?
GLOTZ
WAS IST?
!
Komm, sag schon!
...
SLURP

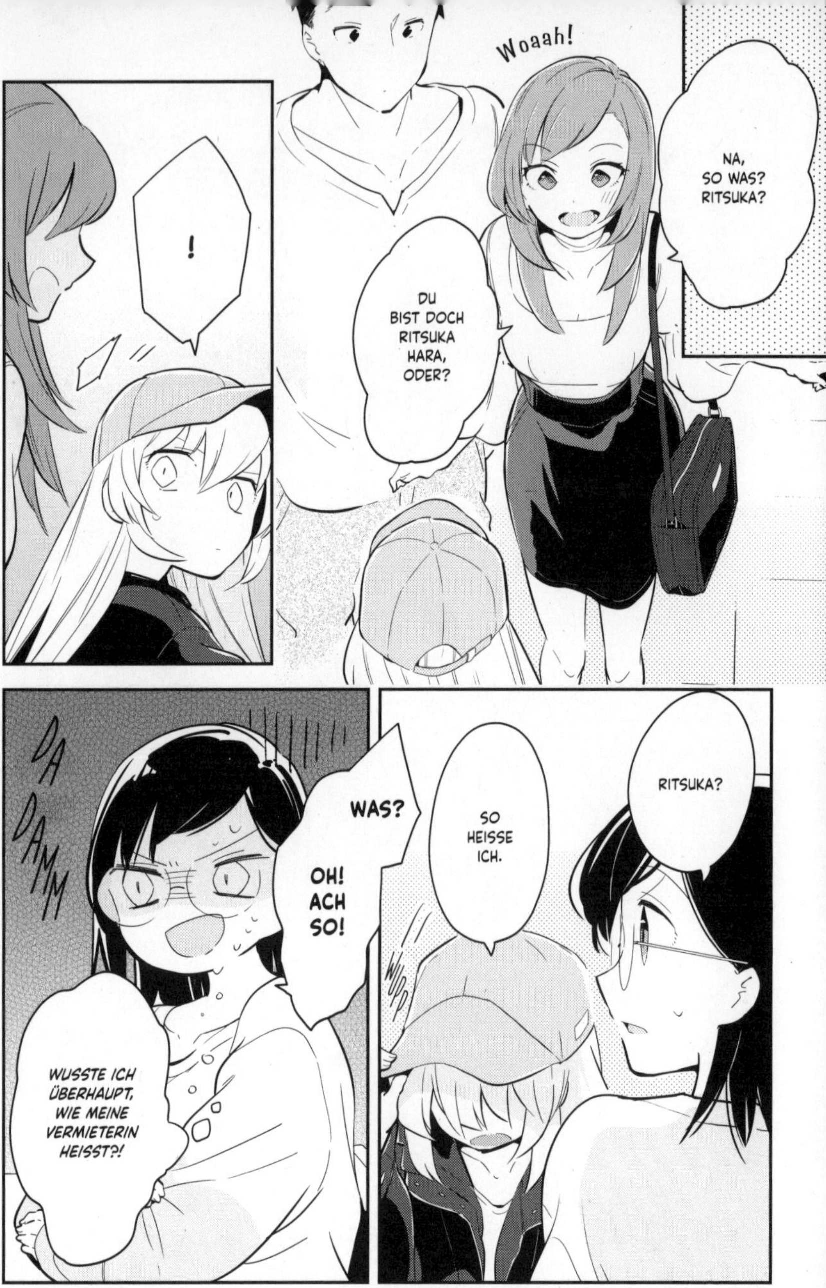
Woaah!
NA, SO WAS? RITSUKA?
DU BIST DOCH RITSUKA HARA, ODER?
!
RITSUKA?
SO HEISSE ICH.
WAS?
OH! ACH SO!
DA DAMM
WUSSTE ICH ÜBERHAUPT, WIE MEINE VERMIETERIN HEISST?!

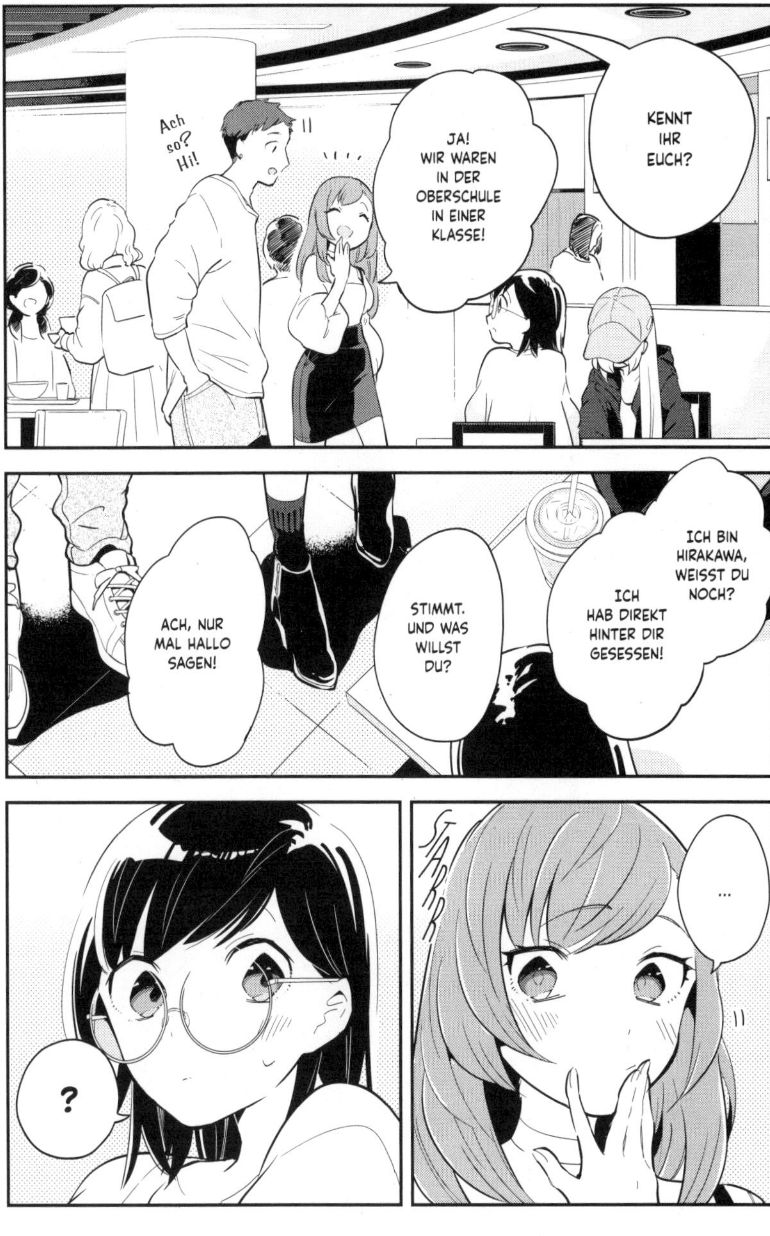
KENNT IHR EUCH?
JA! WIR WAREN IN DER OBERSCHULE IN EINER KLASSE!
Ach so? Hi!
ICH BIN HIRAKAWA, WEISST DU NOCH?
ICH HAB DIREKT HINTER DIR GESESSEN!
STIMMT. UND WAS WILLST DU?
ACH, NUR MAL HALLO SAGEN!
STARR
...
?

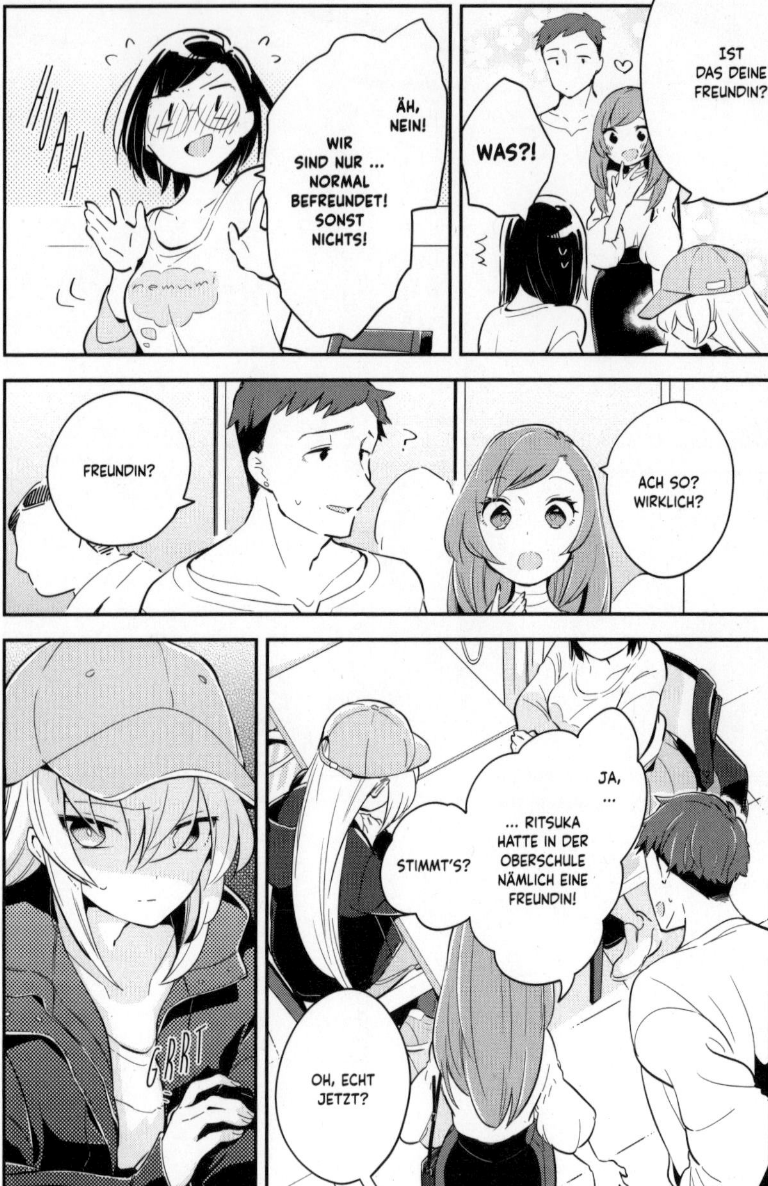
IST DAS DEINE FREUNDIN?
WAS?!
ÄH, NEIN!
WIR SIND NUR ... NORMAL BEFREUNDET! SONST NICHTS!
HUAH
ACH SO? WIRKLICH?
FREUNDIN?
JA, ...
... RITSUKA HATTE IN DER OBERSCHULE NÄMLICH EINE FREUNDIN!
STIMMT'S?
OH, ECHT JETZT?
GRRT

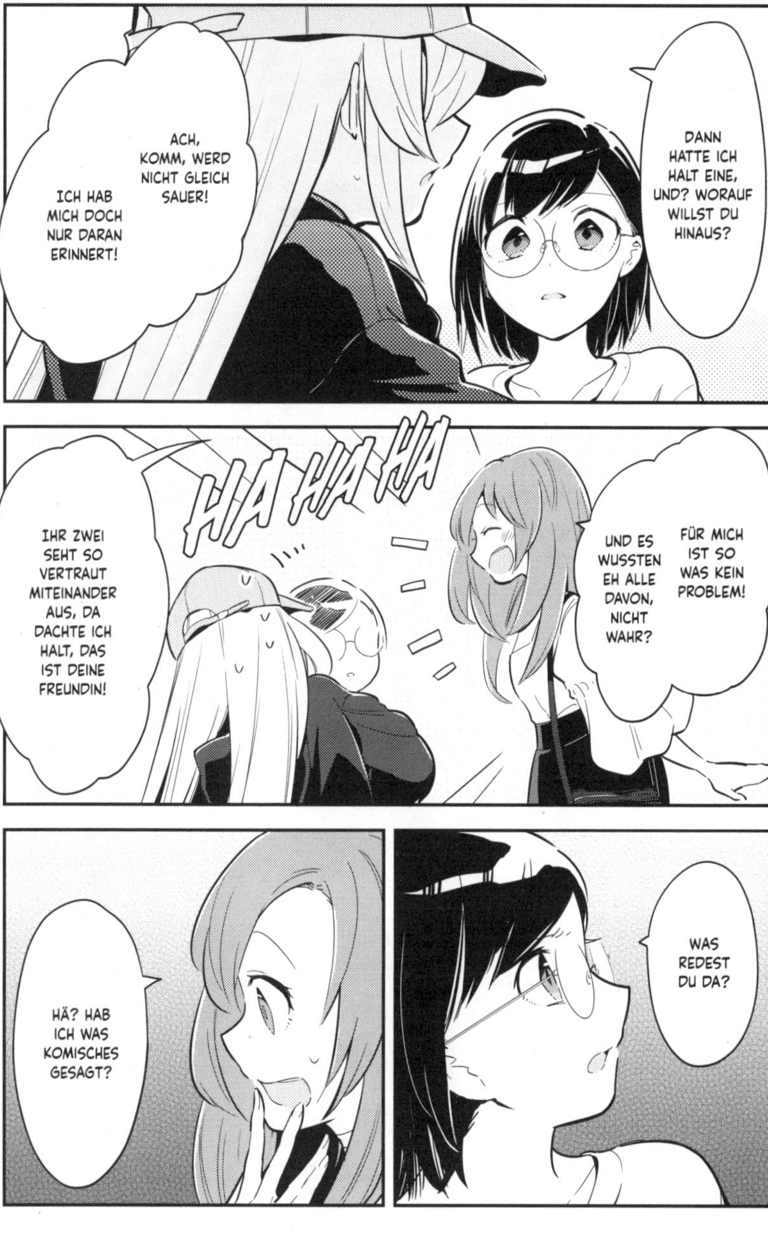
DANN HATTE ICH HALT EINE, UND? WORAUF WILLST DU HINAUS?
ACH, KOMM, WERD NICHT GLEICH SAUER!
ICH HAB MICH DOCH NUR DARAN ERINNERT!
FÜR MICH IST SO WAS KEIN PROBLEM!
UND ES WUSSTEN EH ALLE DAVON, NICHT WAHR?
HA HA HA
IHR ZWEI SEHT SO VERTRAUT MITEINANDER AUS, DA DACHTE ICH HALT, DAS IST DEINE FREUNDIN!
WAS REDEST DU DA?
HÄ? HAB ICH WAS KOMISCHES GESAGT?

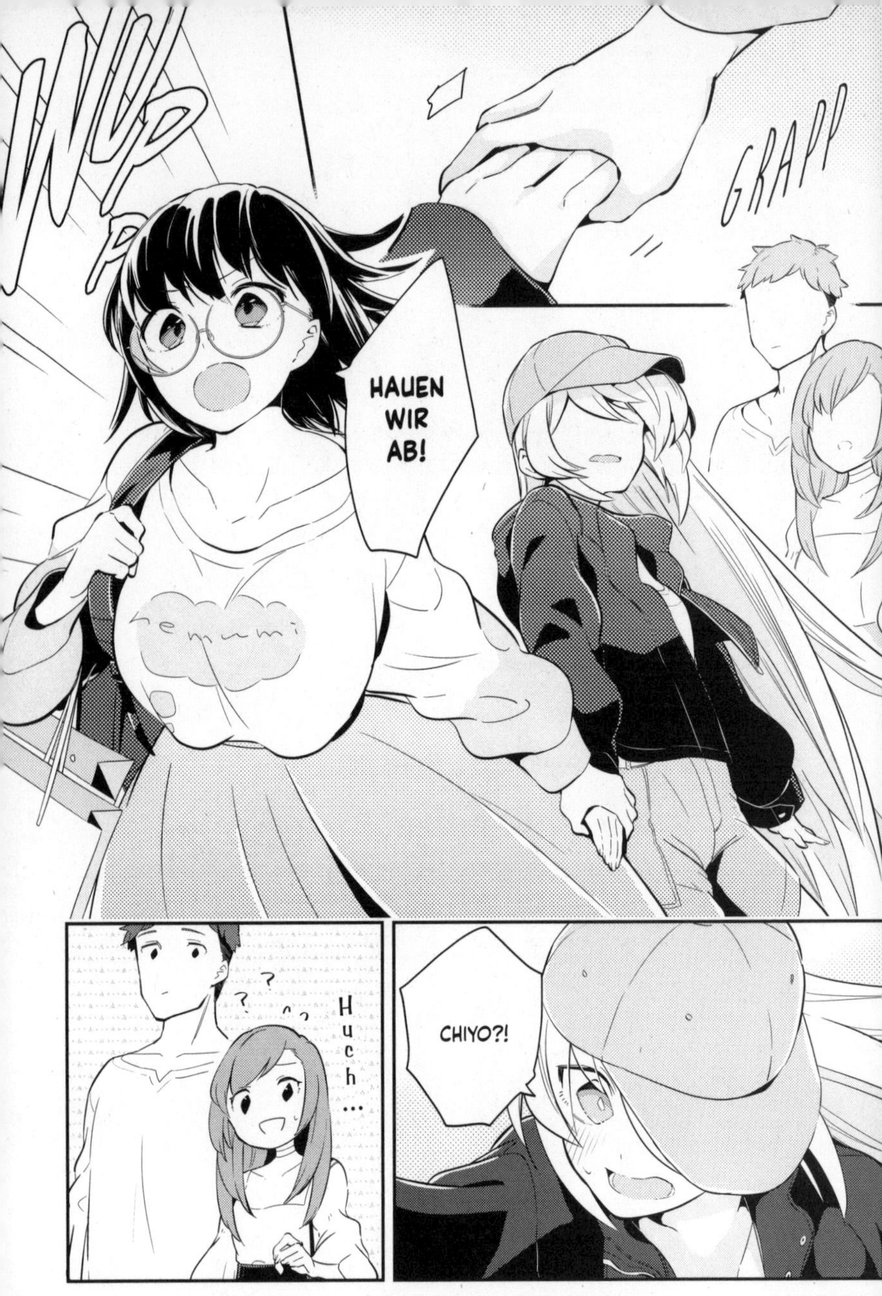
WUPP
GRAPP
HAUEN WIR AB!
CHIYO?!
Huch ...

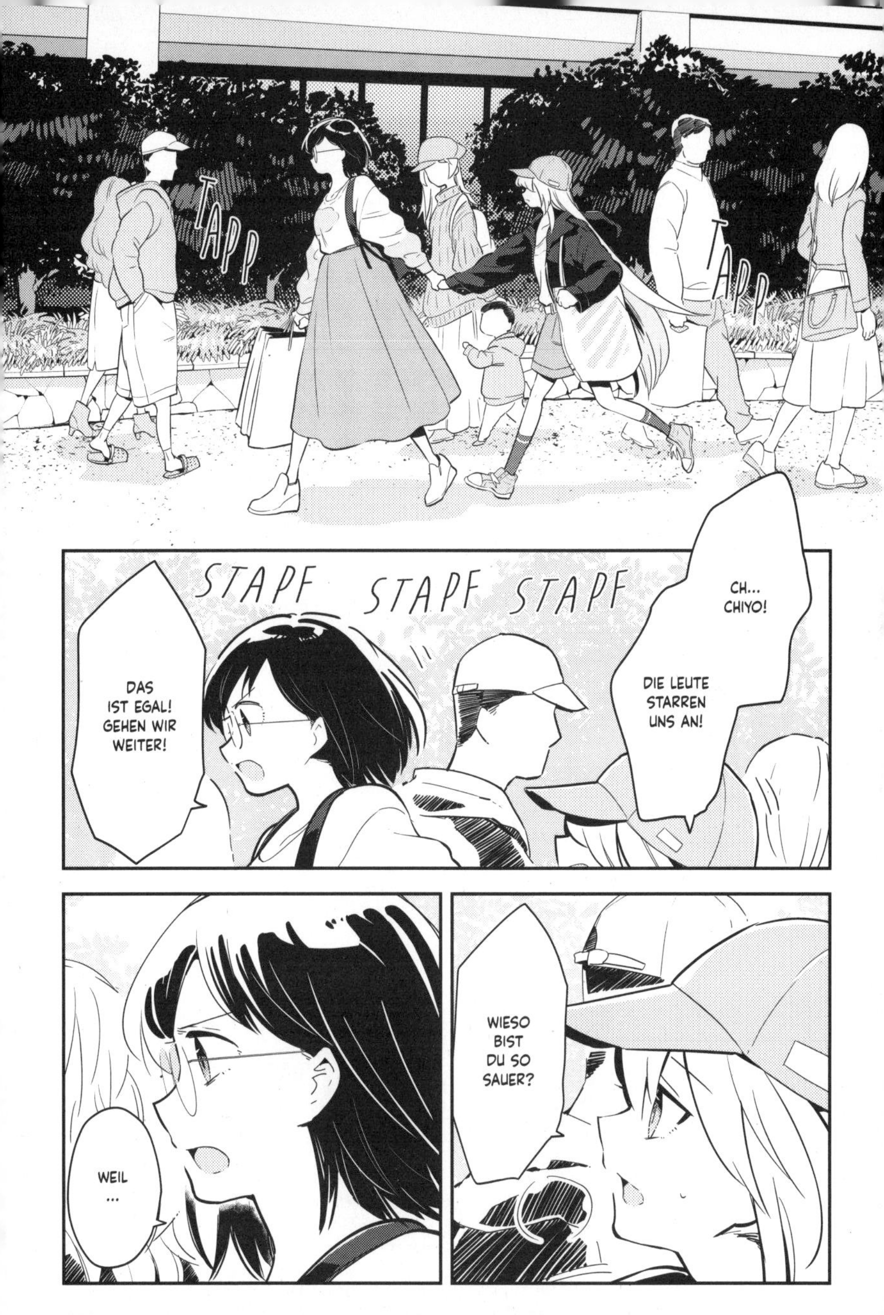
TAPP
TAPP
STAPF STAPF STAPF
CH... CHIYO!
DIE LEUTE STARREN UNS AN!
DAS IST EGAL! GEHEN WIR WEITER!
WIESO BIST DU SO SAUER?
WEIL ...

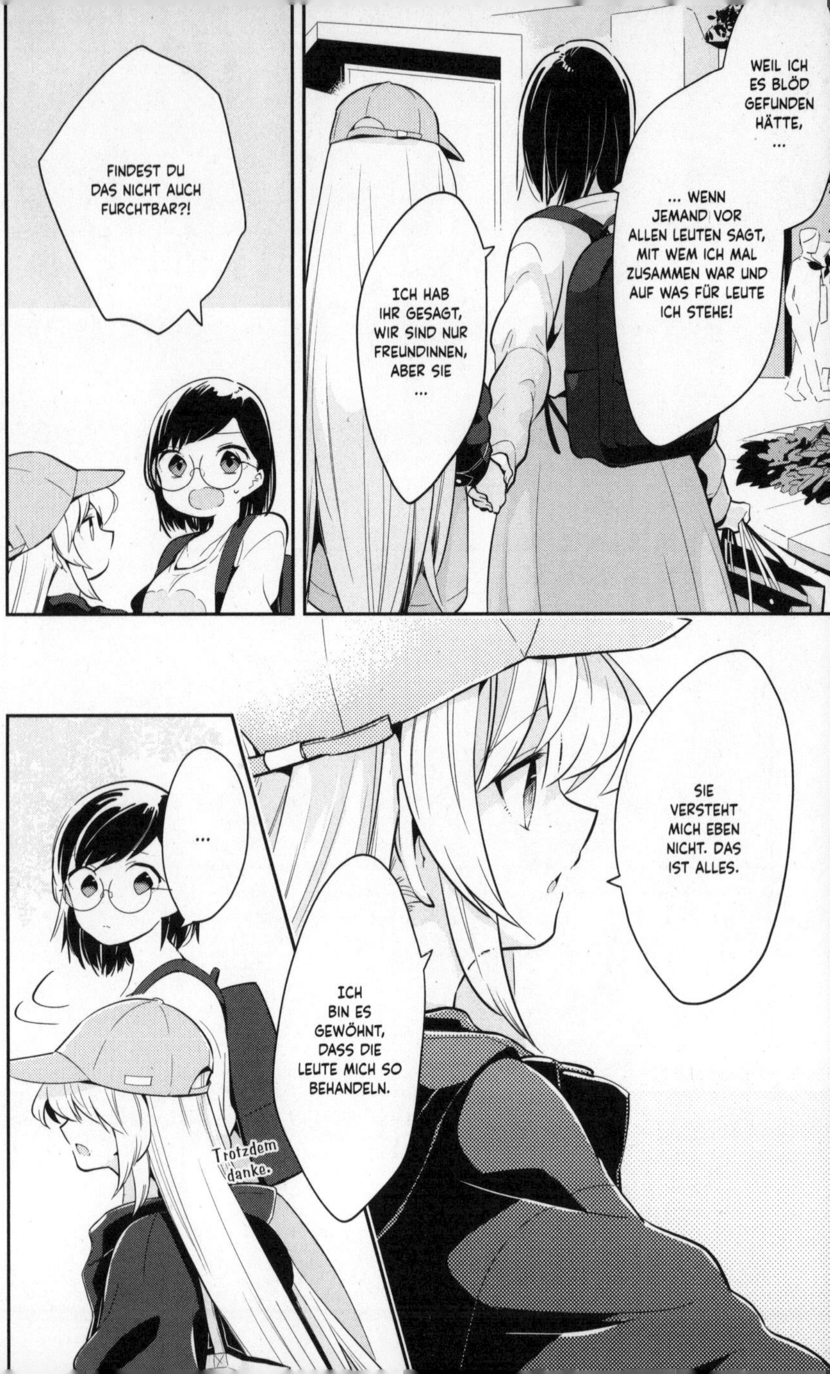
WEIL ICH ES BLÖD GEFUNDEN HÄTTE, ...
... WENN JEMAND VOR ALLEN LEUTEN SAGT, MIT WEM ICH MAL ZUSAMMEN WAR UND AUF WAS FÜR LEUTE ICH STEHE!
ICH HAB IHR GESAGT, WIR SIND NUR FREUNDINNEN, ABER SIE ...
FINDEST DU DAS NICHT AUCH FURCHTBAR?!
SIE VERSTEHT MICH EBEN NICHT. DAS IST ALLES.
ICH BIN ES GEWÖHNT, DASS DIE LEUTE MICH SO BEHANDELN.
...
Trotzdem danke.

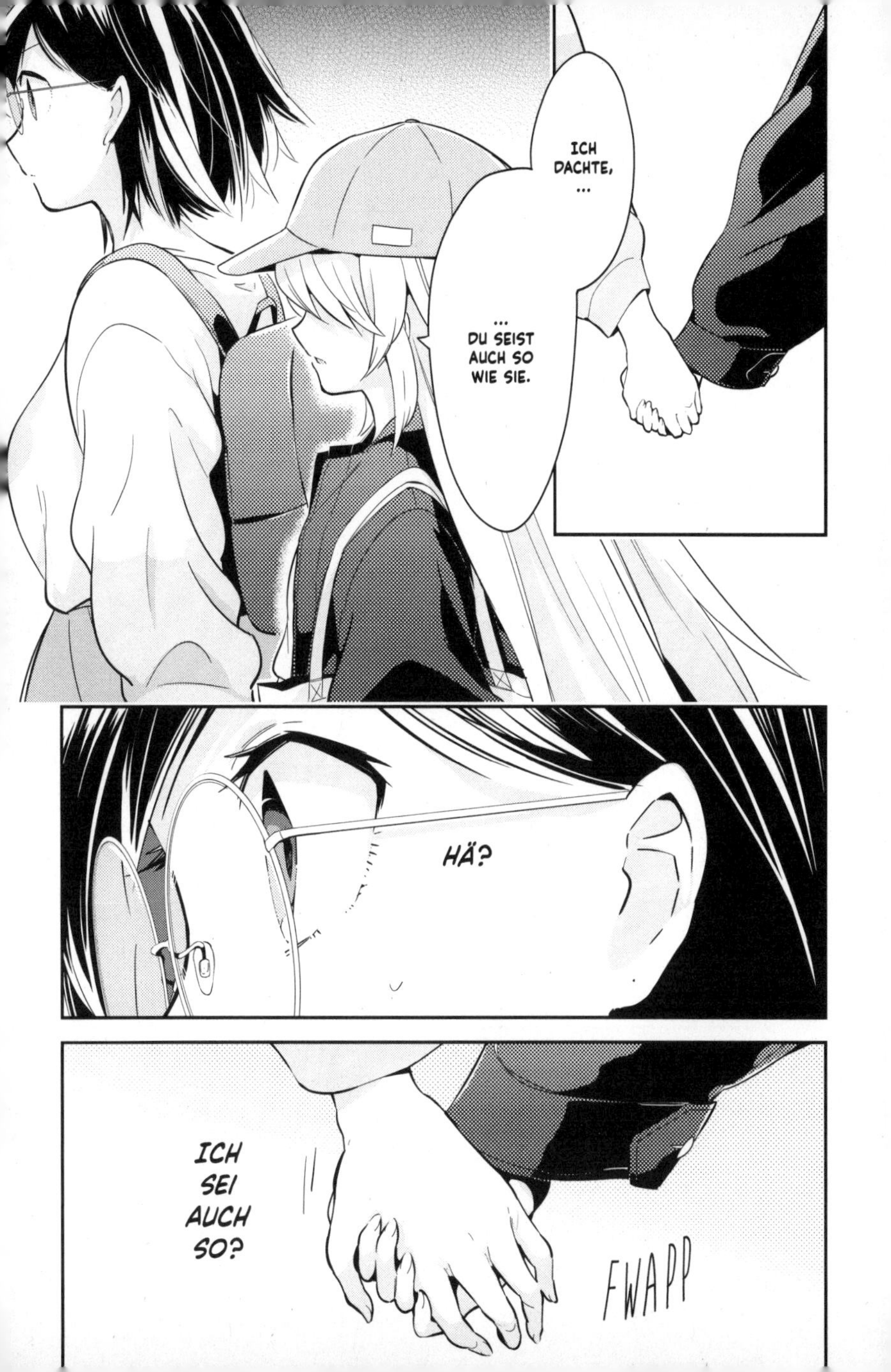
ICH DACHTE, ...
... DU SEIST AUCH SO WIE SIE.
HÄ?
ICH SEI AUCH SO?
FWAPP

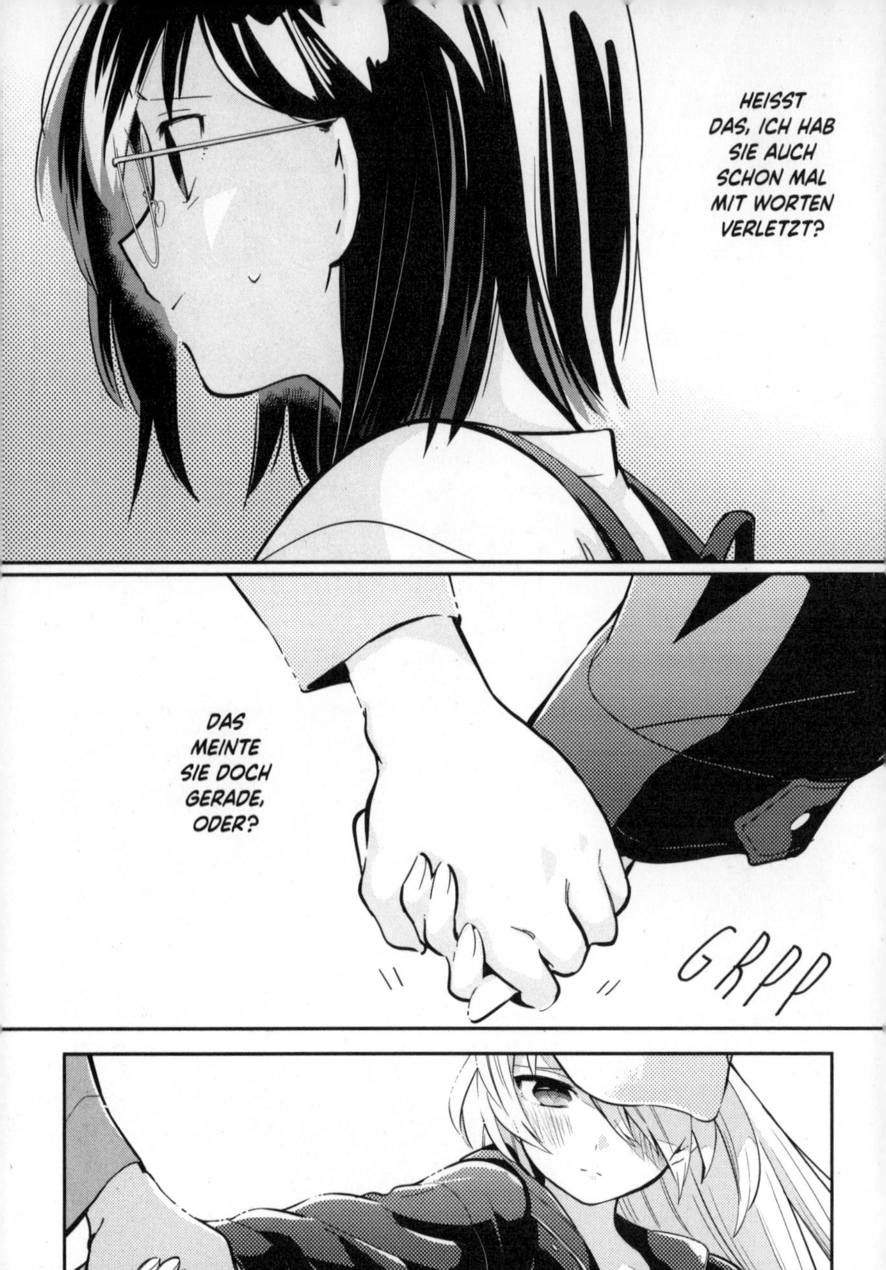
HEISST DAS, ICH HAB SIE AUCH SCHON MAL MIT WORTEN VERLETZT?
DAS MEINTE SIE DOCH GERADE, ODER?
GRPP

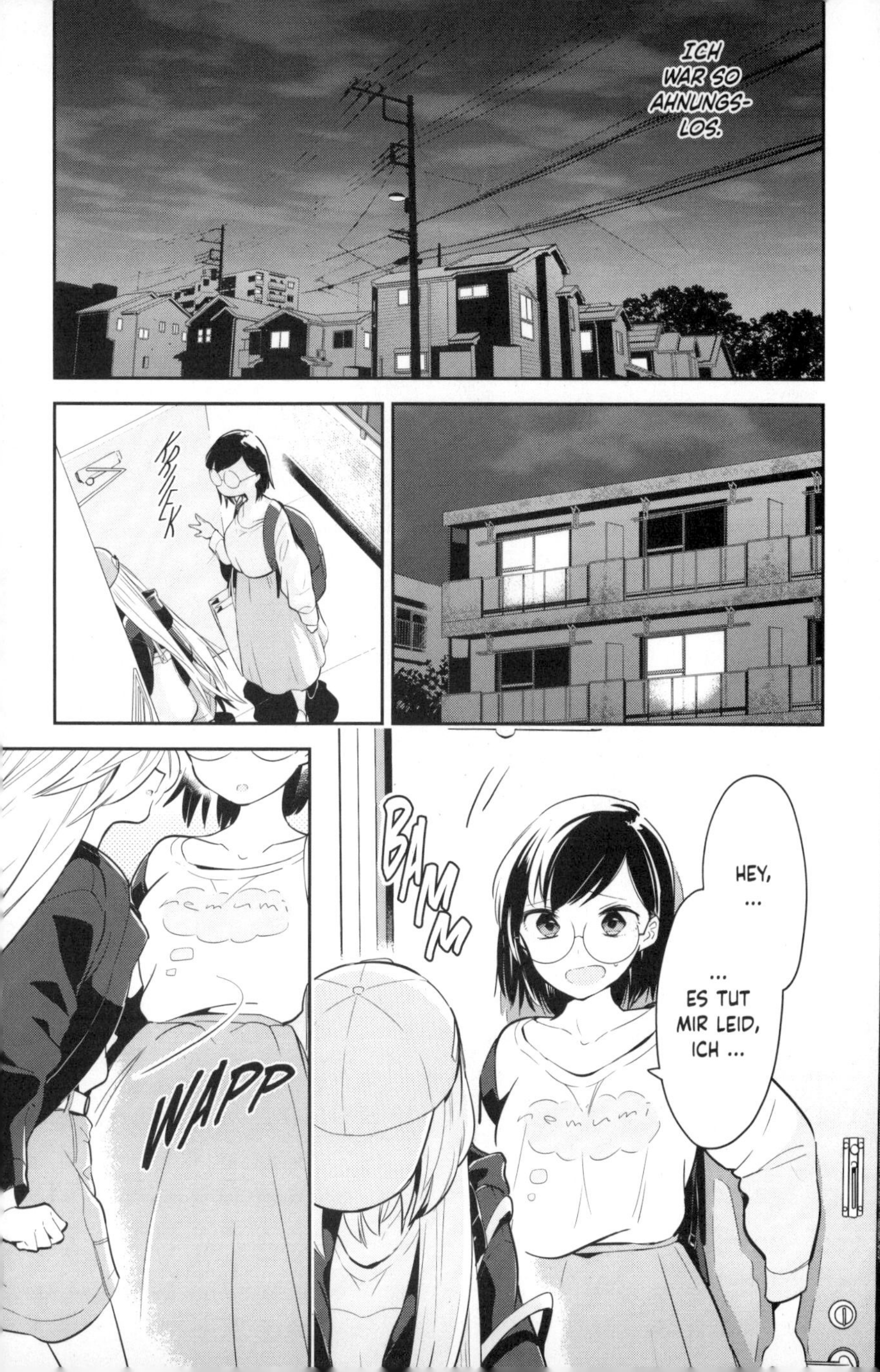
ICH WAR SO AHNUNGS-LOS.
KRIEK
BAMM
HEY, ...
... ES TUT MIR LEID, ICH ...
WAPP

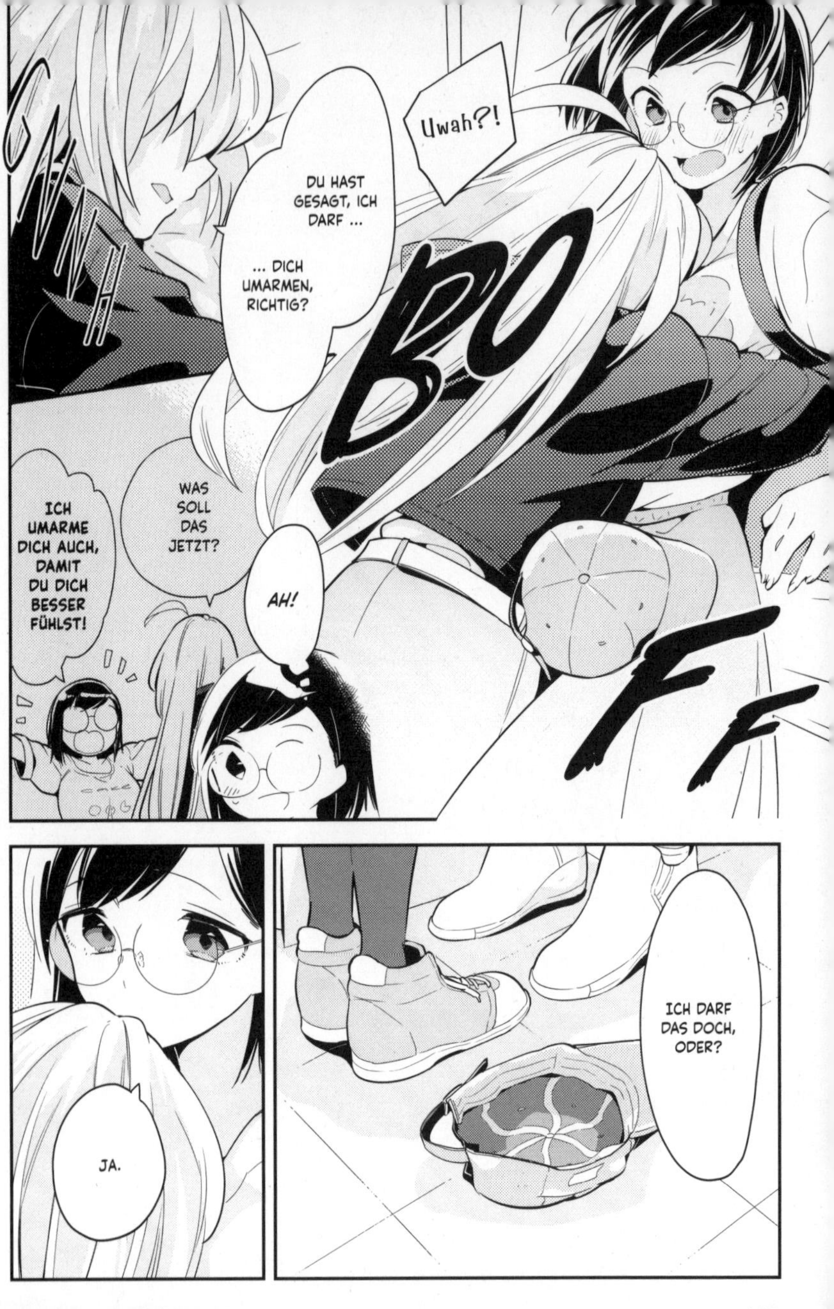
Uwah?!
DU HAST GESAGT, ICH DARF ...
... DICH UMARMEN, RICHTIG?
GNNH
BOFF
AH!
WAS SOLL DAS JETZT?
ICH UMARME DICH AUCH, DAMIT DU DICH BESSER FÜHLST!
ICH DARF DAS DOCH, ODER?
JA.

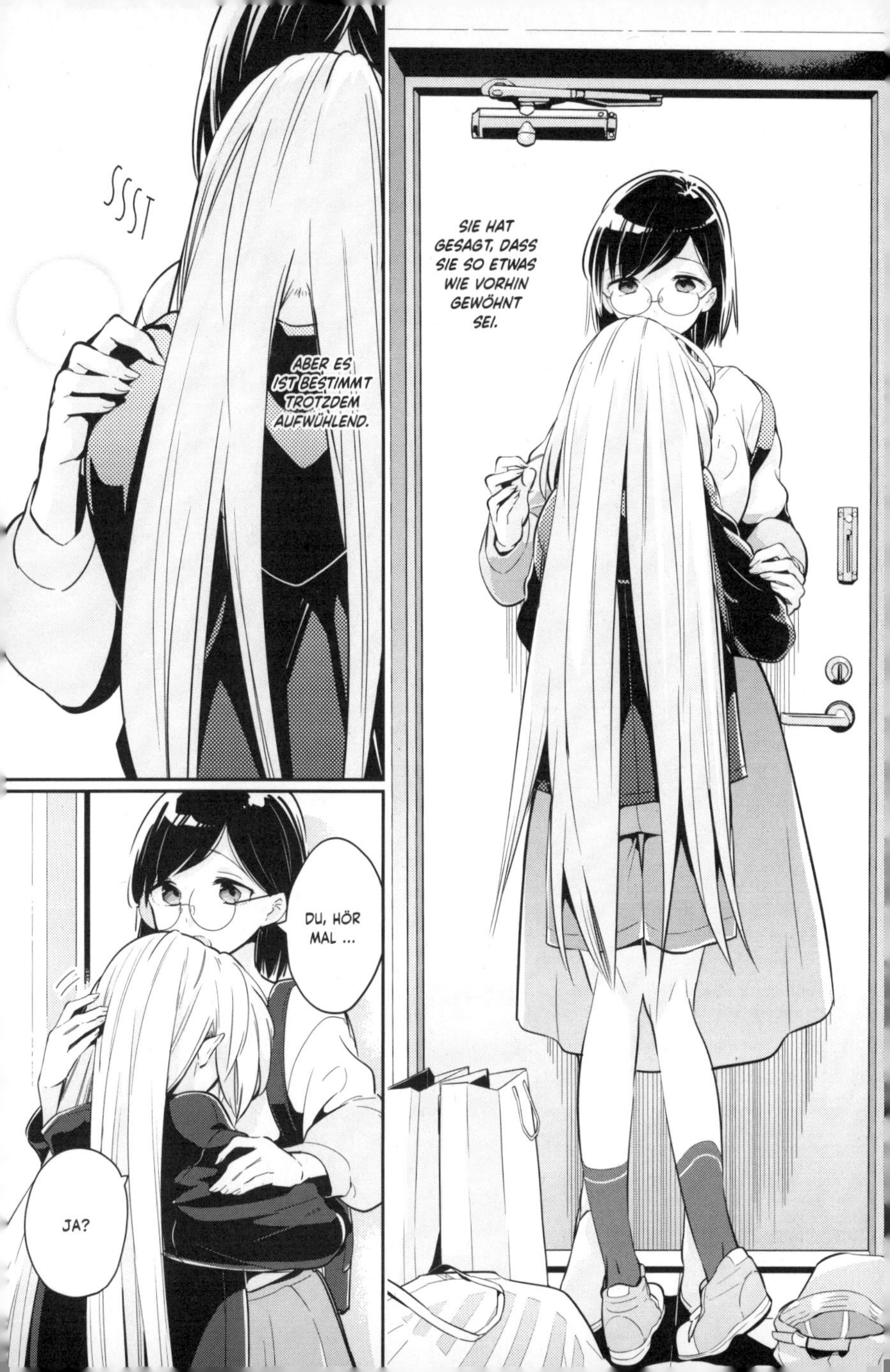
SIE HAT GESAGT, DASS SIE SO ETWAS WIE VORHIN GEWÖHNT SEI.
SSST
ABER ES IST BESTIMMT TROTZDEM AUFWÜHLEND.
DU, HÖR MAL ...
JA?

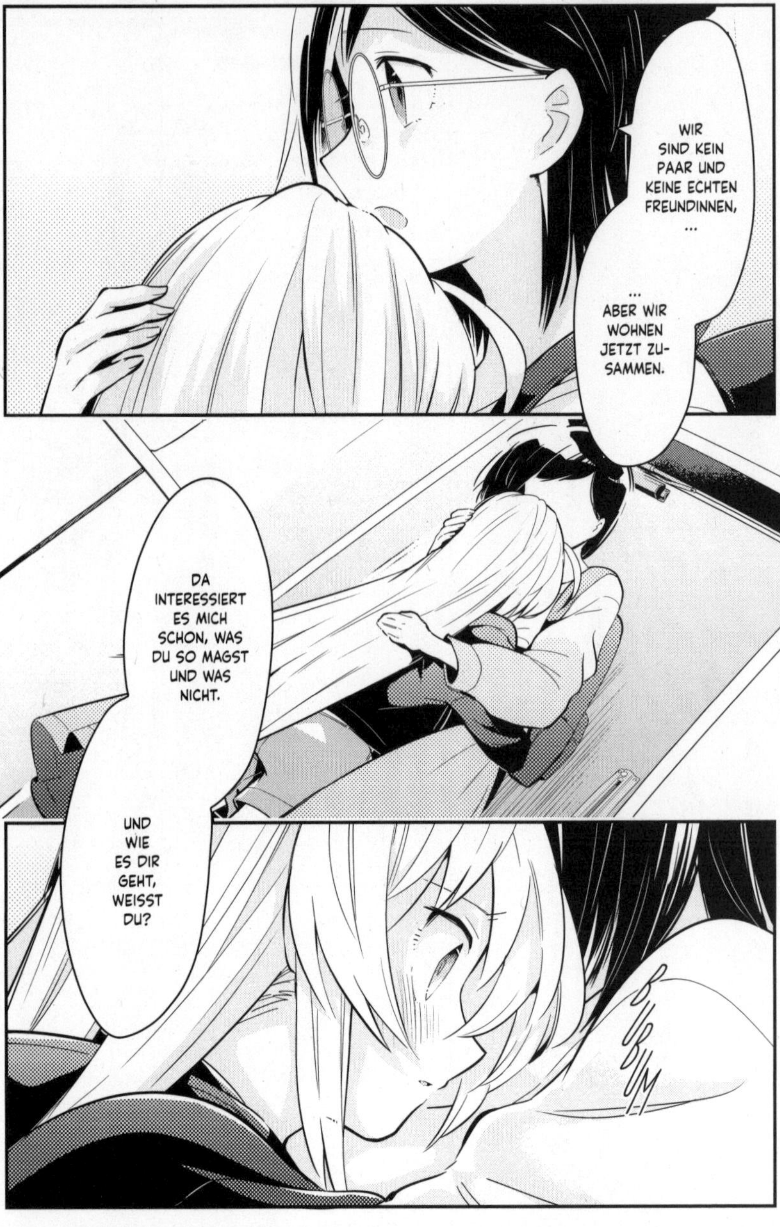

WIR SIND KEIN PAAR UND KEINE ECHTEN FREUNDINNEN, ...
... ABER WIR WOHNEN JETZT ZU-SAMMEN.
DA INTERESSIERT ES MICH SCHON, WAS DU SO MAGST UND WAS NICHT.
UND WIE ES DIR GEHT, WEISST DU?
BUBUM!!

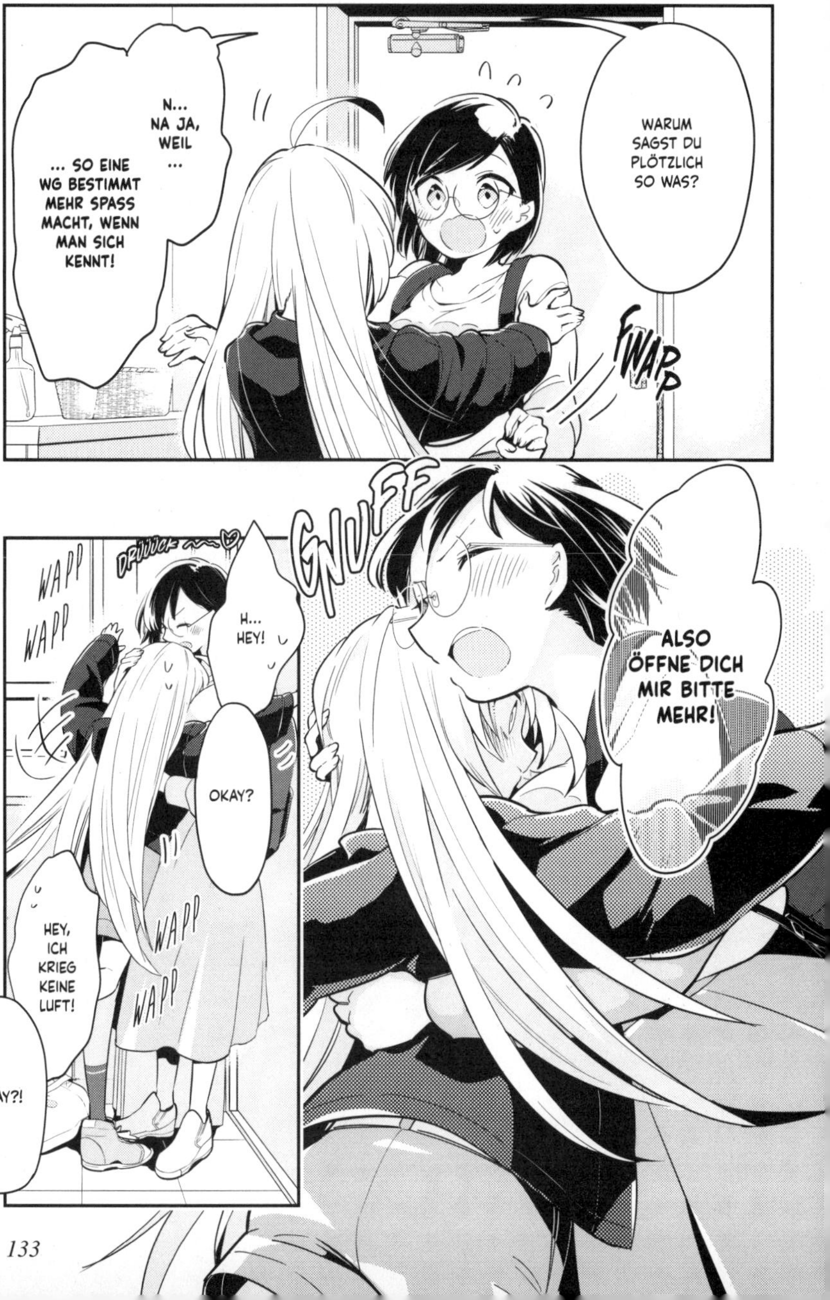
WARUM SAGST DU PLÖTZLICH SO WAS?
N... NA JA, WEIL ...
... SO EINE WG BESTIMMT MEHR SPASS MACHT, WENN MAN SICH KENNT!
FWAPP
GNUFF
ALSO ÖFFNE DICH MIR BITTE MEHR!
H... HEY!
OKAY?
WAPP WAPP
HEY, ICH KRIEG KEINE LUFT!
WAPP WAPP
OKAY?!

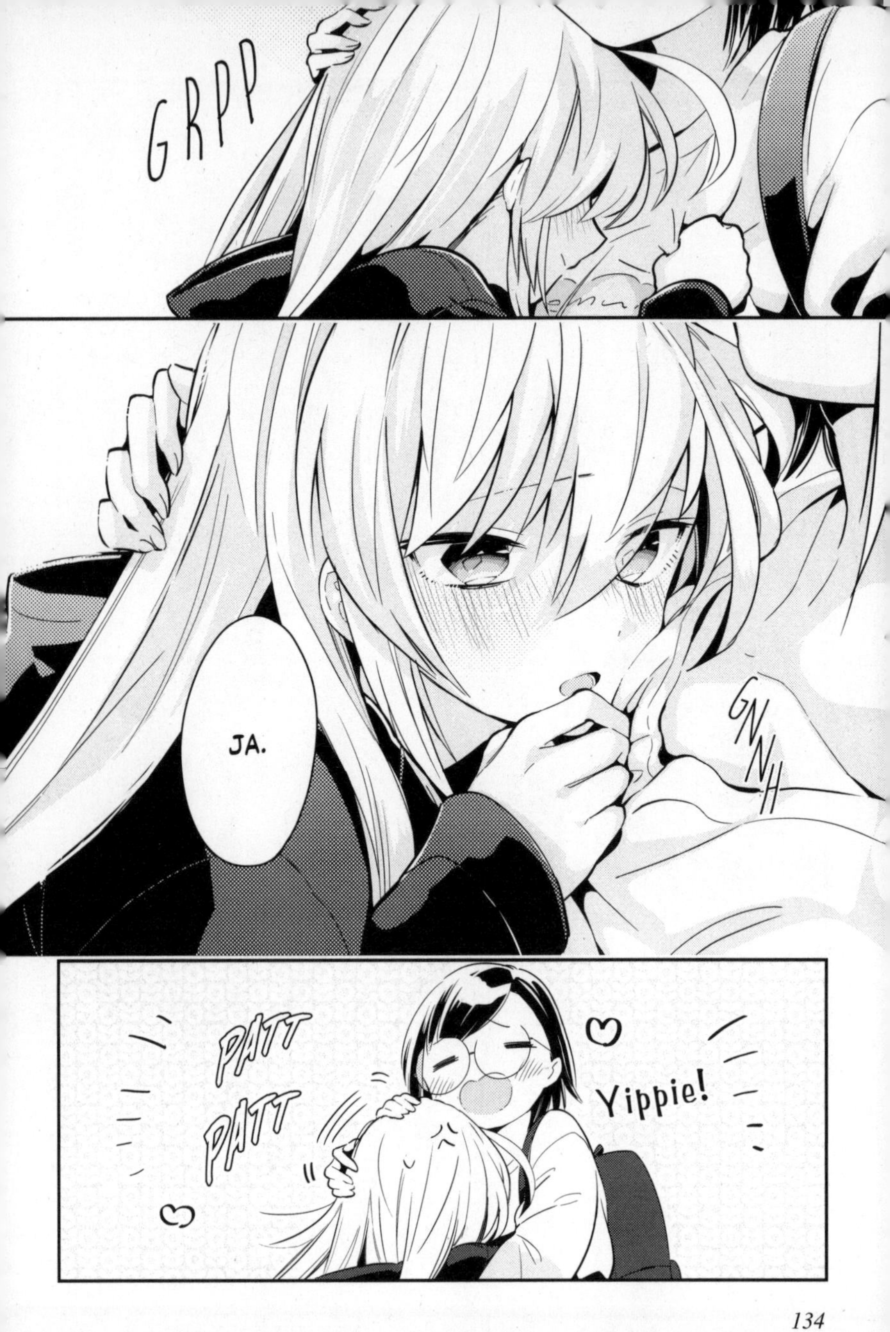
GRPP
JA.
GNNH
PATT
PATT
Yippie!

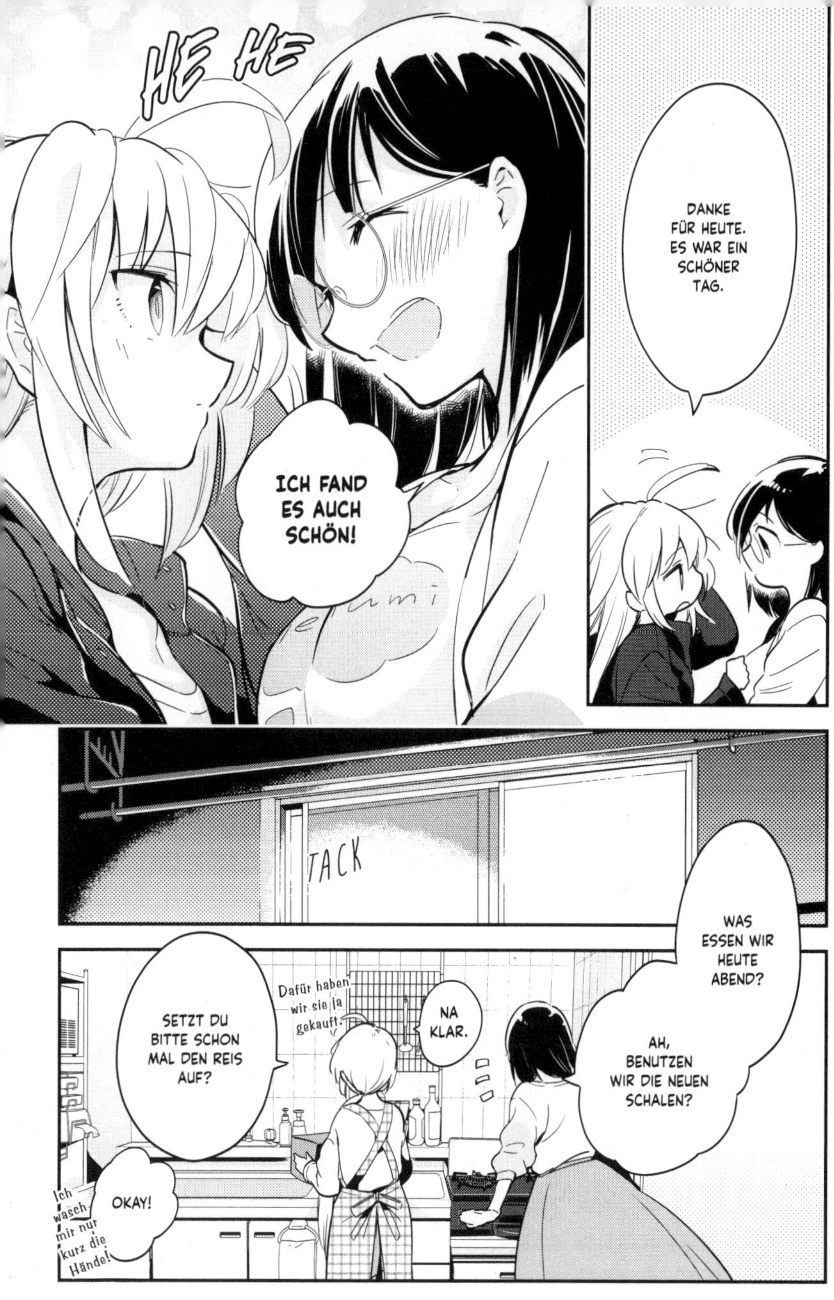
DANKE FÜR HEUTE. ES WAR EIN SCHÖNER TAG.
HE HE
ICH FAND ES AUCH SCHÖN!
TACK
WAS ESSEN WIR HEUTE ABEND?
AH, BENUTZEN WIR DIE NEUEN SCHALEN?
NA KLAR.
Dafür haben wir sie ja gekauft.
SETZT DU BITTE SCHON MAL DEN REIS AUF?
OKAY!
Ich wasch mir nur kurz die Hände!

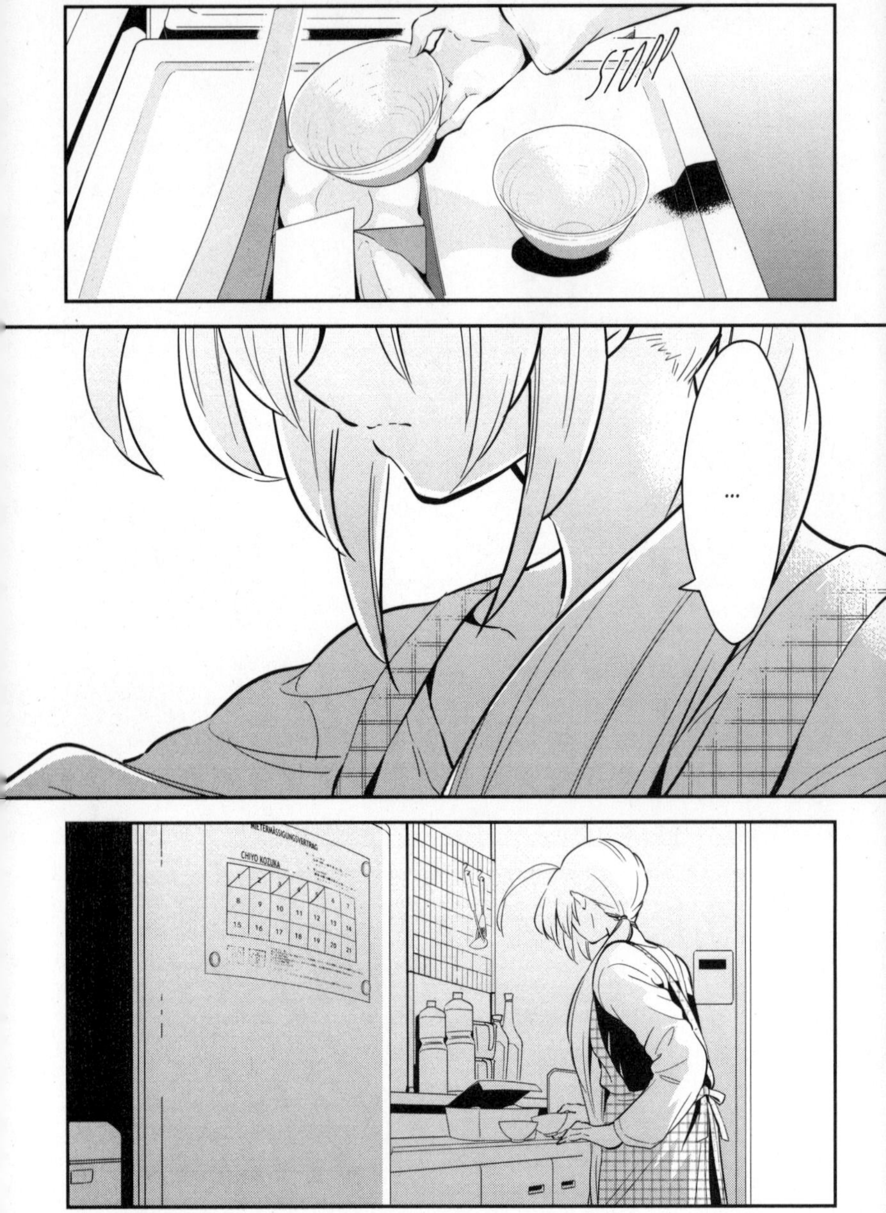
STOPP
...
MIETERMÄSSIGUNGSVERTRAG
CHIYO KOZUKA

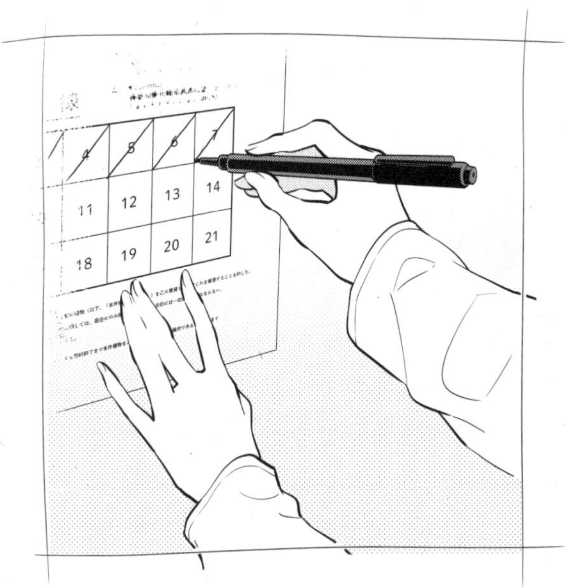
4 5 6 7
11 12 13 14
18 19 20 21

Bittersüße
REUE

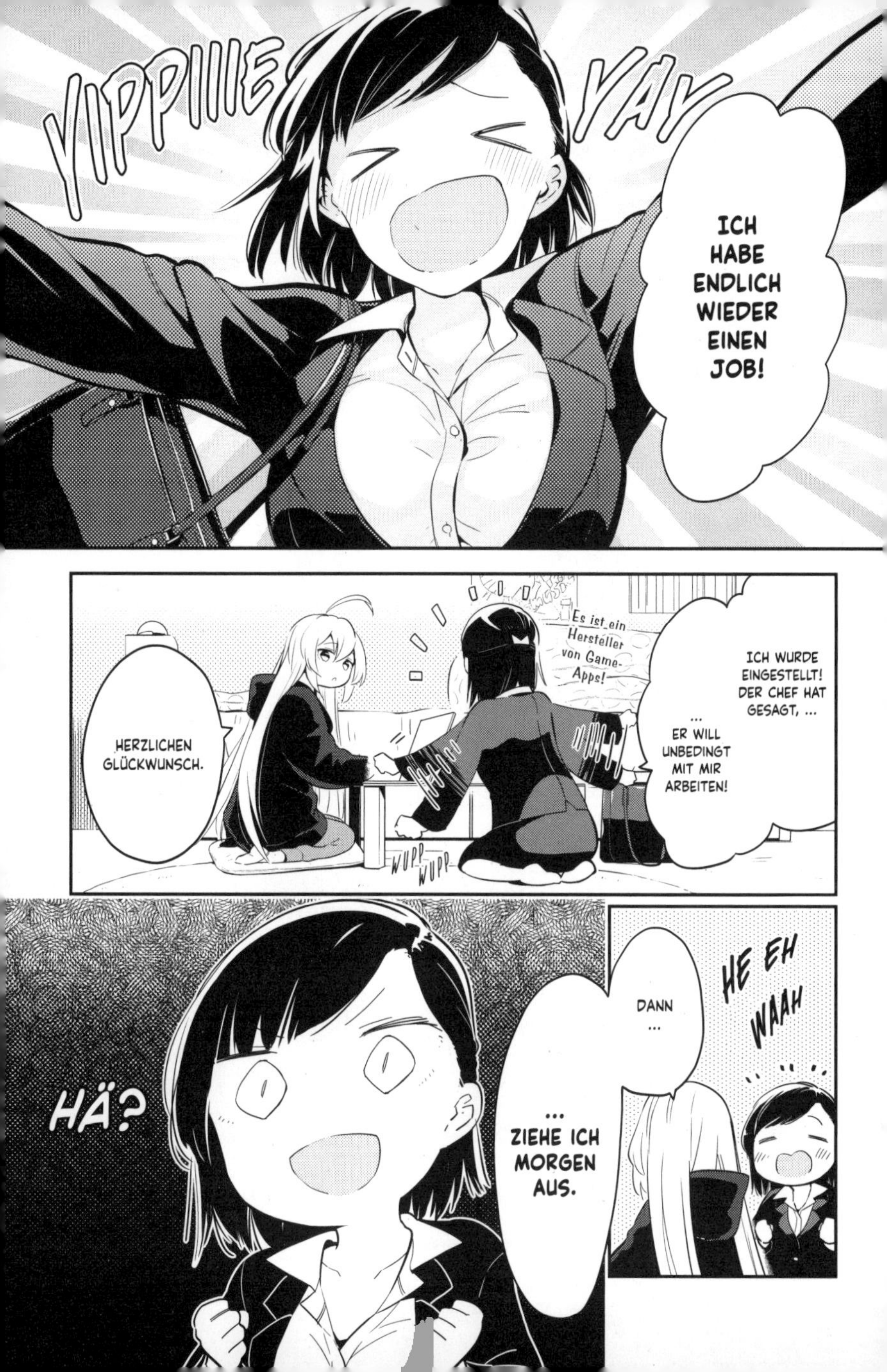
YIPPIIIE
YAY
ICH HABE ENDLICH WIEDER EINEN JOB!
ICH WURDE EINGESTELLT! DER CHEF HAT GESAGT, ...
... ER WILL UNBEDINGT MIT MIR ARBEITEN!
Es ist ein Hersteller von Game-Apps!
HERZLICHEN GLÜCKWUNSCH.
WUPP WUPP
DANN ...
... ZIEHE ICH MORGEN AUS.
HE EH WAAH
HÄ?

Kapitel 6: Besser kennenlernen

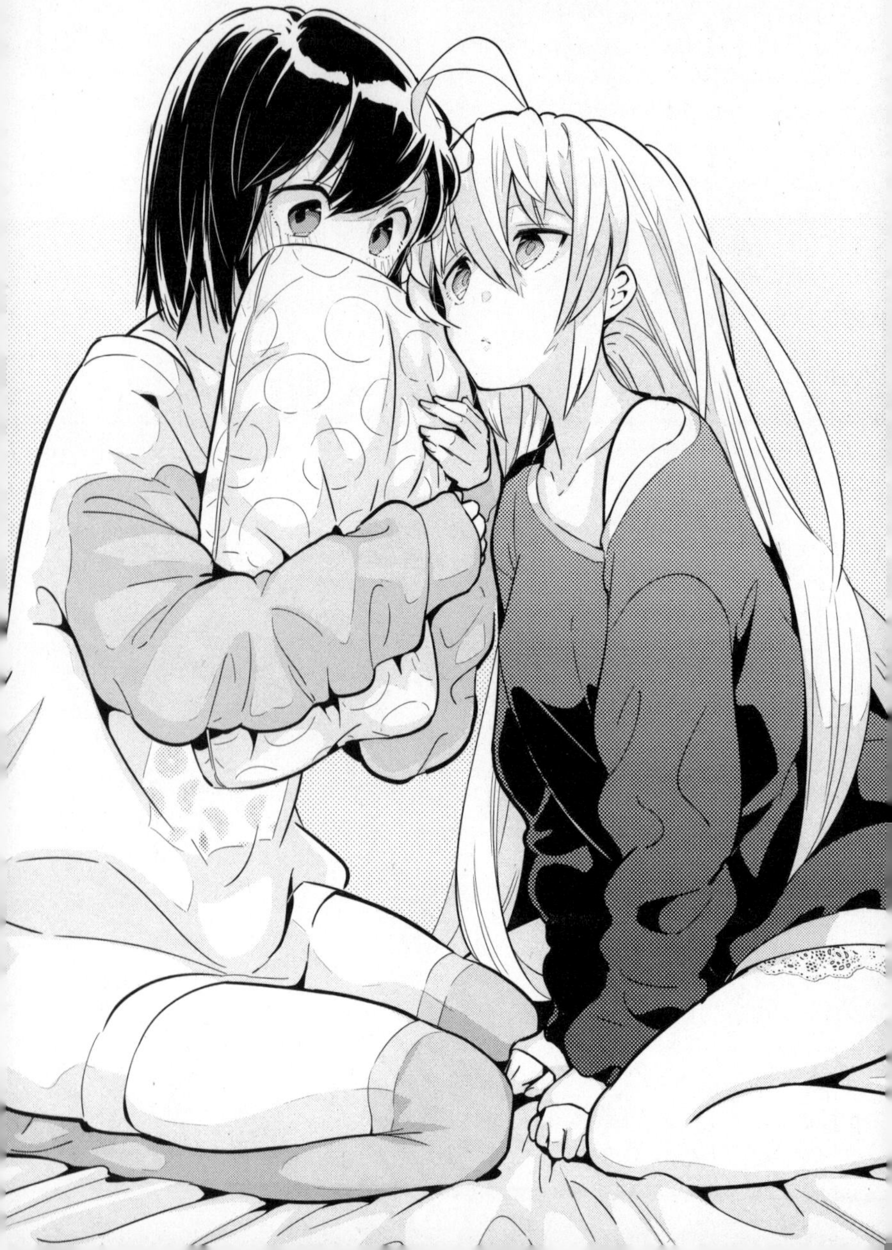

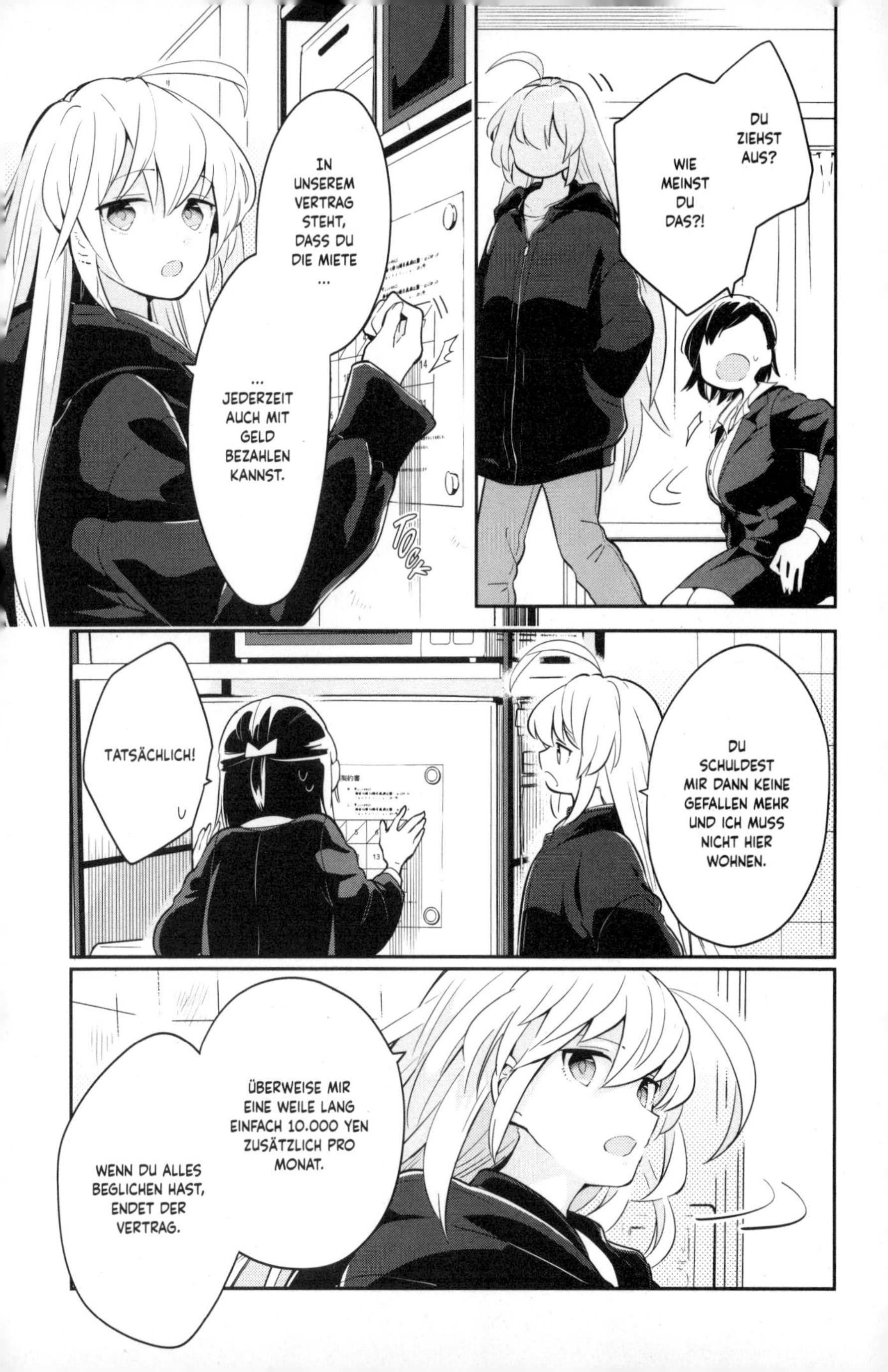
DU ZIEHST AUS?
WIE MEINST DU DAS?!
IN UNSEREM VERTRAG STEHT, DASS DU DIE MIETE ...
... JEDERZEIT AUCH MIT GELD BEZAHLEN KANNST.
TOCK
DU SCHULDEST MIR DANN KEINE GEFALLEN MEHR UND ICH MUSS NICHT HIER WOHNEN.
TATSÄCHLICH!
ÜBERWEISE MIR EINE WEILE LANG EINFACH 10.000 YEN ZUSÄTZLICH PRO MONAT.
WENN DU ALLES BEGLICHEN HAST, ENDET DER VERTRAG.

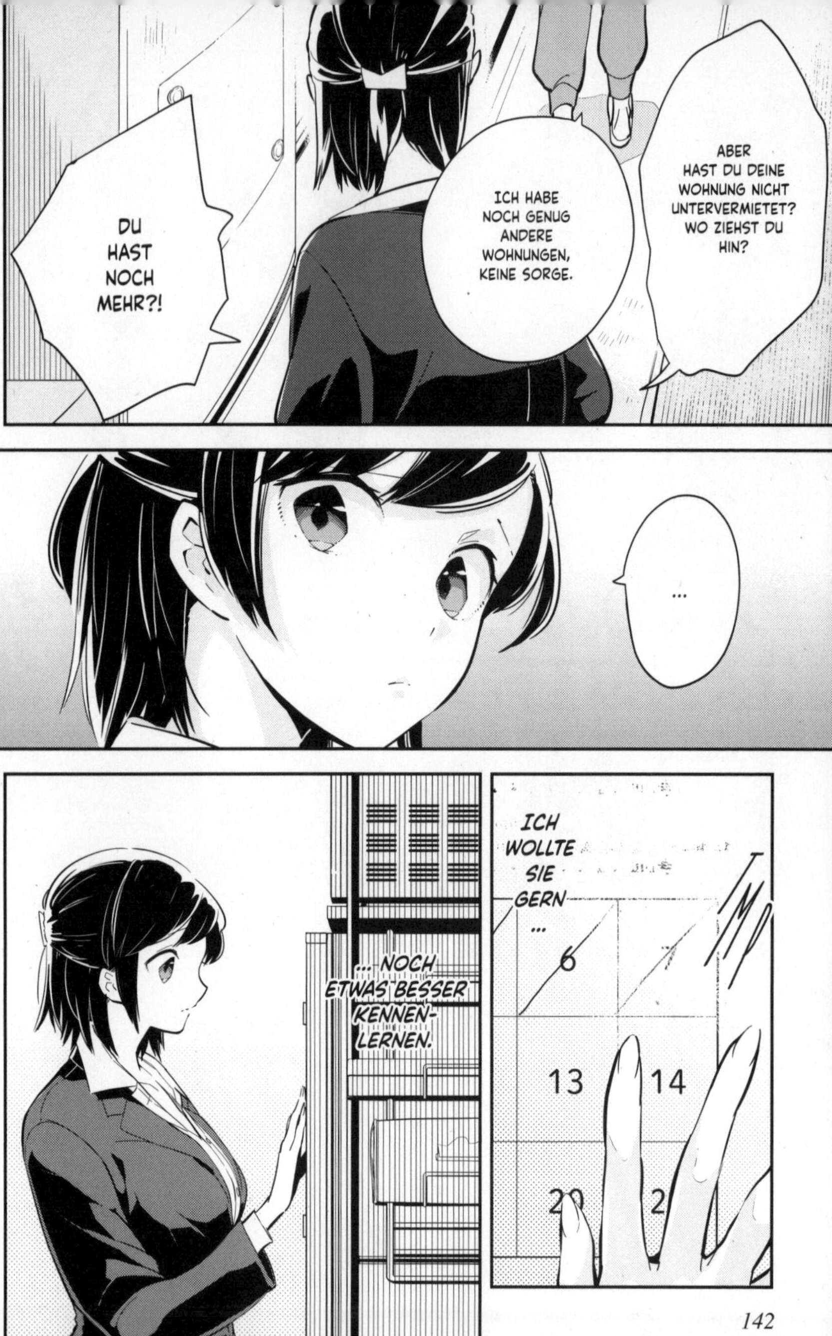
ABER HAST DU DEINE WOHNUNG NICHT UNTERVERMIETET? WO ZIEHST DU HIN?
ICH HABE NOCH GENUG ANDERE WOHNUNGEN, KEINE SORGE.
DU HAST NOCH MEHR?!
...
ICH WOLLTE SIE GERN ...
... NOCH ETWAS BESSER KENNEN-LERNEN.

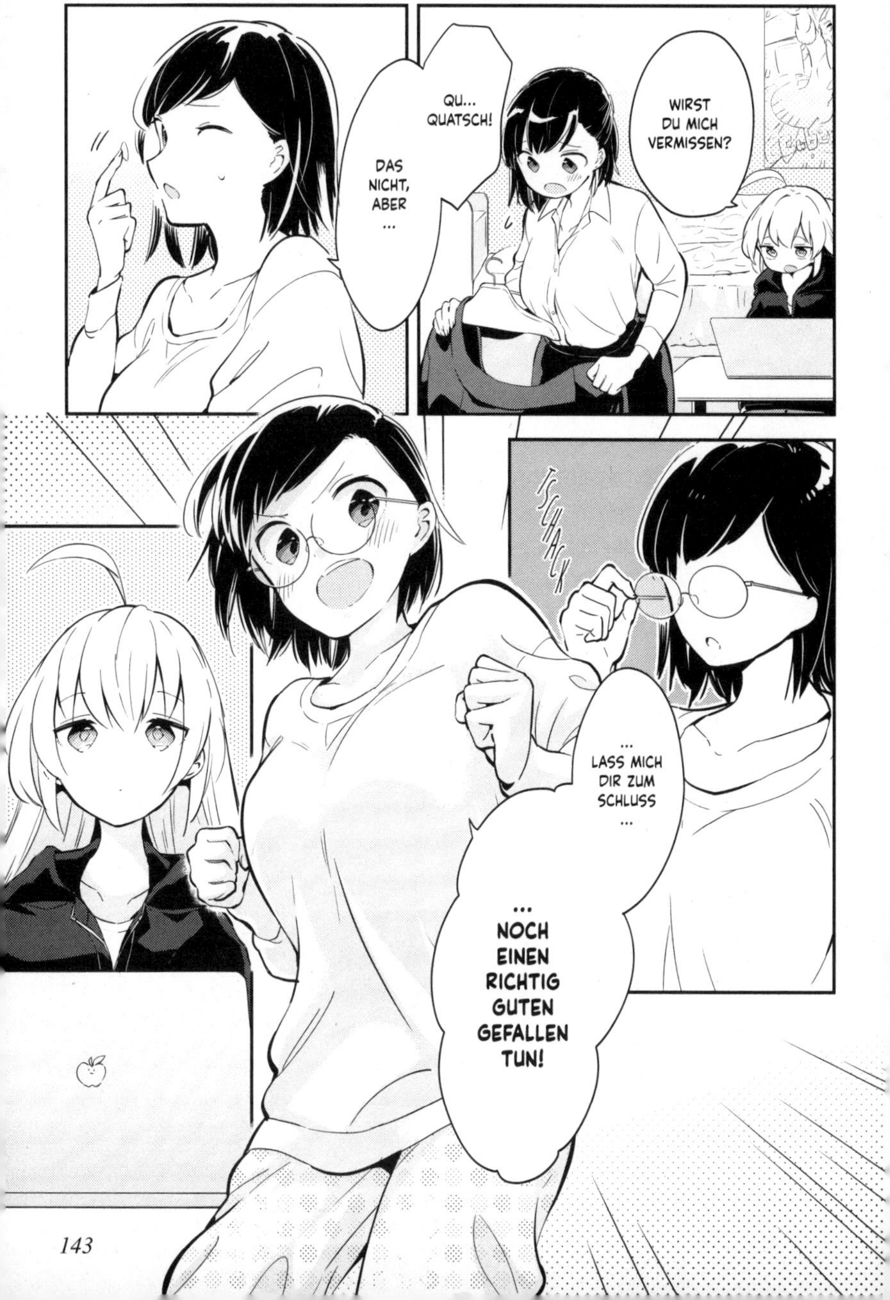
WIRST DU MICH VERMISSEN?
QU... QUATSCH!
DAS NICHT, ABER ...
TSCHACK
... LASS MICH DIR ZUM SCHLUSS ...
... NOCH EINEN RICHTIG GUTEN GEFALLEN TUN!

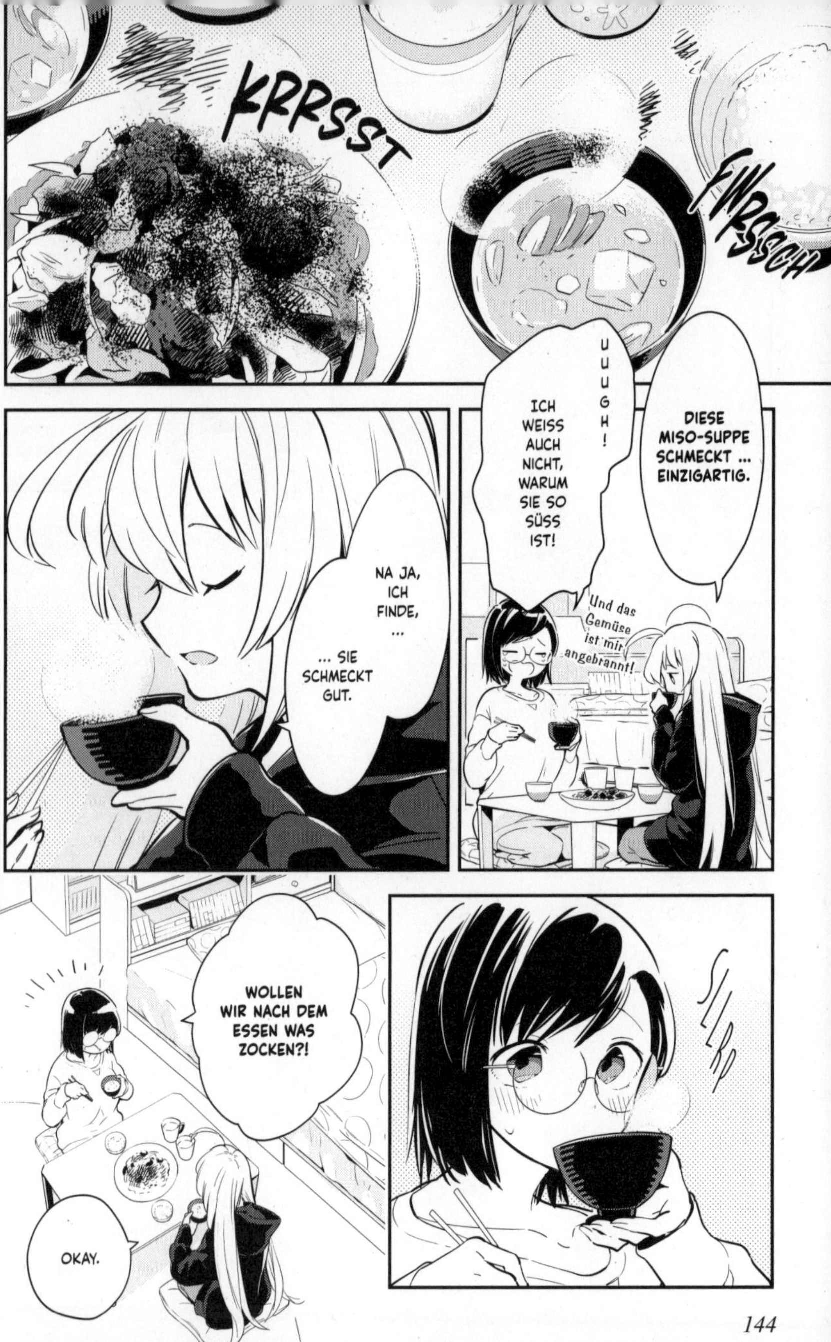
FWRSSCH
KRRSST
DIESE MISO-SUPPE SCHMECKT ... EINZIGARTIG.
UUUGH!
ICH WEISS AUCH NICHT, WARUM SIE SO SÜSS IST!
Und das Gemüse ist mir angebrannt!
NA JA, ICH FINDE, ...
... SIE SCHMECKT GUT.
SLRP
WOLLEN WIR NACH DEM ESSEN WAS ZOCKEN?!
OKAY.

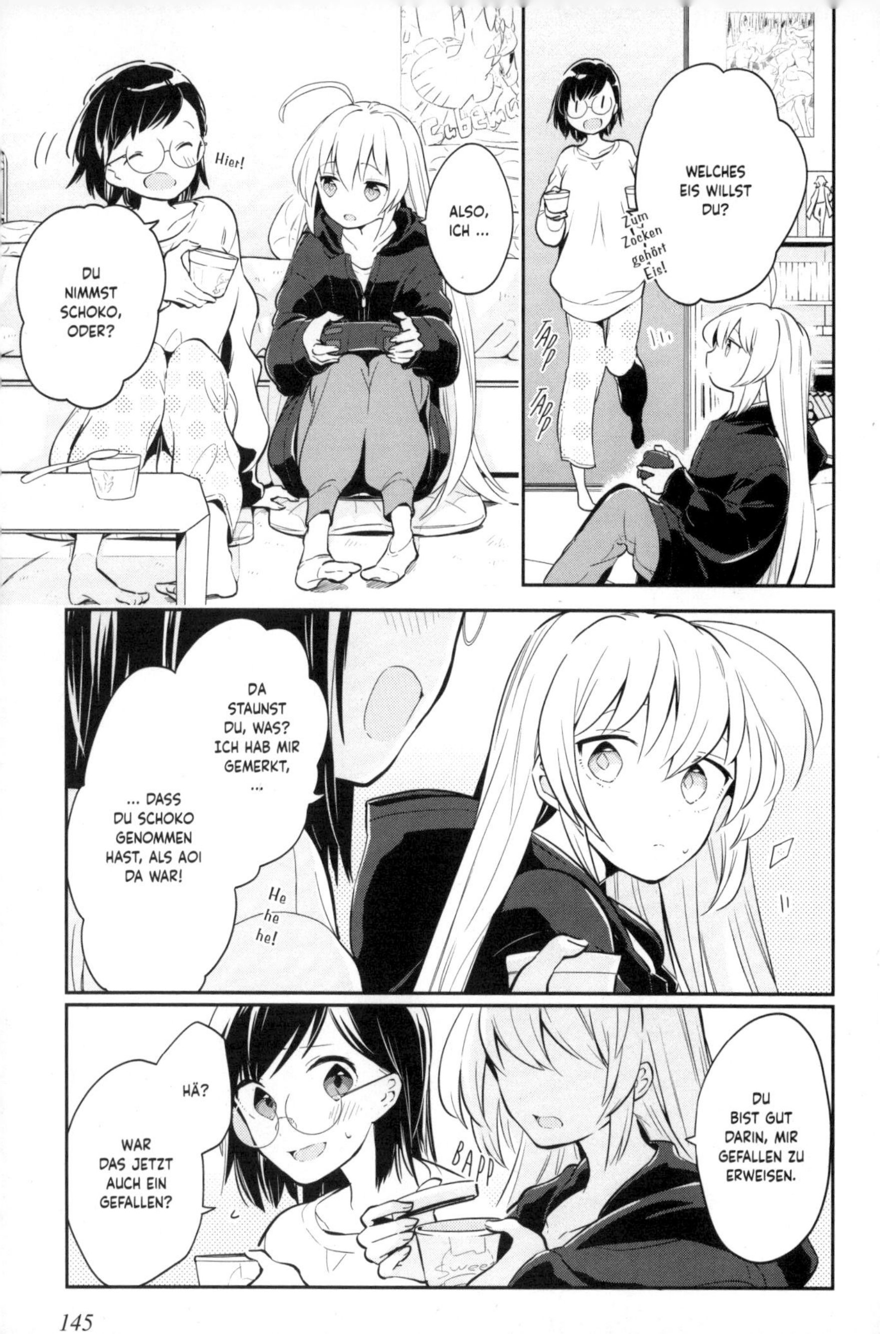
WELCHES EIS WILLST DU?
Zum Zocken gehört Eis!
TAPP TAPP
ALSO, ICH ...
Hier!
DU NIMMST SCHOKO, ODER?
DA STAUNST DU, WAS? ICH HAB MIR GEMERKT, ...
... DASS DU SCHOKO GENOMMEN HAST, ALS AOI DA WAR!
He he he!
DU BIST GUT DARIN, MIR GEFALLEN ZU ERWEISEN.
BAPP
HÄ?
WAR DAS JETZT AUCH EIN GEFALLEN?

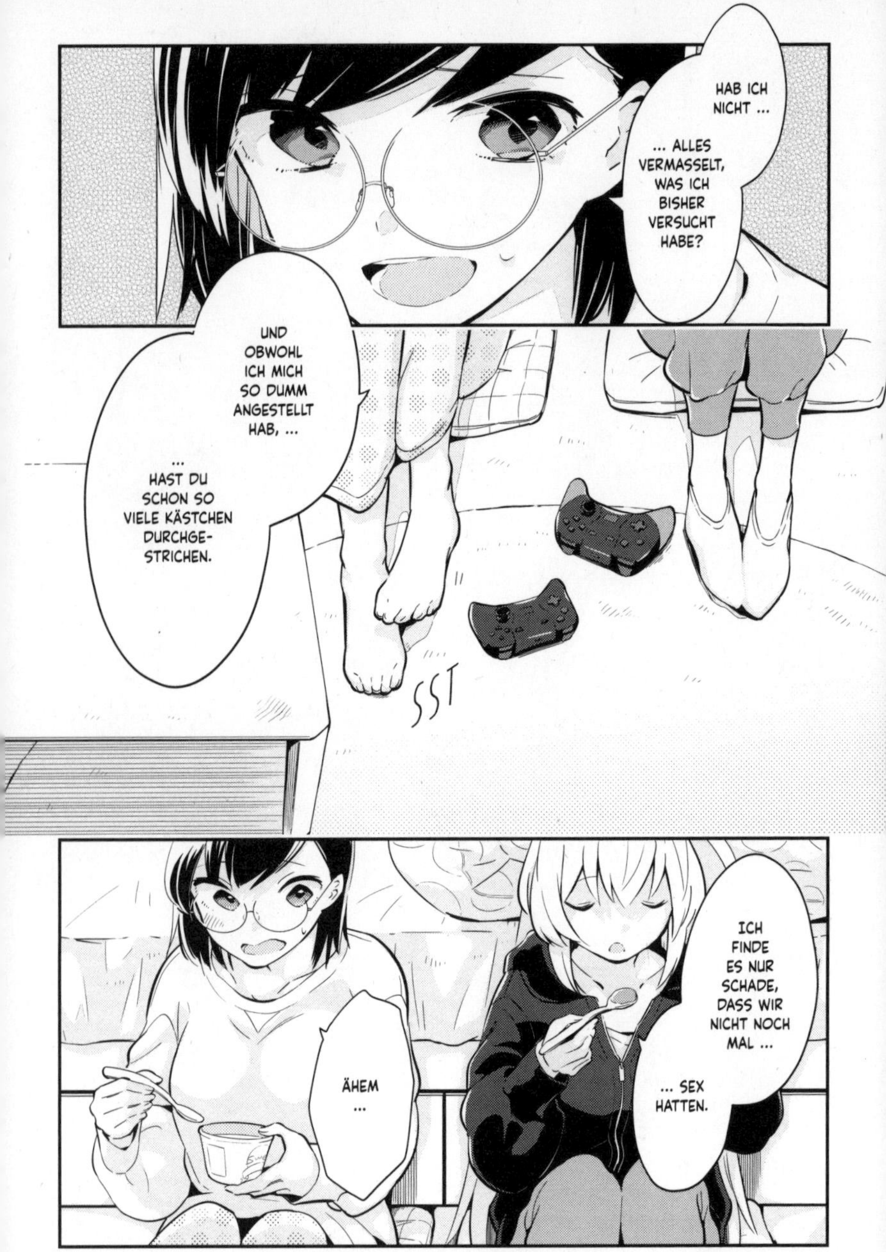
HAB ICH NICHT ...
... ALLES VERMASSELT, WAS ICH BISHER VERSUCHT HABE?
UND OBWOHL ICH MICH SO DUMM ANGESTELLT HAB, ...
... HAST DU SCHON SO VIELE KÄSTCHEN DURCHGE-STRICHEN.
SST
ICH FINDE ES NUR SCHADE, DASS WIR NICHT NOCH MAL ...
... SEX HATTEN.
ÄHEM ...

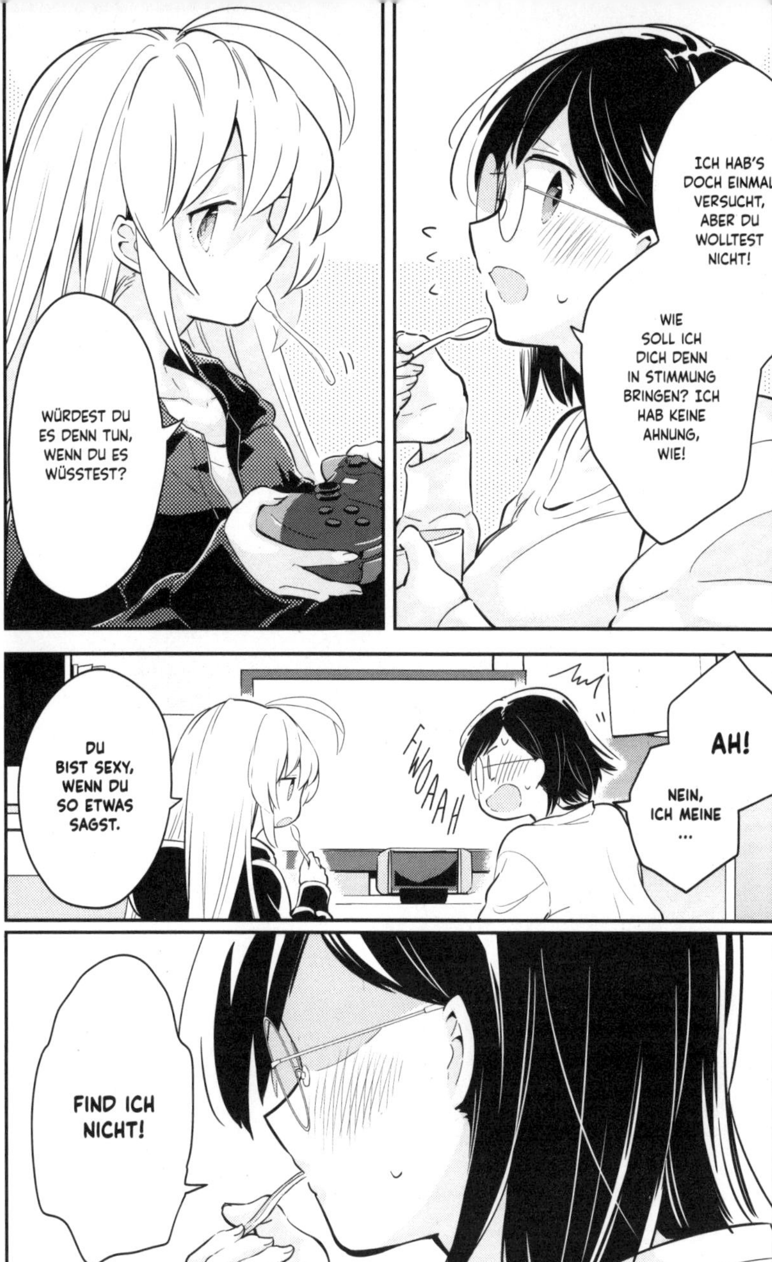
ICH HAB'S DOCH EINMAL VERSUCHT, ABER DU WOLLTEST NICHT!
WIE SOLL ICH DICH DENN IN STIMMUNG BRINGEN? ICH HAB KEINE AHNUNG, WIE!
WÜRDEST DU ES DENN TUN, WENN DU ES WÜSSTEST?
DU BIST SEXY, WENN DU SO ETWAS SAGST.
FWOAAH
AH!
NEIN, ICH MEINE ...
FIND ICH NICHT!

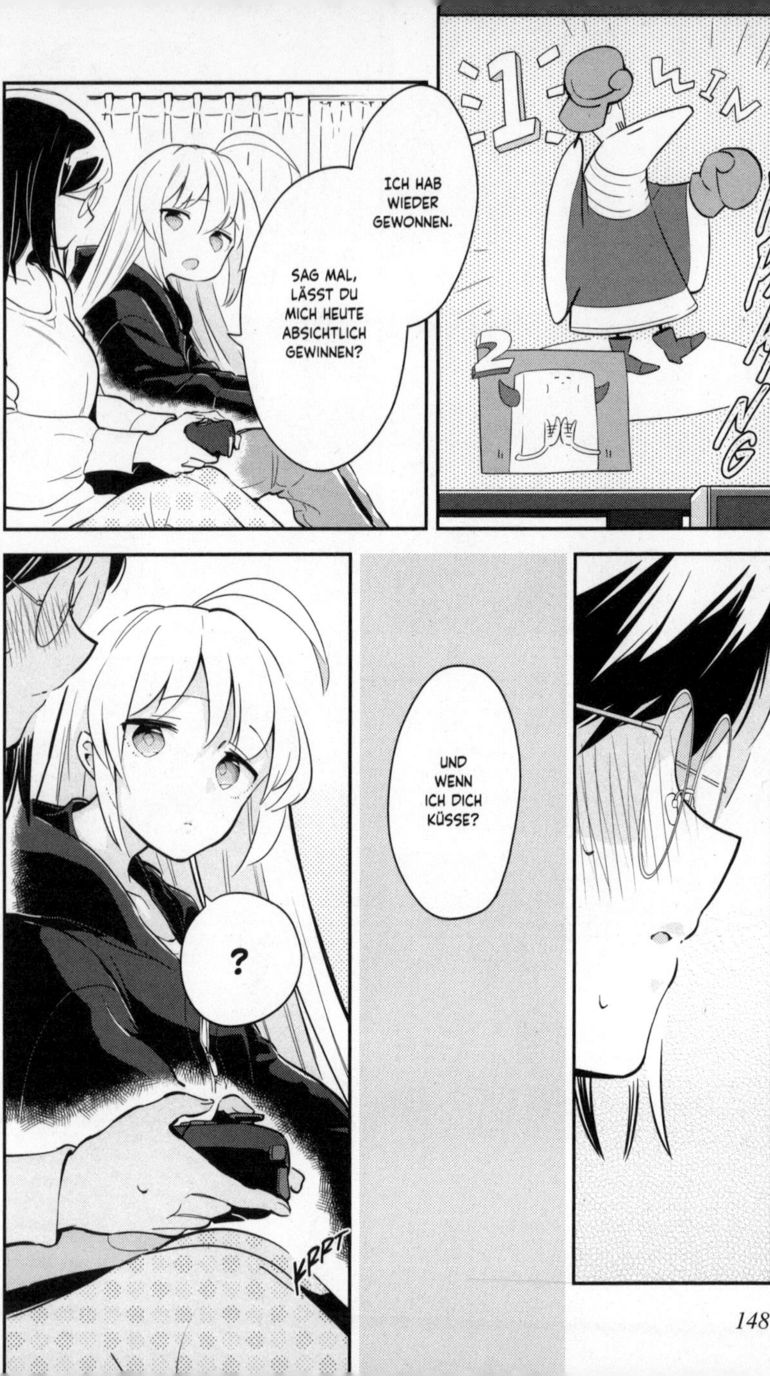
1
WIN
2
PAPAPAAANG
ICH HAB WIEDER GEWONNEN.
SAG MAL, LÄSST DU MICH HEUTE ABSICHTLICH GEWINNEN?
UND WENN ICH DICH KÜSSE?
?
KRRT

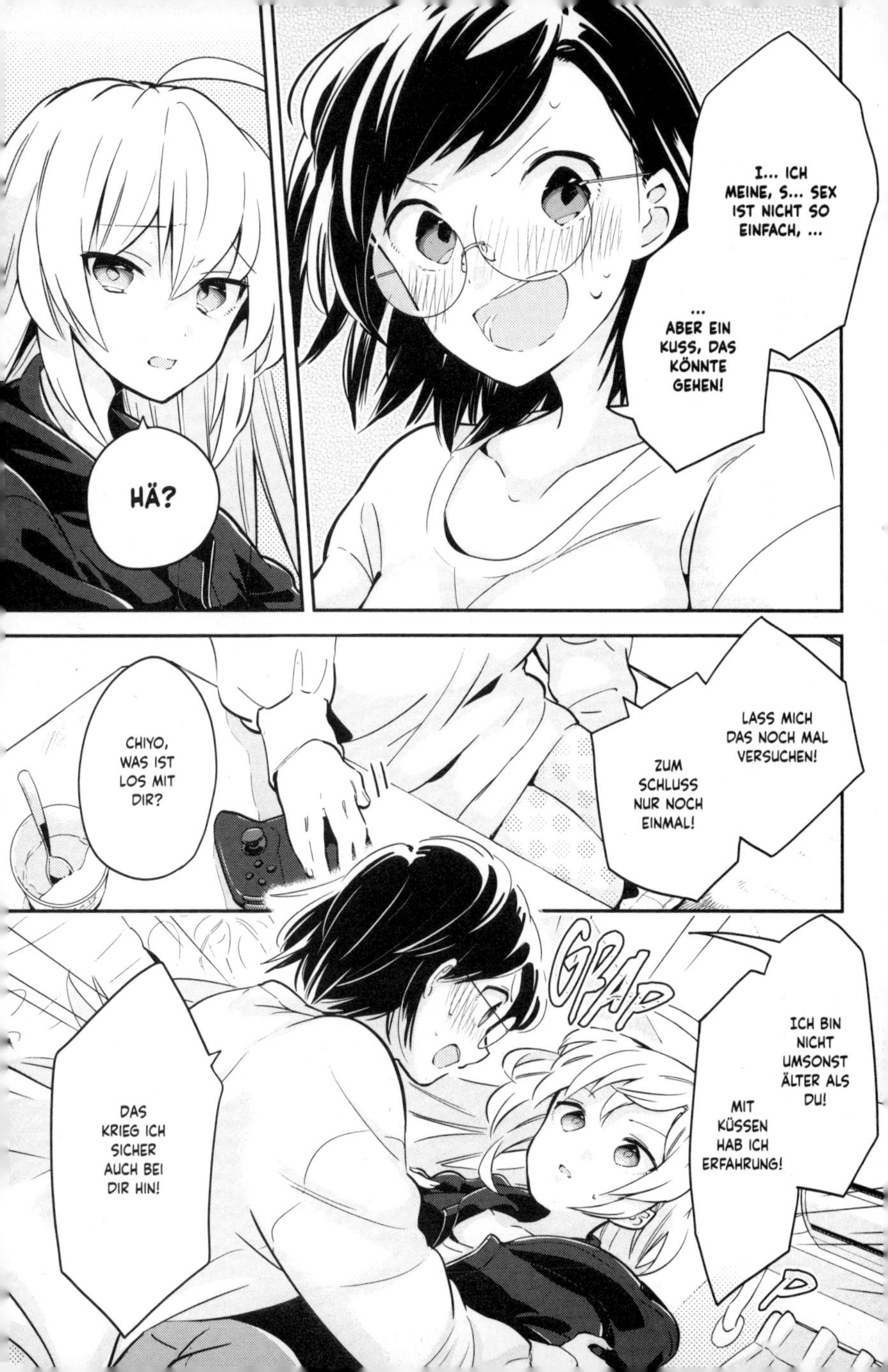
I... ICH MEINE, S... SEX IST NICHT SO EINFACH, ...
... ABER EIN KUSS, DAS KÖNNTE GEHEN!
HÄ?
LASS MICH DAS NOCH MAL VERSUCHEN!
ZUM SCHLUSS NUR NOCH EINMAL!
CHIYO, WAS IST LOS MIT DIR?
GRAP
ICH BIN NICHT UMSONST ÄLTER ALS DU!
MIT KÜSSEN HAB ICH ERFAHRUNG!
DAS KRIEG ICH SICHER AUCH BEI DIR HIN!

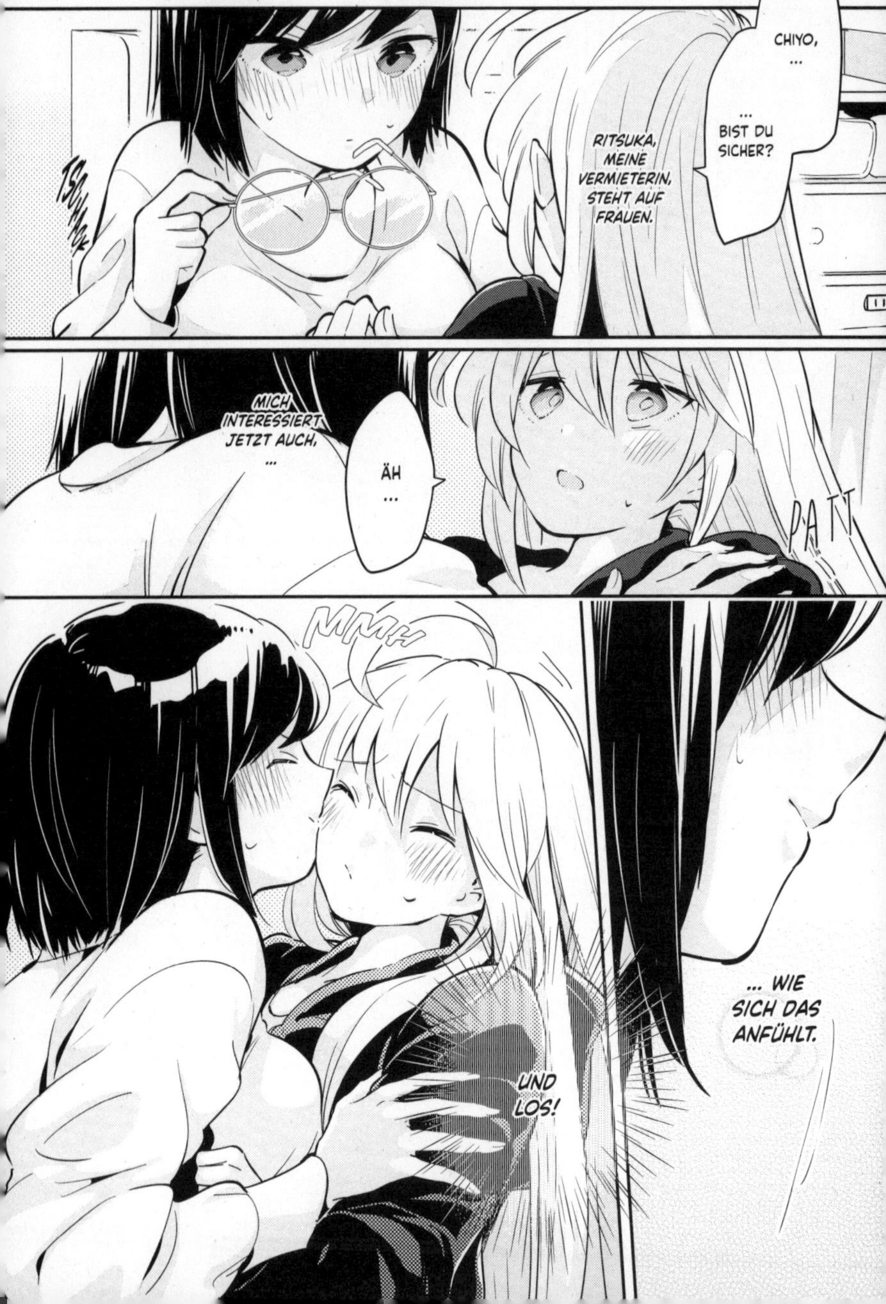
CHIYO, ...
... BIST DU SICHER?
RITSUKA, MEINE VERMIETERIN, STEHT AUF FRAUEN.
TSCHACK
PATT
ÄH ...
MICH INTERESSIERT JETZT AUCH, ...
MMH
... WIE SICH DAS ANFÜHLT.
UND LOS!

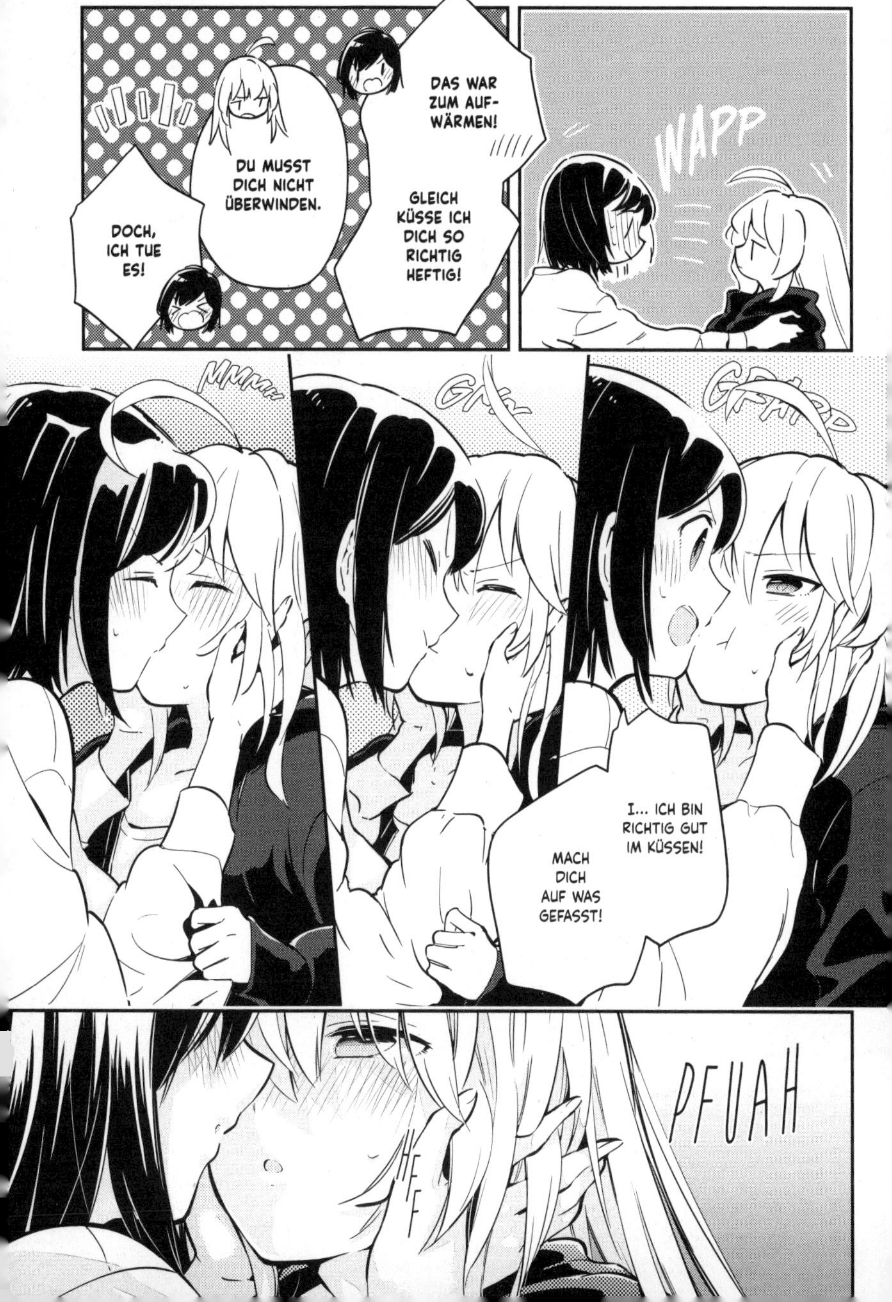
DAS WAR ZUM AUF-WÄRMEN!
DU MUSST DICH NICHT ÜBERWINDEN.
DOCH, ICH TUE ES!
GLEICH KÜSSE ICH DICH SO RICHTIG HEFTIG!
WAPP
I... ICH BIN RICHTIG GUT IM KÜSSEN!
MACH DICH AUF WAS GEFASST!
PFUAH
HFF

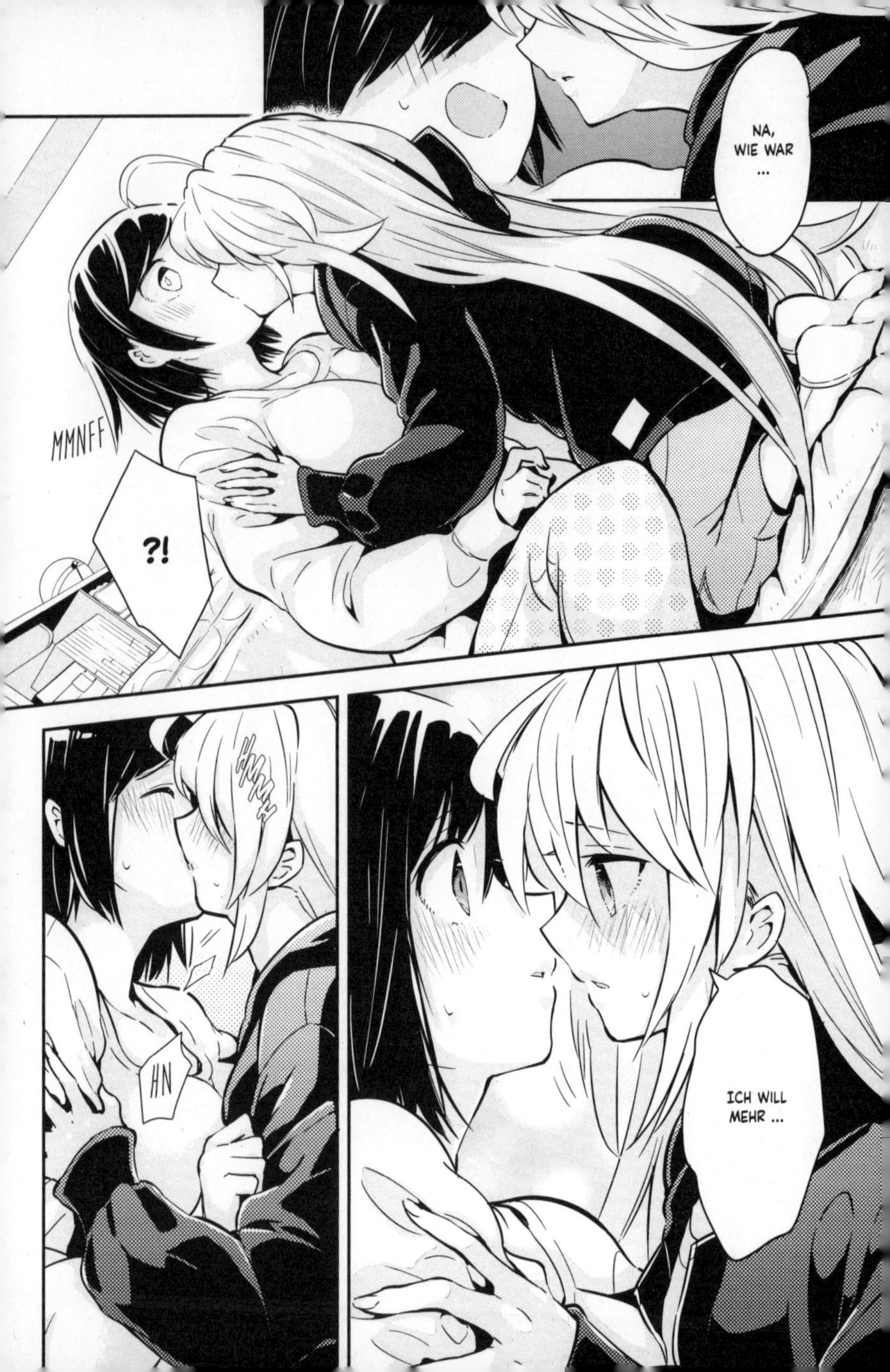
NA, WIE WAR ...
MMNFF
?!
ICH WILL MEHR ...
HN

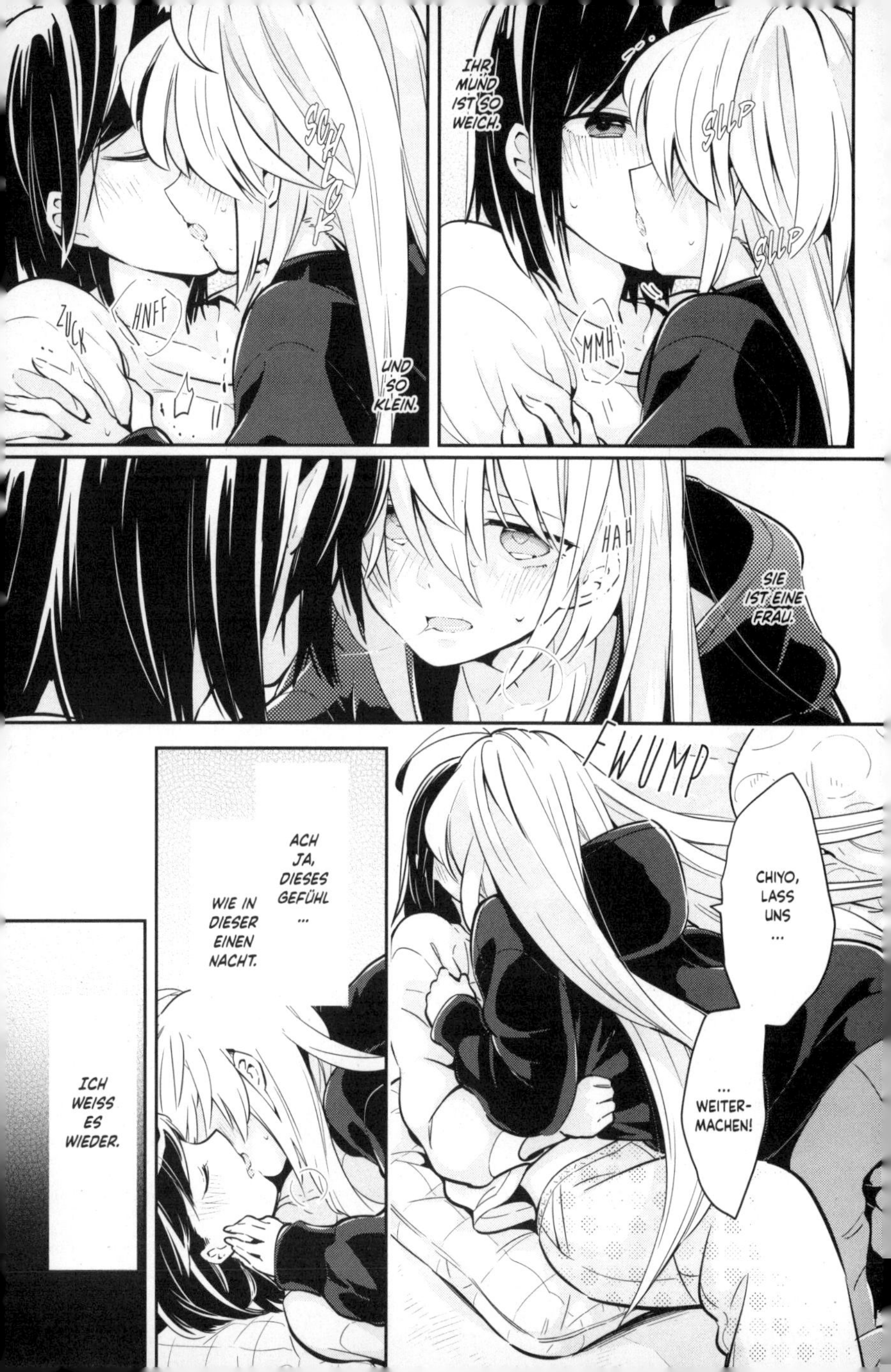
IHR MUND IST SO WEICH.
SLLP
SLLP
MMH
SCHLOCK
UND SO KLEIN.
HNFF
ZUCK
HAH
SIE IST EINE FRAU.
FWUMP
CHIYO, LASS UNS ...
... WEITER-MACHEN!
ACH JA, DIESES GEFÜHL ...
WIE IN DIESER EINEN NACHT.
ICH WEISS ES WIEDER.

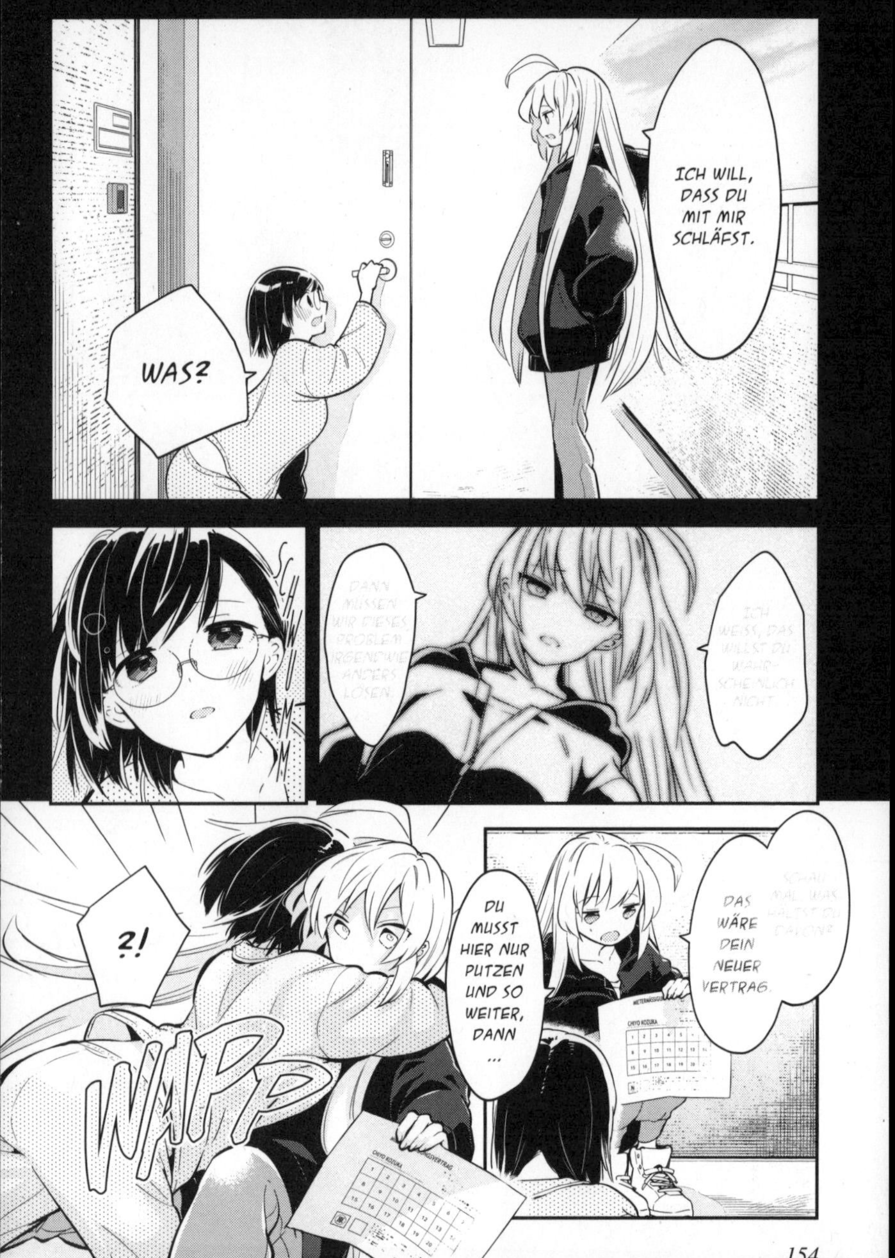
ICH WILL, DASS DU MIT MIR SCHLÄFST.
WAS?
SCHWUMMM
ICH WEISS, DAS WILLST DU WAHRSCHEINLICH NICHT
DANN MÜSSEN WIR DIESES PROBLEM IRGENDWIE ANDERS LÖSEN.
SCHAU MAL WAS HÄLTST DU DAVON?
DAS WÄRE DEIN NEUER VERTRAG.
DU MUSST HIER NUR PUTZEN UND SO WEITER, DANN …
?!
WAPP
CHIYO KOZUKA

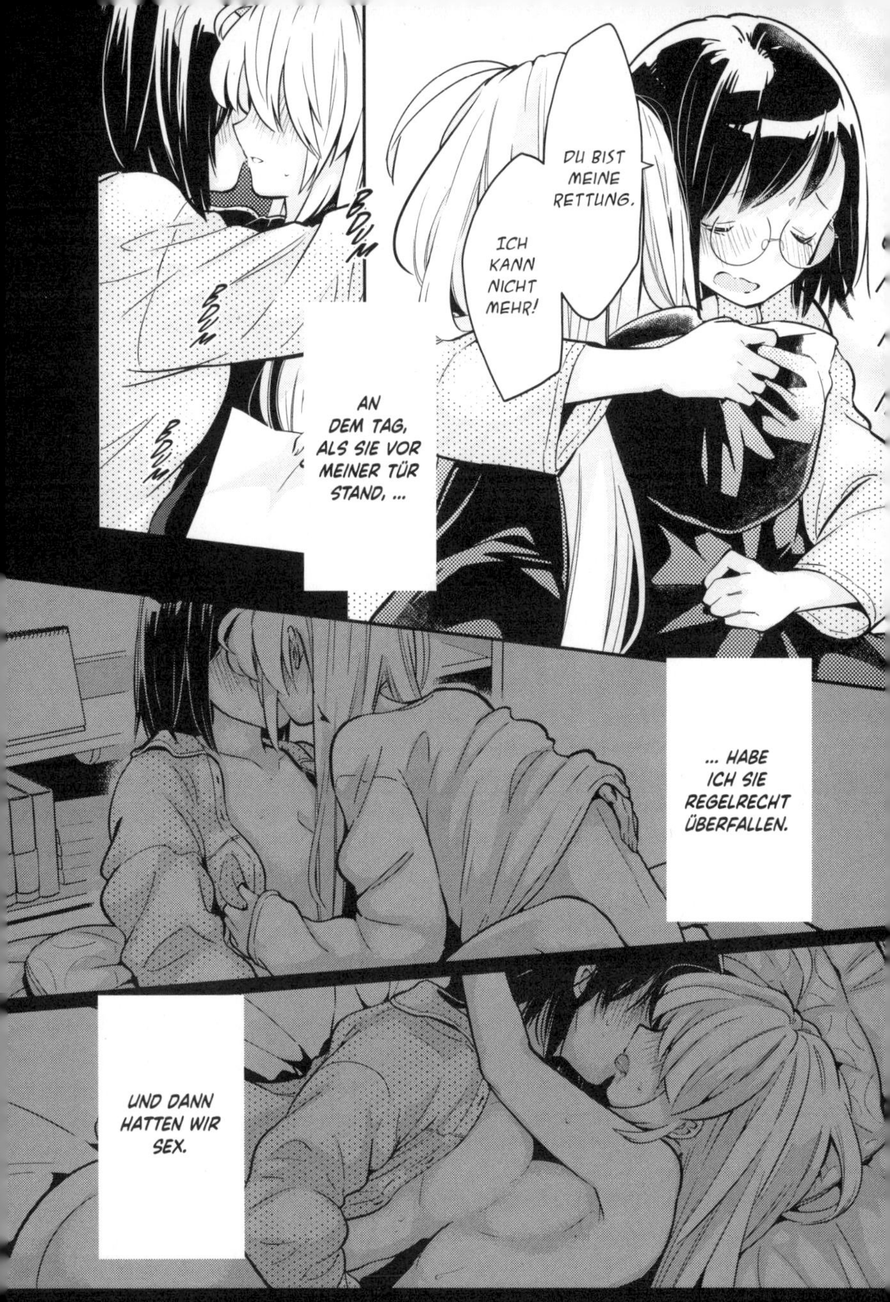
DU BIST MEINE RETTUNG.
ICH KANN NICHT MEHR!
BDUM
BDUM
BDUM
AN DEM TAG, ALS SIE VOR MEINER TÜR STAND, ...
... HABE ICH SIE REGELRECHT ÜBERFALLEN.
UND DANN HATTEN WIR SEX.

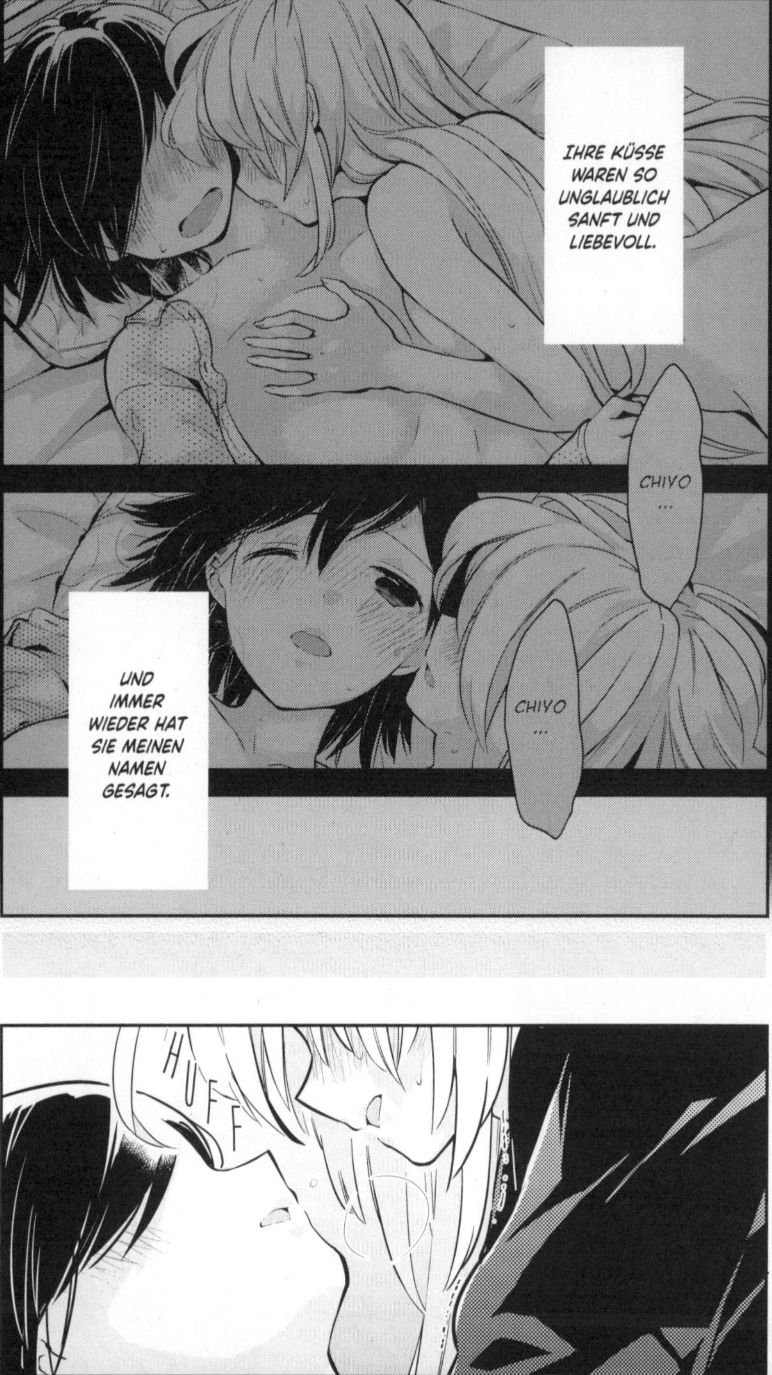
IHRE KÜSSE WAREN SO UNGLAUBLICH SANFT UND LIEBEVOLL.
CHIYO ...
CHIYO ...
UND IMMER WIEDER HAT SIE MEINEN NAMEN GESAGT.
HUFF

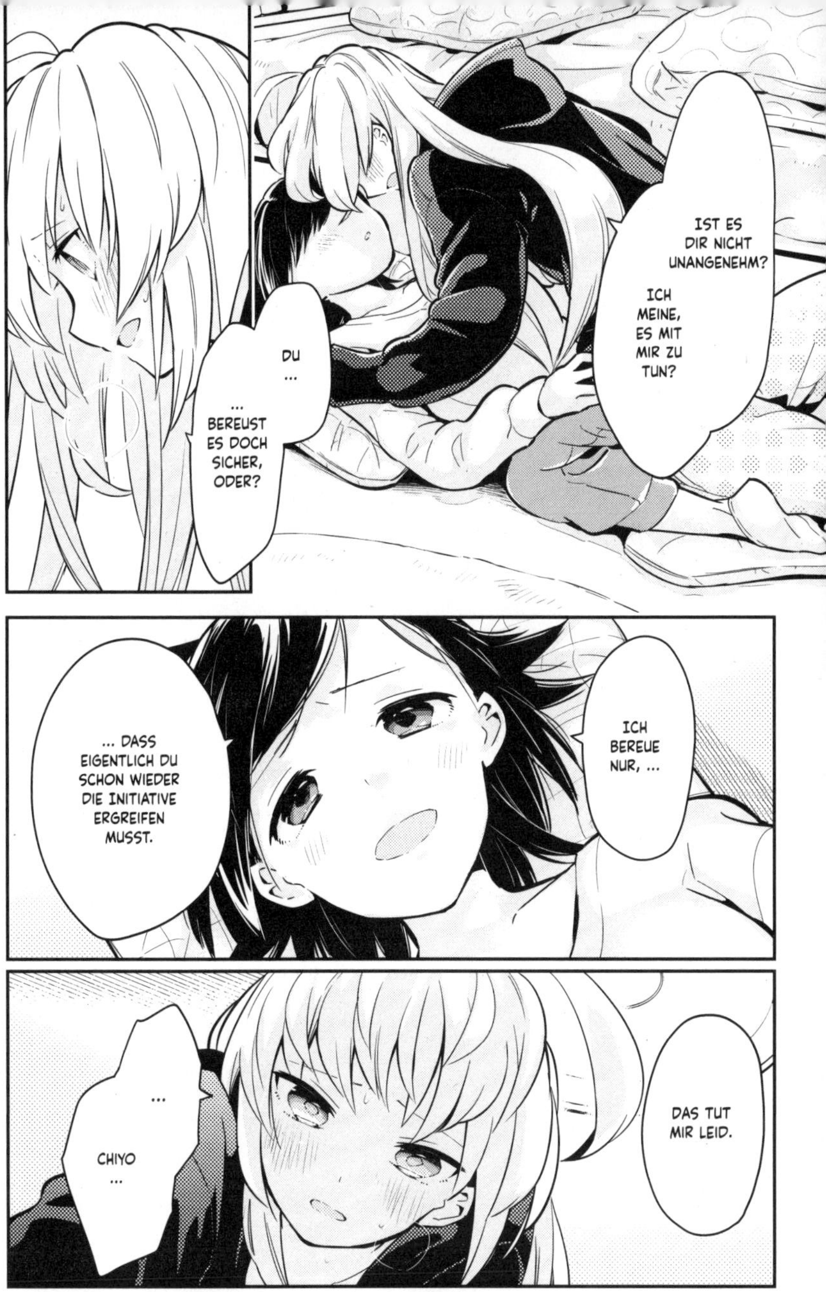
IST ES DIR NICHT UNANGENEHM?
ICH MEINE, ES MIT MIR ZU TUN?
DU ...
... BEREUST ES DOCH SICHER, ODER?
ICH BEREUE NUR, ...
... DASS EIGENTLICH DU SCHON WIEDER DIE INITIATIVE ERGREIFEN MUSST.
DAS TUT MIR LEID.
...
CHIYO ...

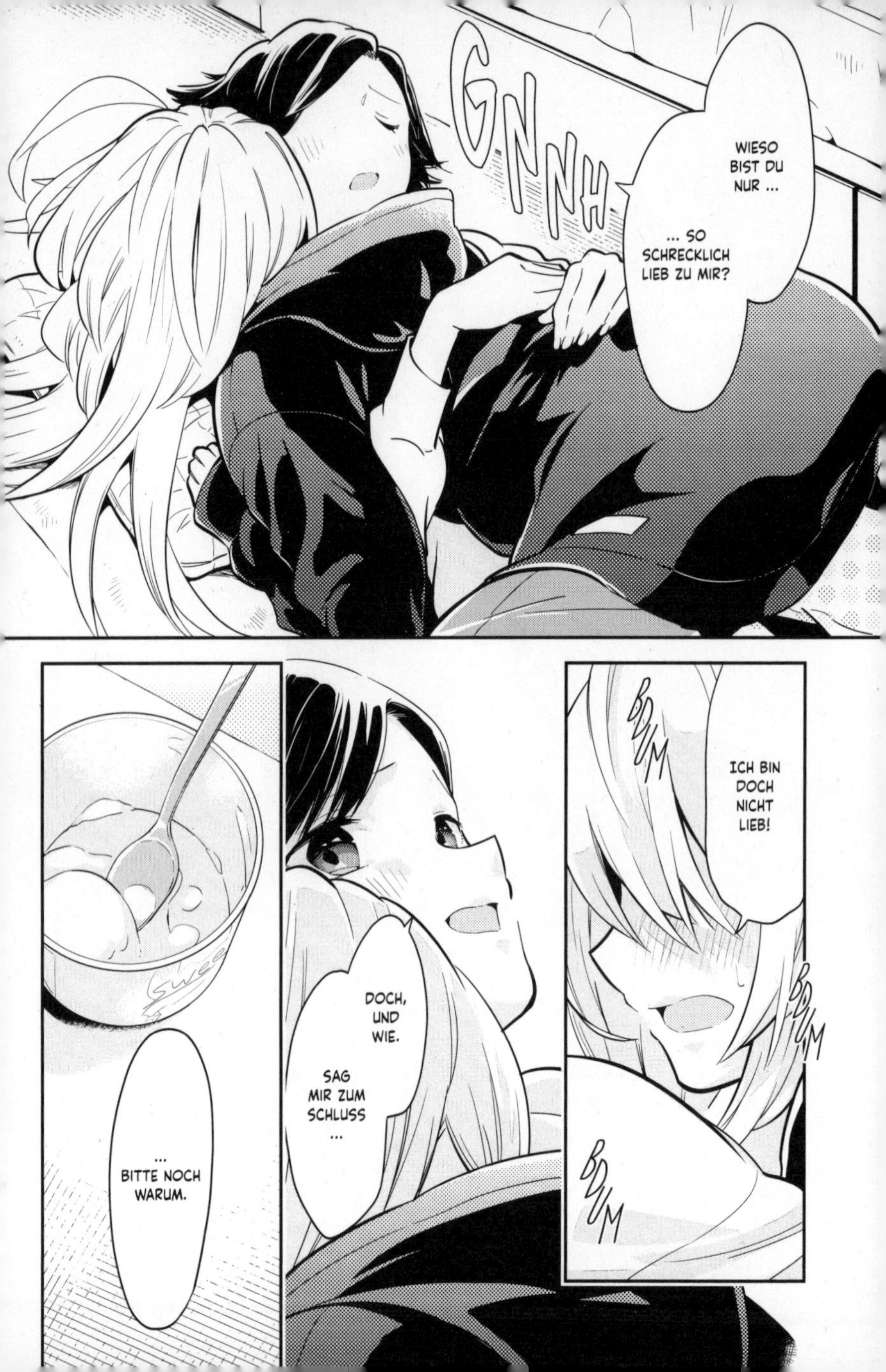
GNNH
WIESO BIST DU NUR ...
... SO SCHRECKLICH LIEB ZU MIR?
BDUM
ICH BIN DOCH NICHT LIEB!
BDUM
BDUM
DOCH, UND WIE.
SAG MIR ZUM SCHLUSS ...
... BITTE NOCH WARUM.

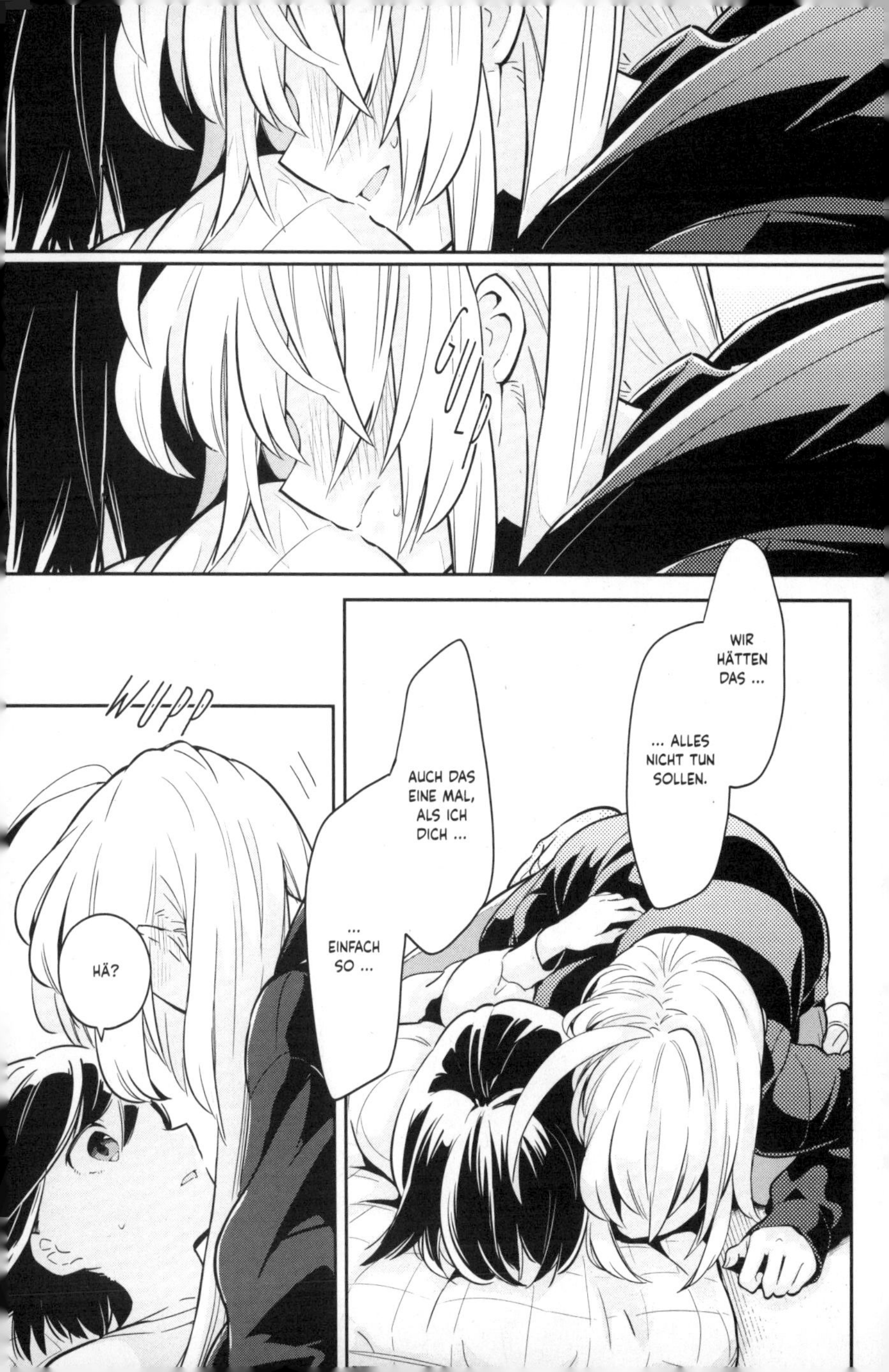
GULP
WIR HÄTTEN DAS ...
... ALLES NICHT TUN SOLLEN.
AUCH DAS EINE MAL, ALS ICH DICH ...
... EINFACH SO ...
W-U-P-P
HÄ?

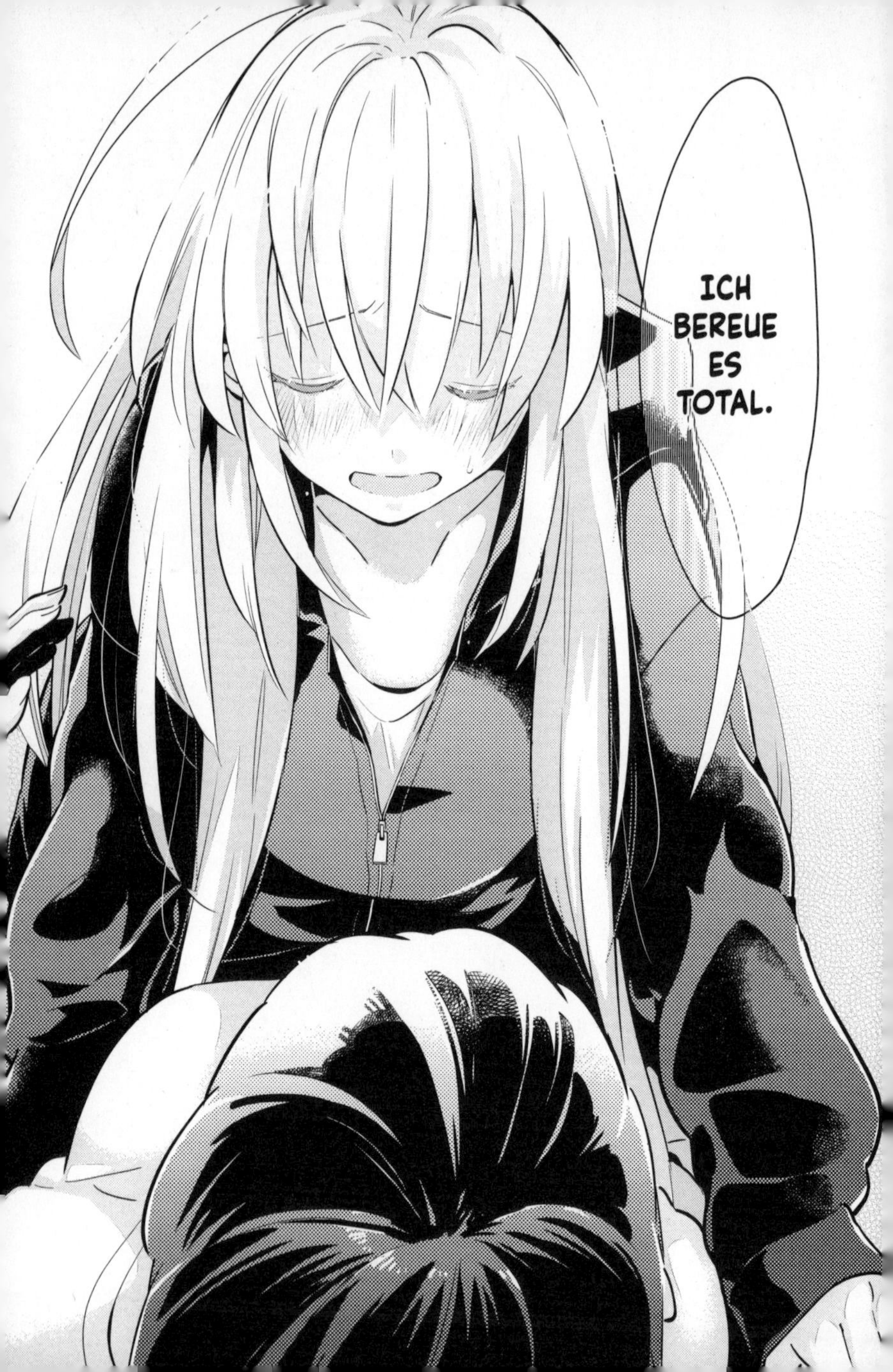
ICH BEREUE ES TOTAL.

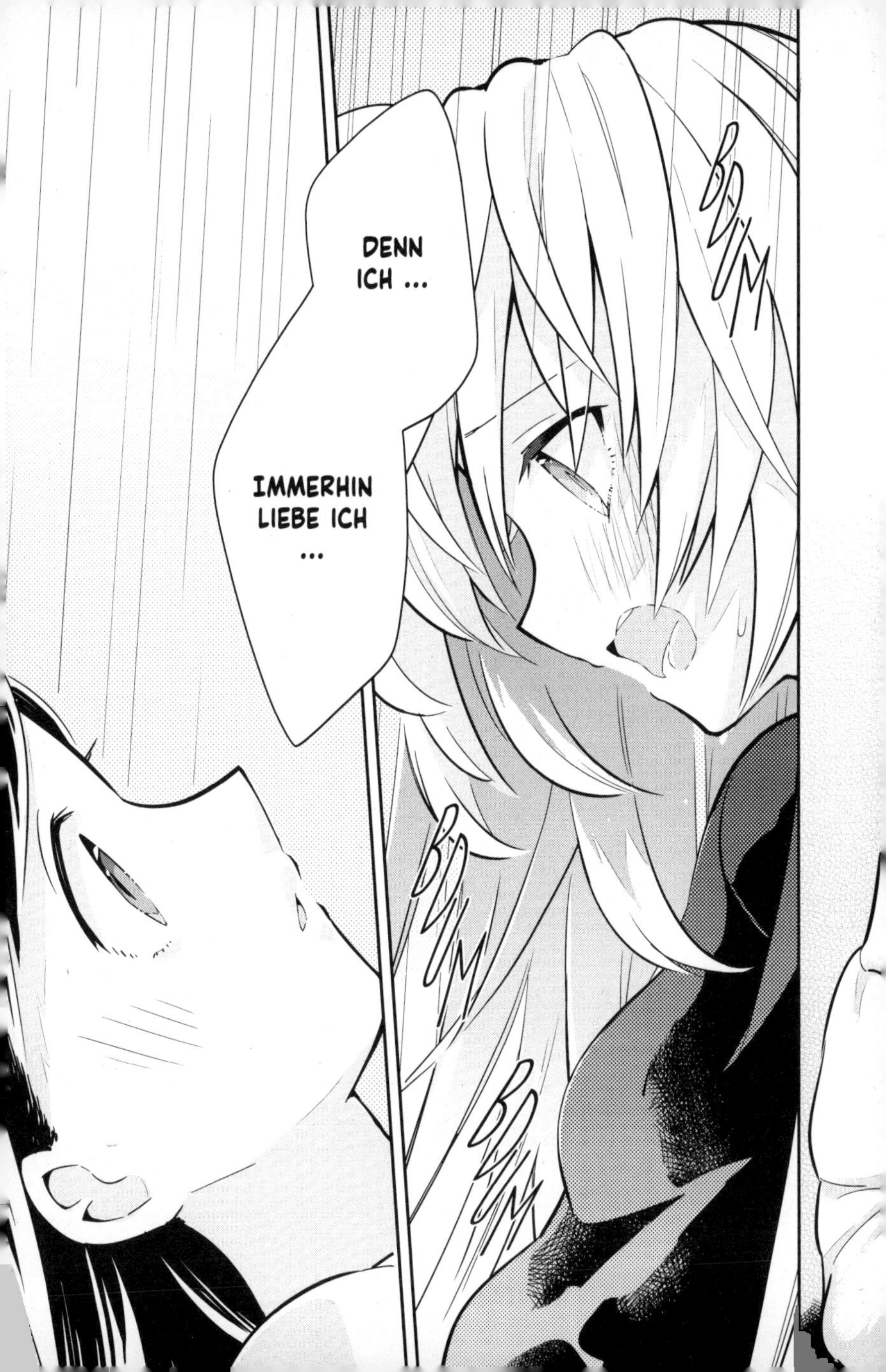
BA-DUM
DENN ICH ...
IMMERHIN LIEBE ICH ...
BA-DUM
BA-DUM

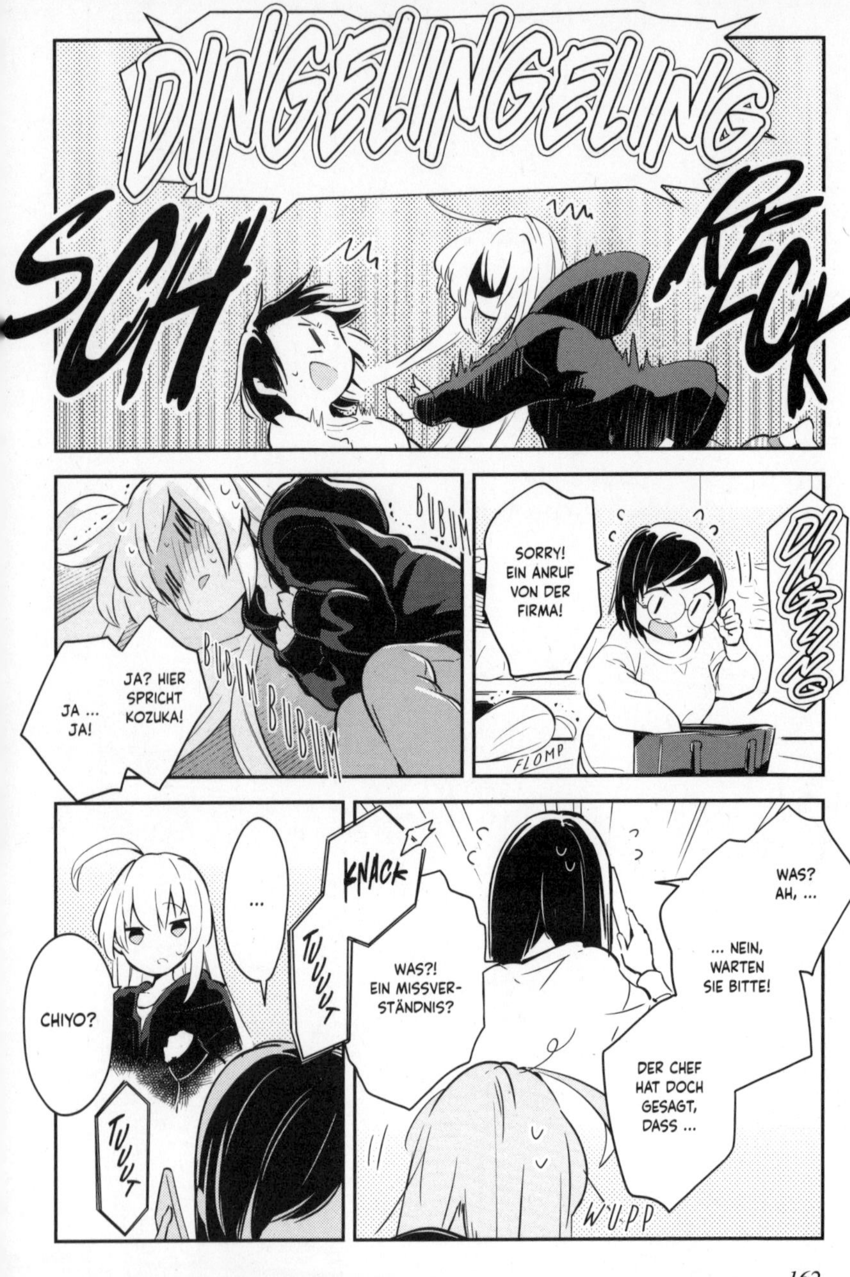
DINGELINGELING
SCHRECK
DINGELING
SORRY! EIN ANRUF VON DER FIRMA!
FLOMP
BUBUM
BUBUM
BUBUM
JA? HIER SPRICHT KOZUKA!
JA … JA!
WAS? AH, …
… NEIN, WARTEN SIE BITTE!
DER CHEF HAT DOCH GESAGT, DASS …
WUPP
WAS?! EIN MISSVER-STÄNDNIS?
KNACK
TUUUUT
…
CHIYO?
TUUUT

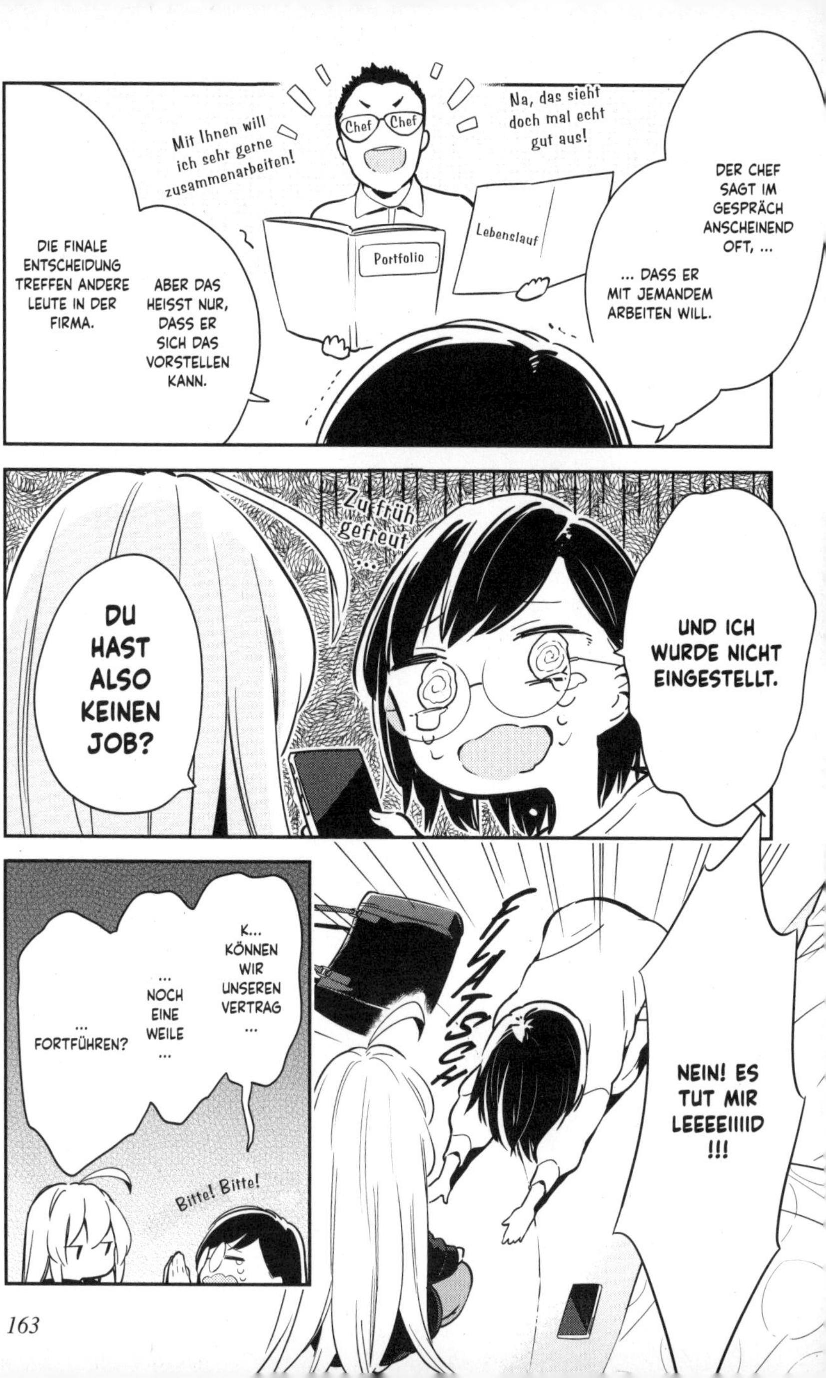

DER CHEF SAGT IM GESPRÄCH ANSCHEINEND OFT, ...
... DASS ER MIT JEMANDEM ARBEITEN WILL.
Na, das sieht doch mal echt gut aus!
Lebenslauf
Chef Chef
Mit Ihnen will ich sehr gerne zusammenarbeiten!
Portfolio
ABER DAS HEISST NUR, DASS ER SICH DAS VORSTELLEN KANN.
DIE FINALE ENTSCHEIDUNG TREFFEN ANDERE LEUTE IN DER FIRMA.
UND ICH WURDE NICHT EINGESTELLT.
Zu früh gefreut ...
DU HAST ALSO KEINEN JOB?
NEIN! ES TUT MIR LEEEEIIIID !!!
K... KÖNNEN WIR UNSEREN VERTRAG ...
... NOCH EINE WEILE ...
... FORTFÜHREN?
Bitte! Bitte!

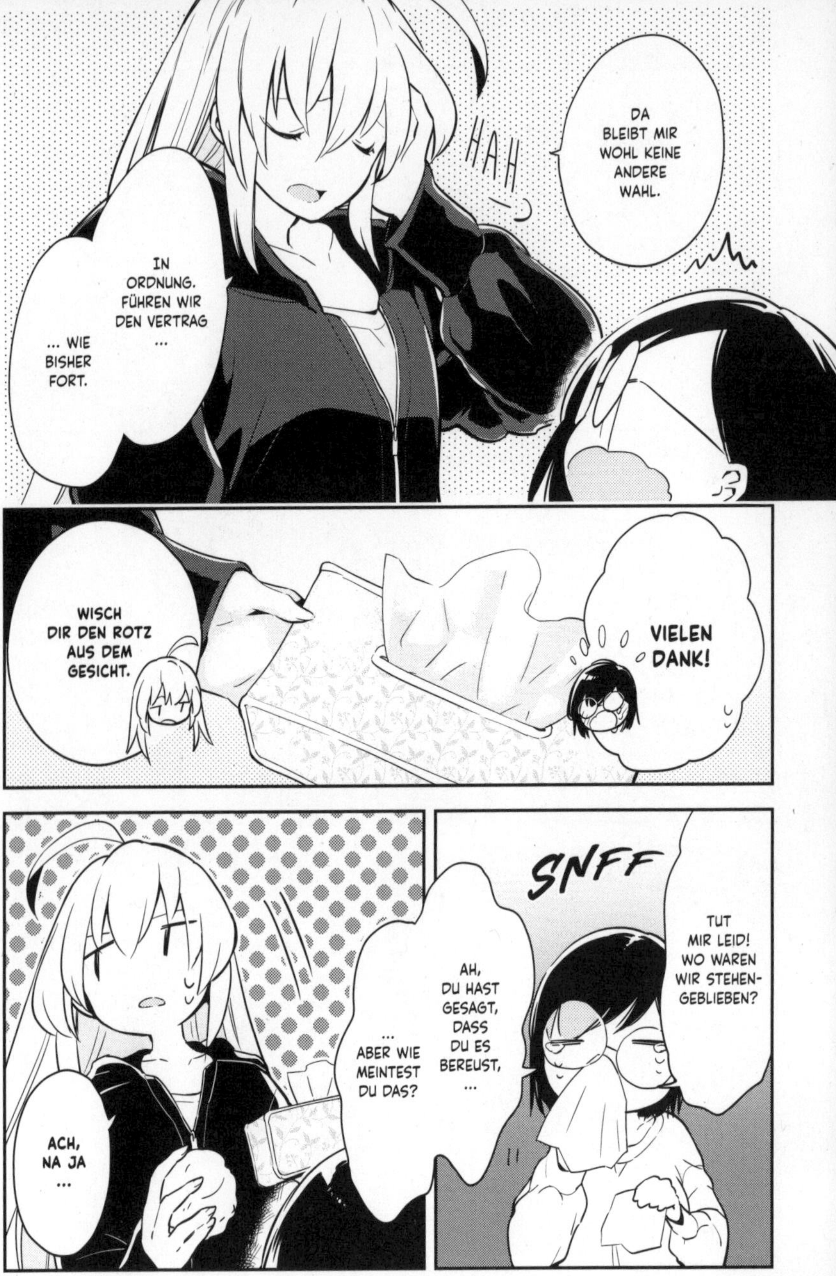
HAH
DA BLEIBT MIR WOHL KEINE ANDERE WAHL.
IN ORDNUNG. FÜHREN WIR DEN VERTRAG ...
... WIE BISHER FORT.
VIELEN DANK!
WISCH DIR DEN ROTZ AUS DEM GESICHT.
SNFF
TUT MIR LEID! WO WAREN WIR STEHENGEBLIEBEN?
AH, DU HAST GESAGT, DASS DU ES BEREUST, ...
... ABER WIE MEINTEST DU DAS?
ACH, NA JA ...

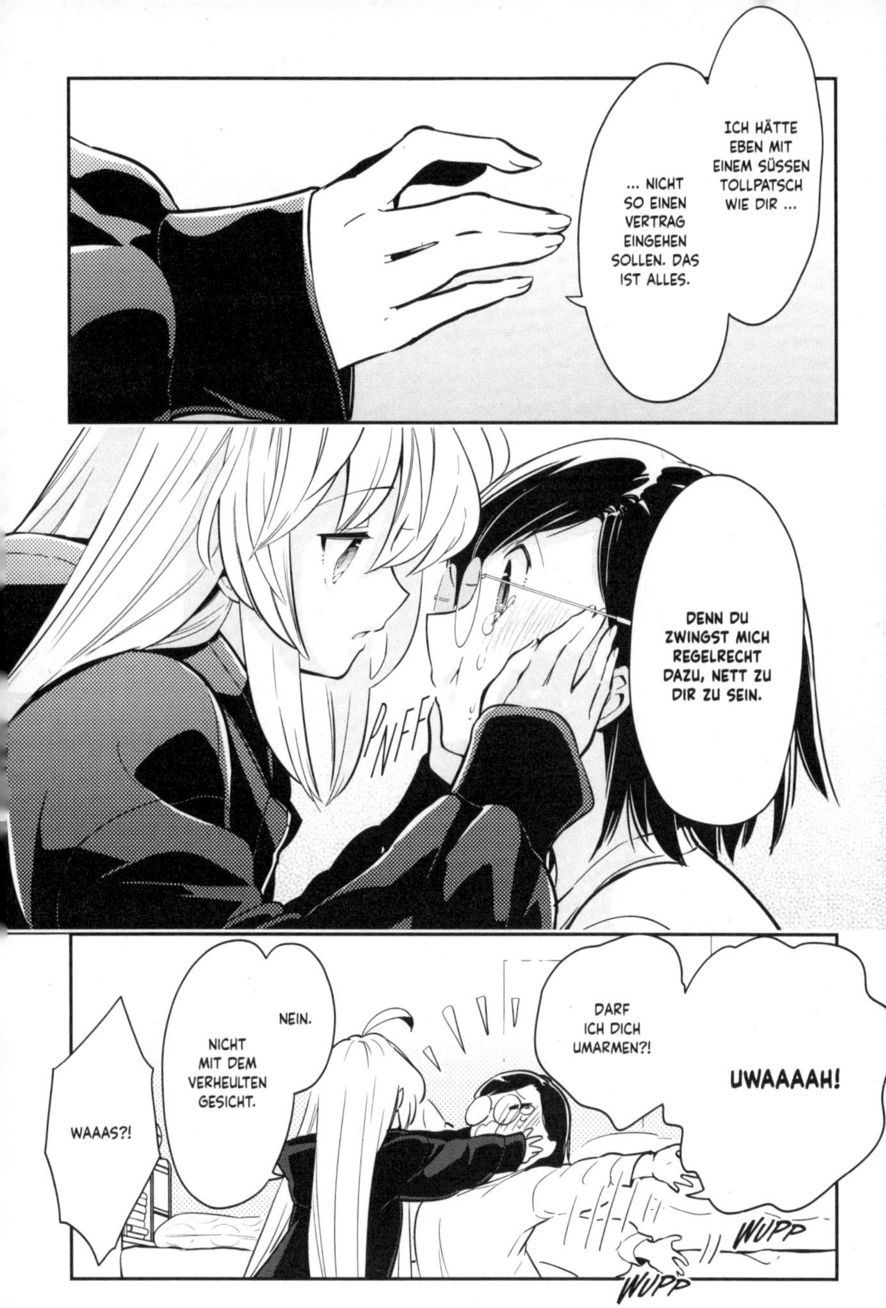
ICH HÄTTE EBEN MIT EINEM SÜSSEN TOLLPATSCH WIE DIR ...
... NICHT SO EINEN VERTRAG EINGEHEN SOLLEN. DAS IST ALLES.
DENN DU ZWINGST MICH REGELRECHT DAZU, NETT ZU DIR ZU SEIN.
PNFF
UWAAAAH!
DARF ICH DICH UMARMEN?!
NEIN.
NICHT MIT DEM VERHEULTEN GESICHT.
WAAAS?!
WUPP
WUPP

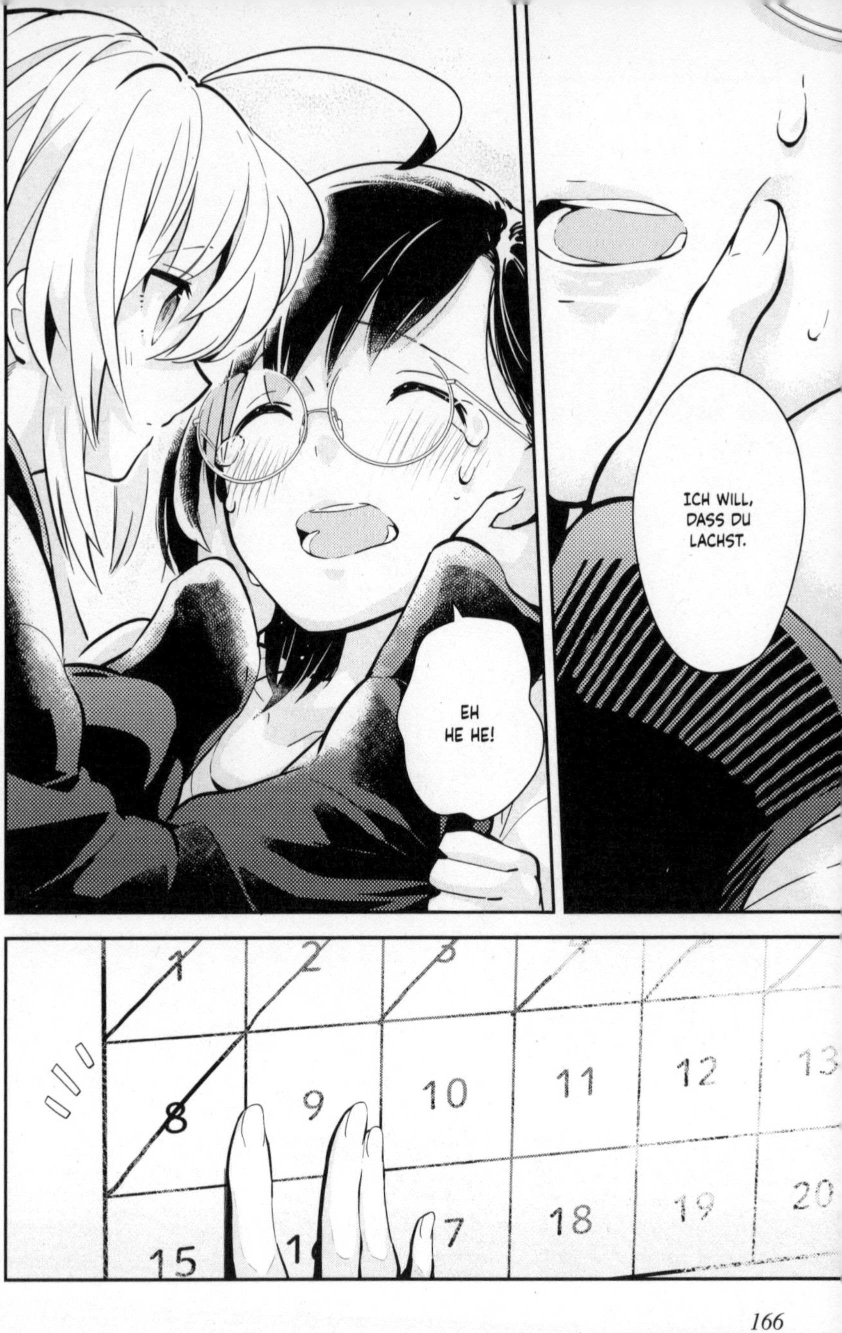
ICH WILL, DASS DU LACHST.
EH HE HE!
1
2
3
8
9
10
11
12
13
15
18
19
20

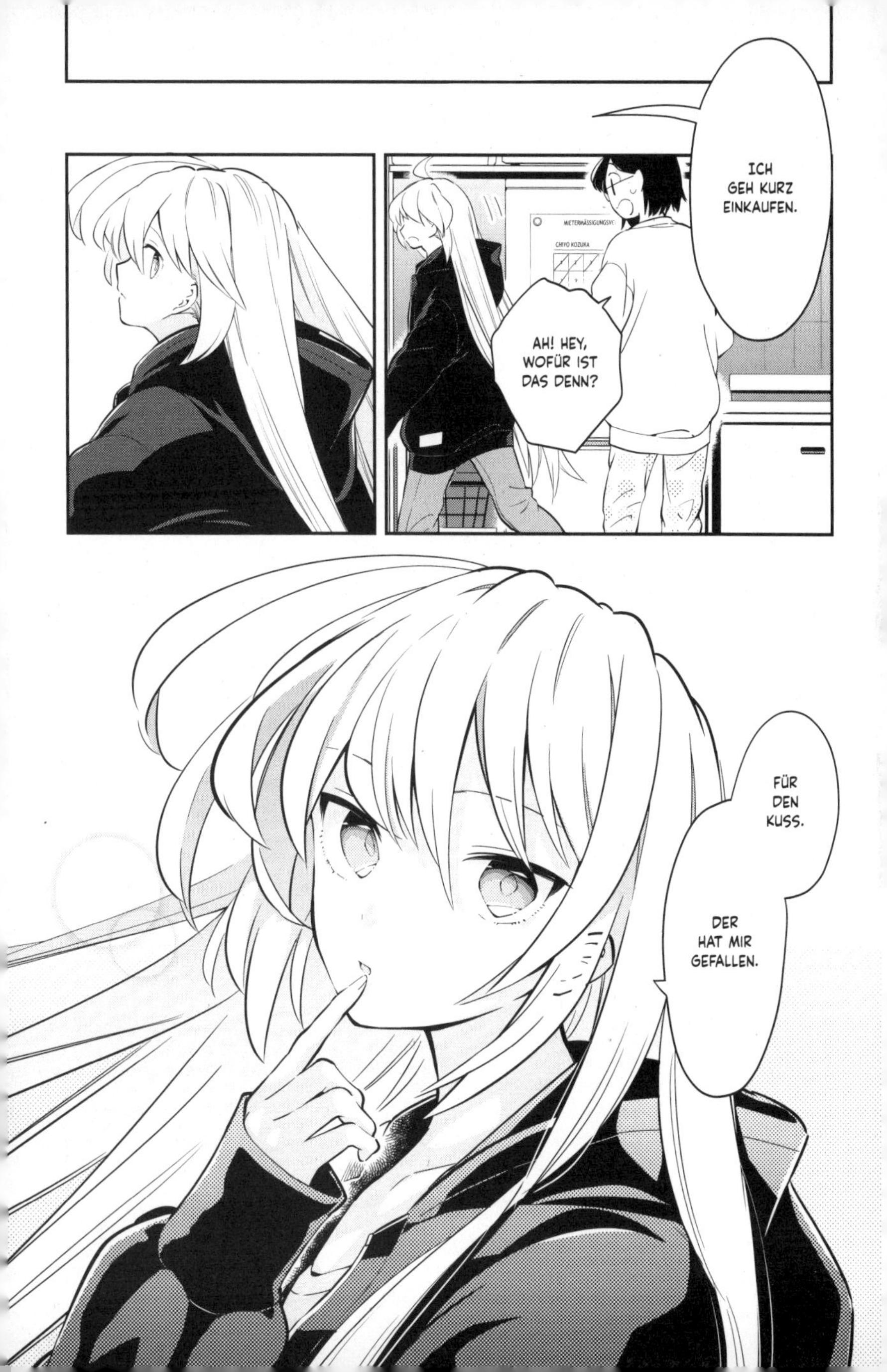
ICH GEH KURZ EINKAUFEN.
CHIYO KOZUKA
AH! HEY, WOFÜR IST DAS DENN?
FÜR DEN KUSS.
DER HAT MIR GEFALLEN.

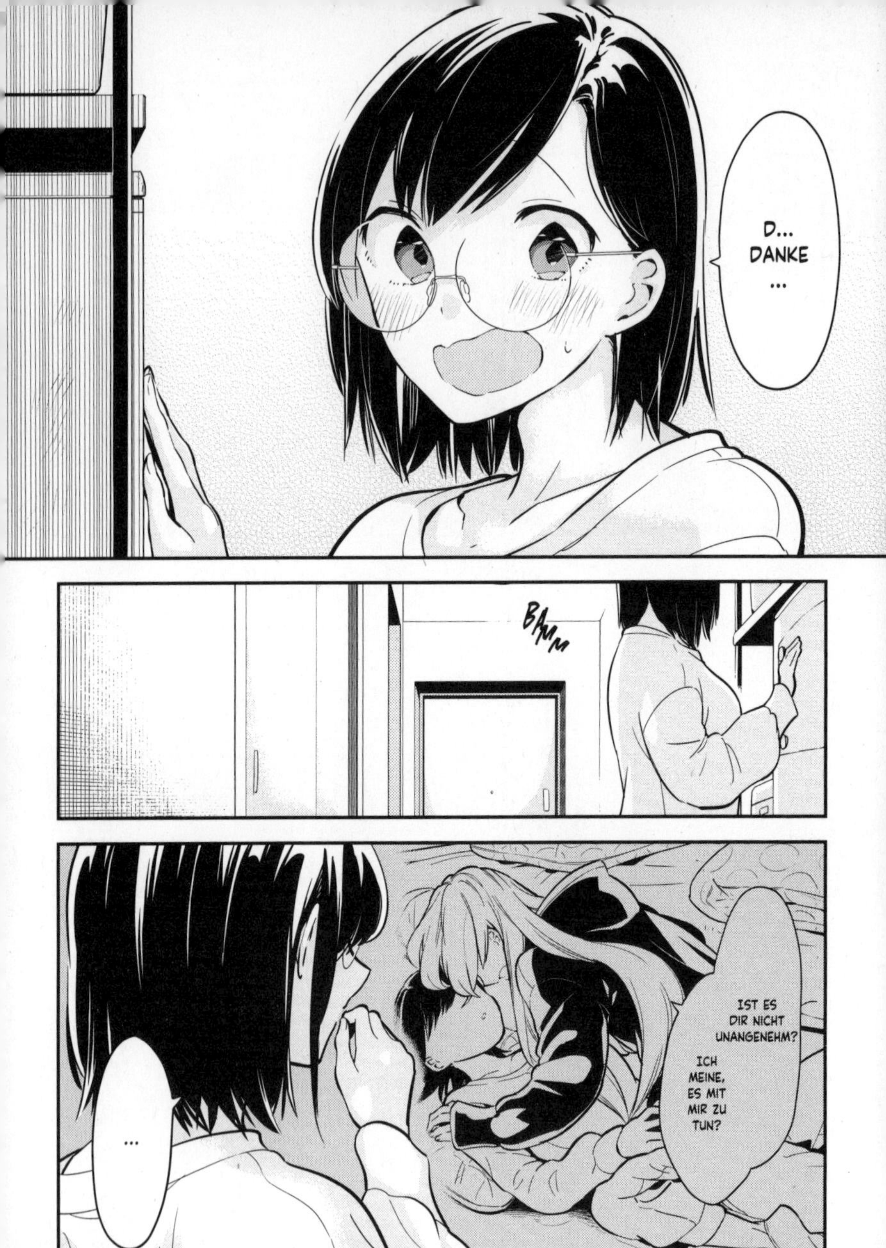

D... DANKE ...
BAMM
IST ES DIR NICHT UNANGENEHM?
ICH MEINE, ES MIT MIR ZU TUN?
...

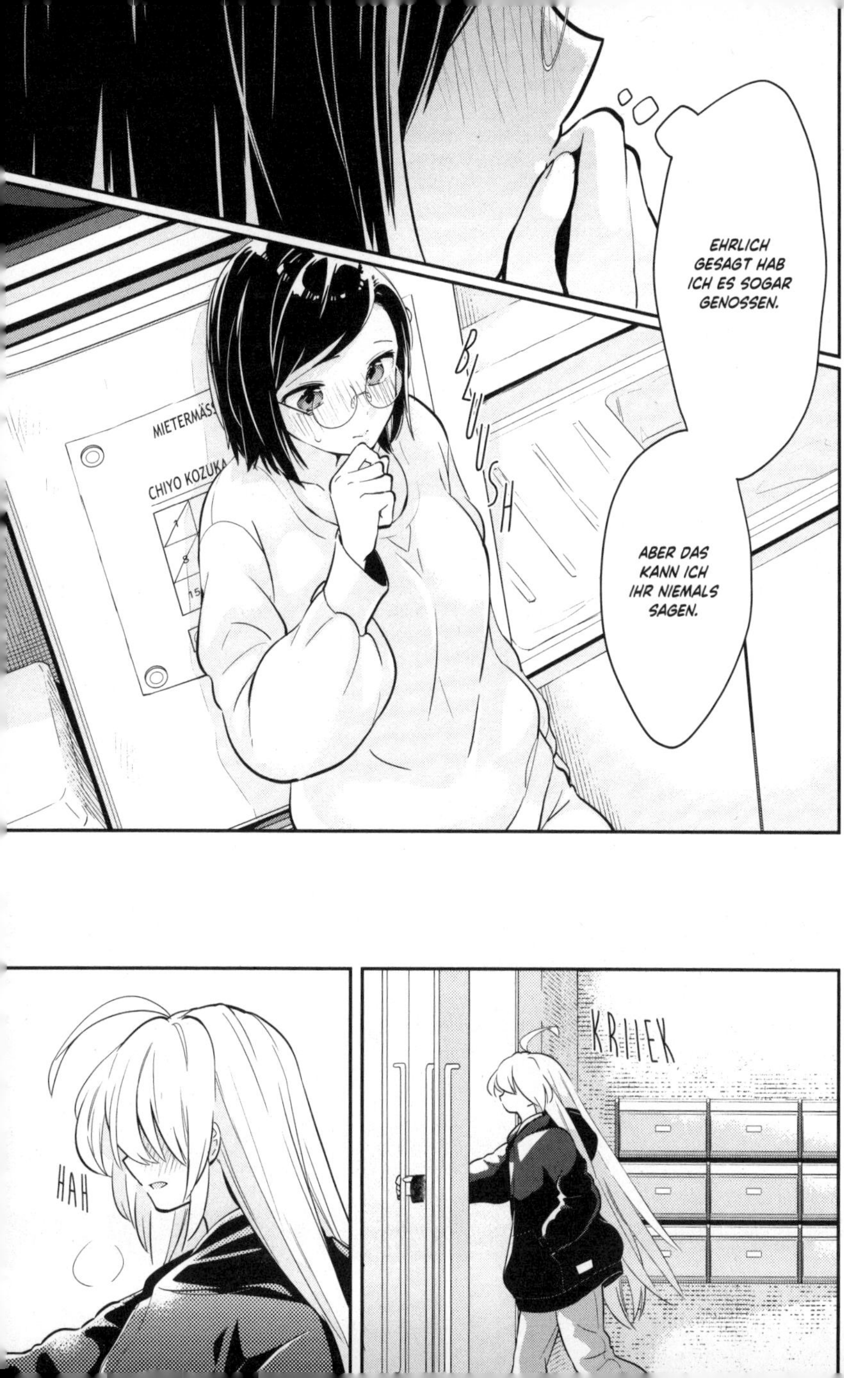
EHRLICH GESAGT HAB ICH ES SOGAR GENOSSEN.
BLUUSH
MIETERMÄSS
CHIYO KOZUKA
ABER DAS KANN ICH IHR NIEMALS SAGEN.
KRIIEK
HAH

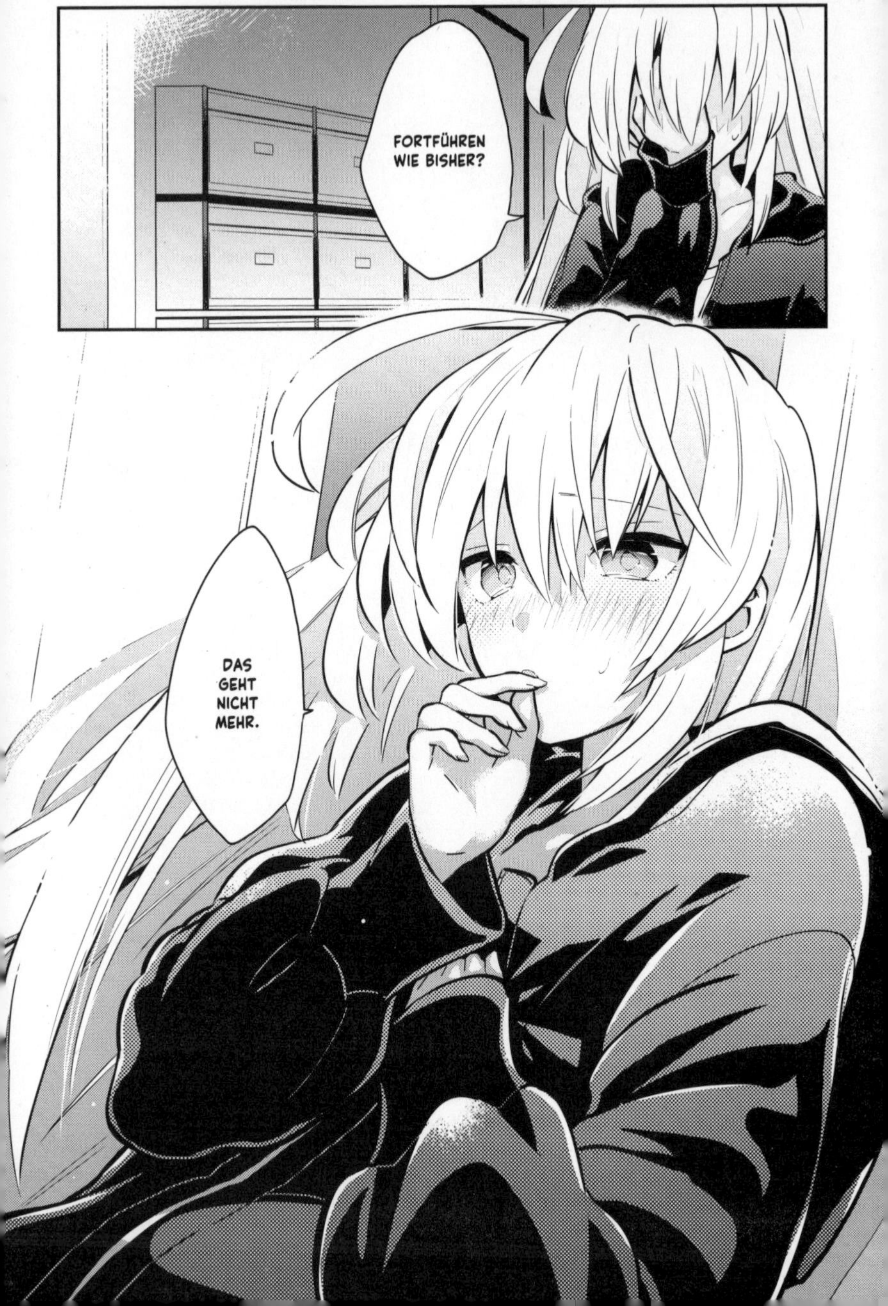
FORTFÜHREN WIE BISHER?
DAS GEHT NICHT MEHR.

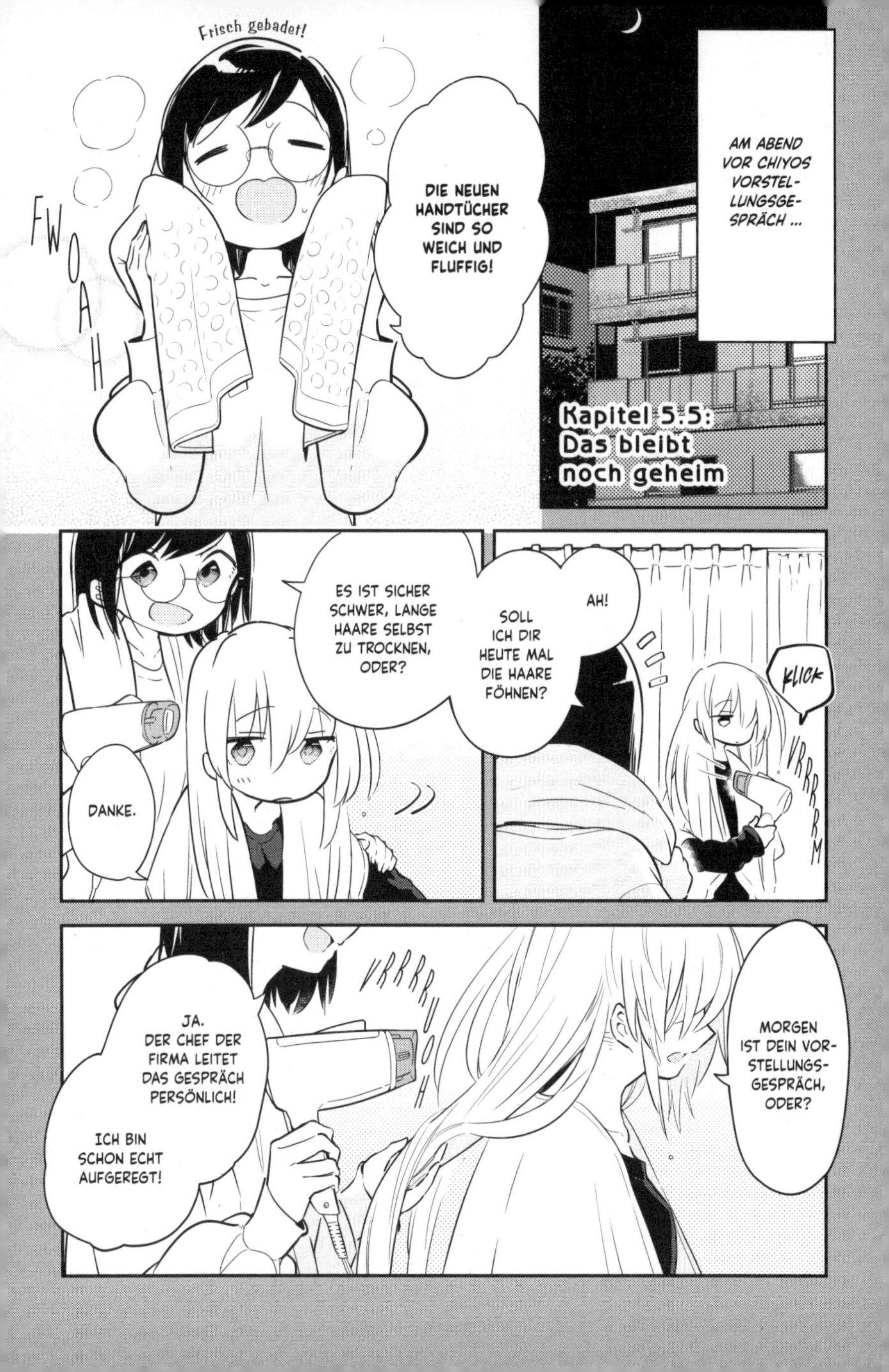

Am Abend vor Chiyos Vorstel-lungsge-spräch ...
Kapitel 5.5: Das bleibt noch geheim
Frisch gebadet!
Die neuen Handtücher sind so weich und fluffig!
FWOAH
Ah!
Soll ich dir heute mal die Haare föhnen?
KLICK
VRRRRRM
Es ist sicher schwer, lange Haare selbst zu trocknen, oder?
Danke.
Morgen ist dein Vor-stellungs-gespräch, oder?
VRRRRUOOH
Ja. Der Chef der Firma leitet das Gespräch persönlich!
Ich bin schon echt aufgeregt!

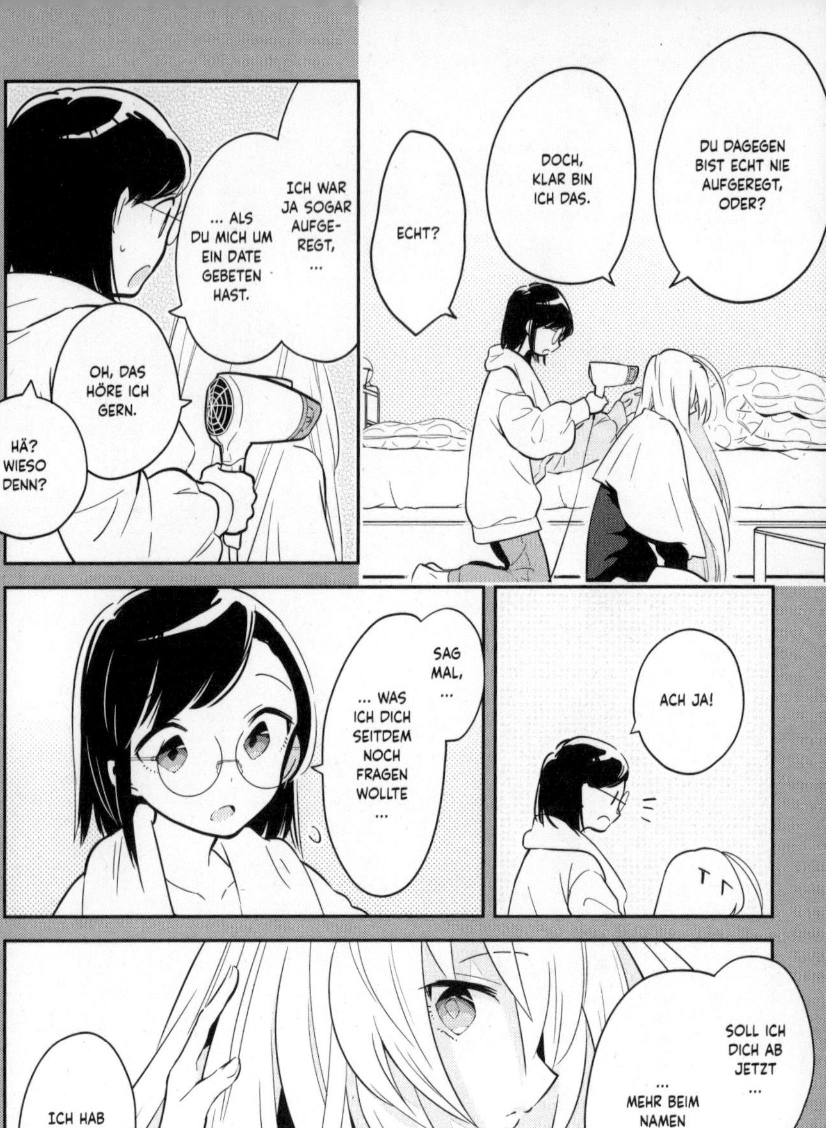
DU DAGEGEN BIST ECHT NIE AUFGEREGT, ODER?
DOCH, KLAR BIN ICH DAS.
ECHT?
ICH WAR JA SOGAR AUFGE-REGT, ...
... ALS DU MICH UM EIN DATE GEBETEN HAST.
OH, DAS HÖRE ICH GERN.
HÄ? WIESO DENN?
ACH JA!
SAG MAL, ...
... WAS ICH DICH SEITDEM NOCH FRAGEN WOLLTE ...
SOLL ICH DICH AB JETZT ...
... MEHR BEIM NAMEN NENNEN?
ICH HAB IMMER NUR „DU" GESAGT.

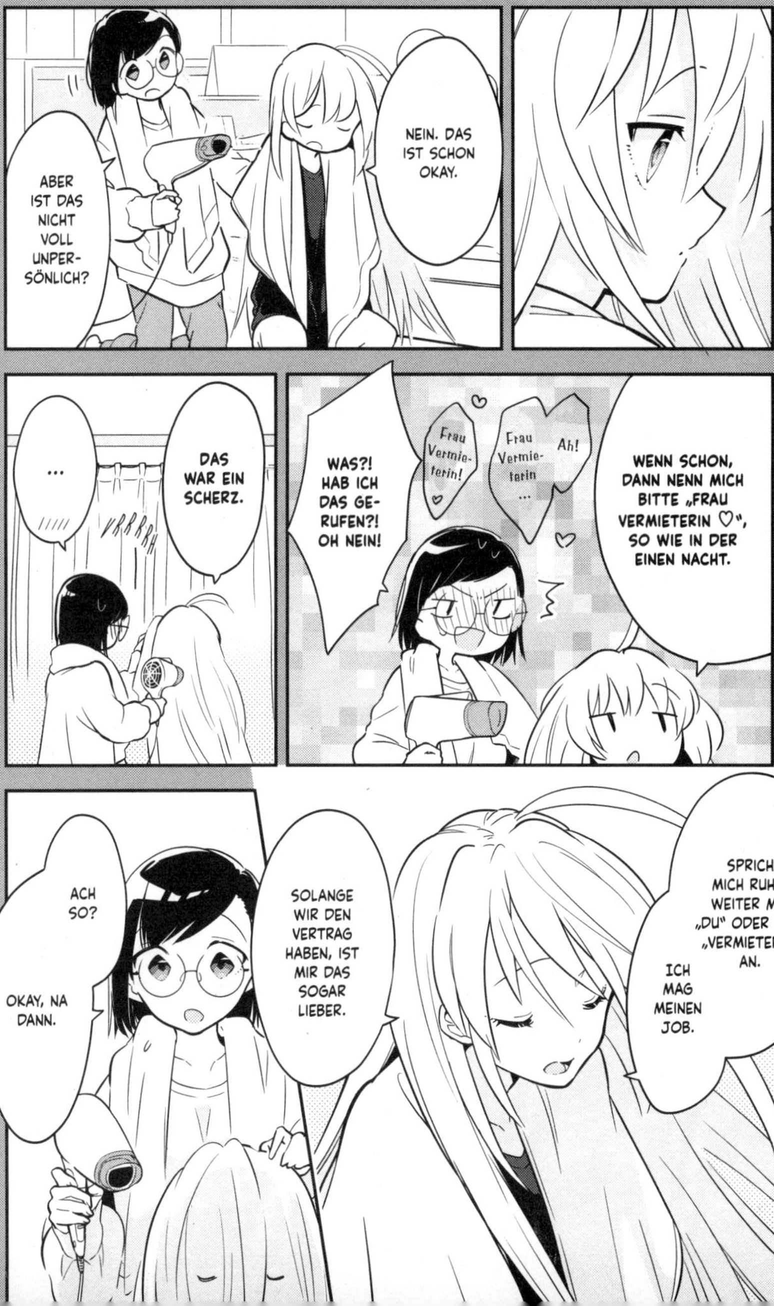
NEIN. DAS IST SCHON OKAY.
ABER IST DAS NICHT VOLL UNPERSÖNLICH?
WENN SCHON, DANN NENN MICH BITTE „FRAU VERMIETERIN ♡“, SO WIE IN DER EINEN NACHT.
Ah!
Frau Vermieterin …
Frau Vermieterin!
WAS?! HAB ICH DAS GERUFEN?! OH NEIN!
DAS WAR EIN SCHERZ.
VRRRRH
…
SPRICH MICH RUHIG WEITER MIT „DU“ ODER HALT „VERMIETERIN“ AN.
ICH MAG MEINEN JOB.
SOLANGE WIR DEN VERTRAG HABEN, IST MIR DAS SOGAR LIEBER.
ACH SO?
OKAY, NA DANN.

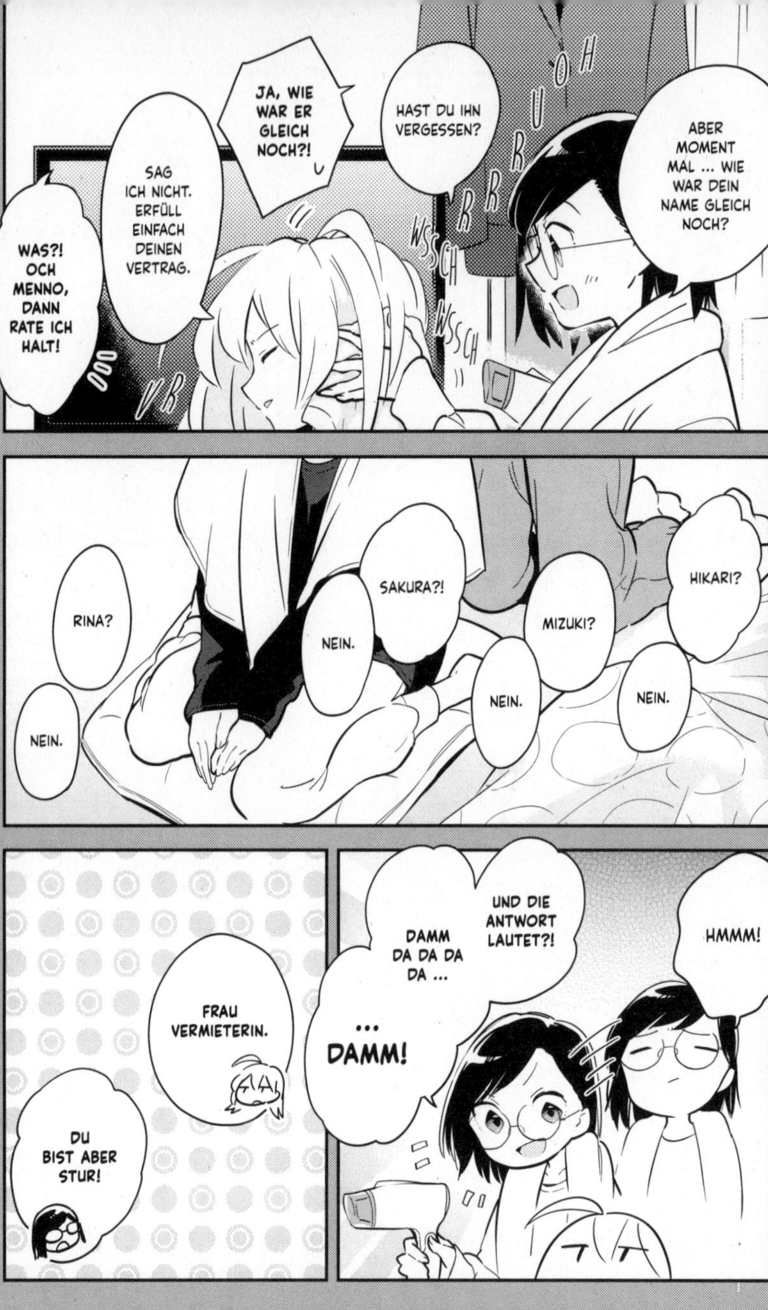
ABER MOMENT MAL ... WIE WAR DEIN NAME GLEICH NOCH?
HAST DU IHN VERGESSEN?
BRRRUÖH
JA, WIE WAR ER GLEICH NOCH?!
WSSCH
WSSCH
SAG ICH NICHT. ERFÜLL EINFACH DEINEN VERTRAG.
WAS?! OCH MENNO, DANN RATE ICH HALT!
HIKARI?
NEIN.
MIZUKI?
NEIN.
SAKURA?!
NEIN.
RINA?
NEIN.
HMMM!
UND DIE ANTWORT LAUTET?!
DAMM DA DA DA DA ...
... DAMM!
FRAU VERMIETERIN.
DU BIST ABER STUR!

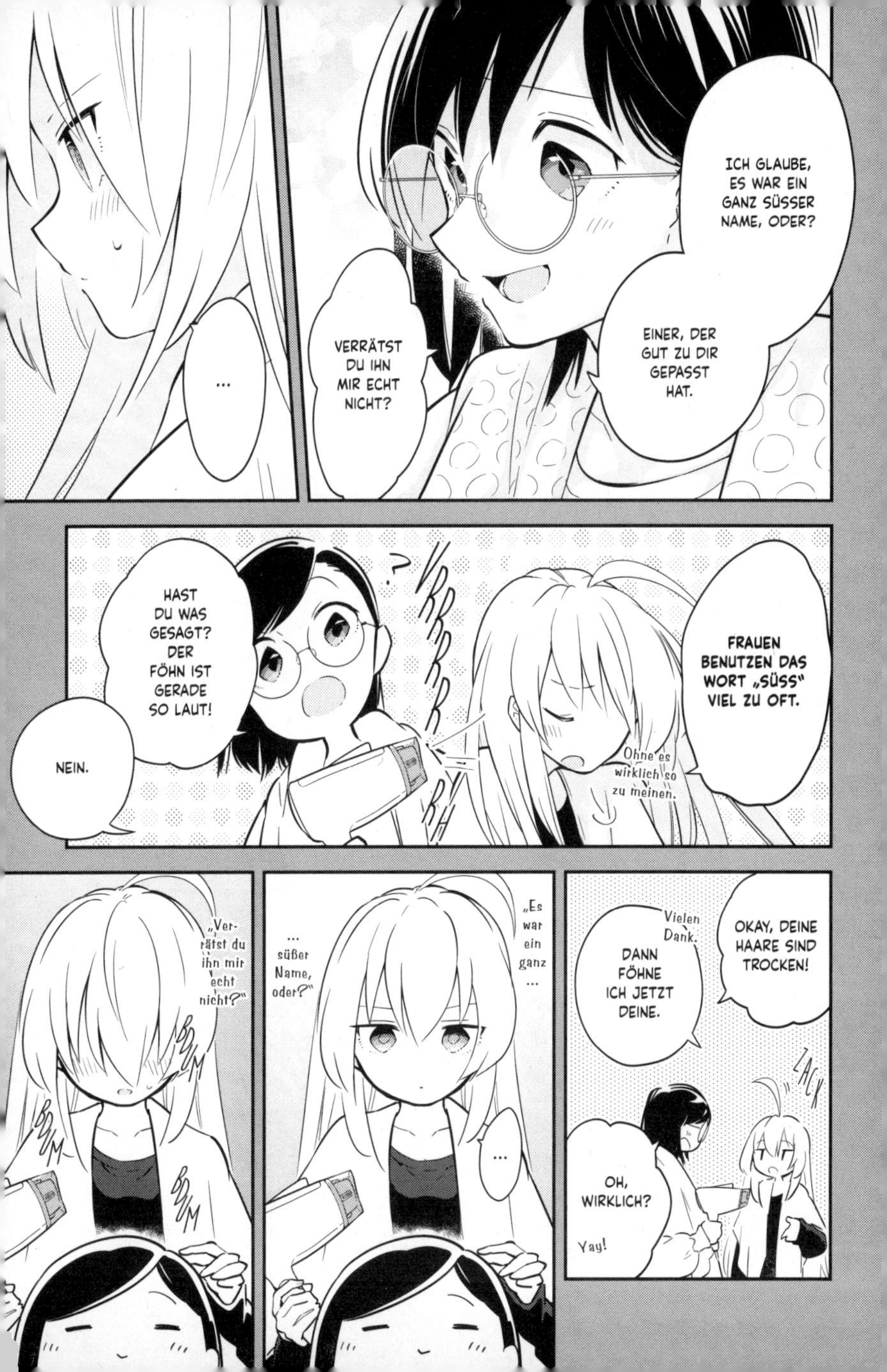
ICH GLAUBE, ES WAR EIN GANZ SÜSSER NAME, ODER?
EINER, DER GUT ZU DIR GEPASST HAT.
VERRÄTST DU IHN MIR ECHT NICHT?
...
FRAUEN BENUTZEN DAS WORT „SÜSS" VIEL ZU OFT.
Ohne es wirklich so zu meinen.
?
HAST DU WAS GESAGT? DER FÖHN IST GERADE SO LAUT!
NEIN.
OKAY, DEINE HAARE SIND TROCKEN!
Vielen Dank.
DANN FÖHNE ICH JETZT DEINE.
OH, WIRKLICH?
Yay!
„Es war ein ganz ...
... süßer Name, oder?"
...
„Verrätst du ihn mir echt nicht?"

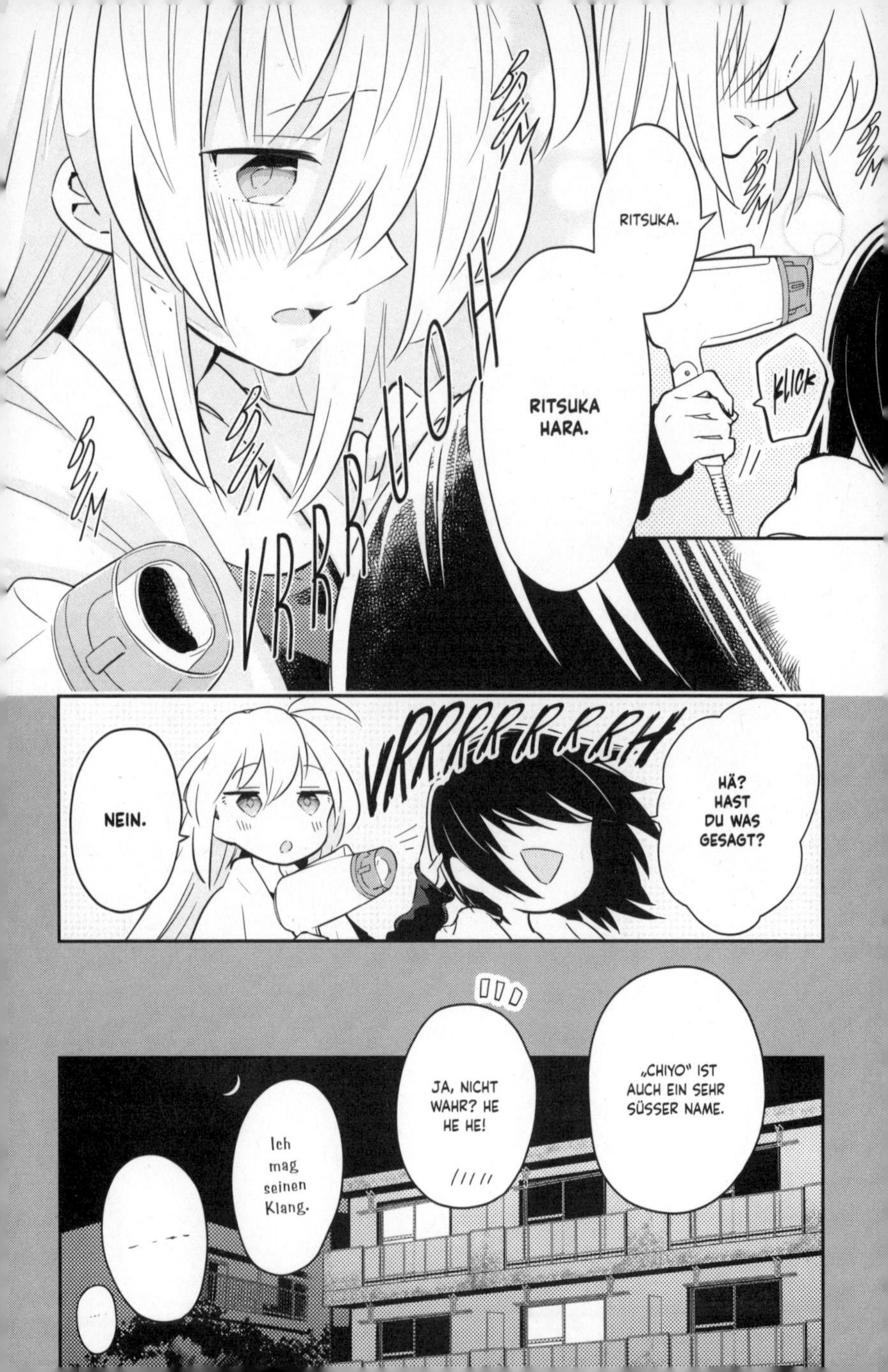
BOOM
BOOM
RITSUKA.
RITSUKA
HARA.
KLICK
VRRRUOH
BOOM
BOOM
HÄ?
HAST
DU WAS
GESAGT?
VRRRRRRRRRH
NEIN.
„CHIYO" IST
AUCH EIN SEHR
SÜSSER NAME.
JA, NICHT
WAHR? HE
HE HE!
Ich
mag
seinen
Klang.
...
...

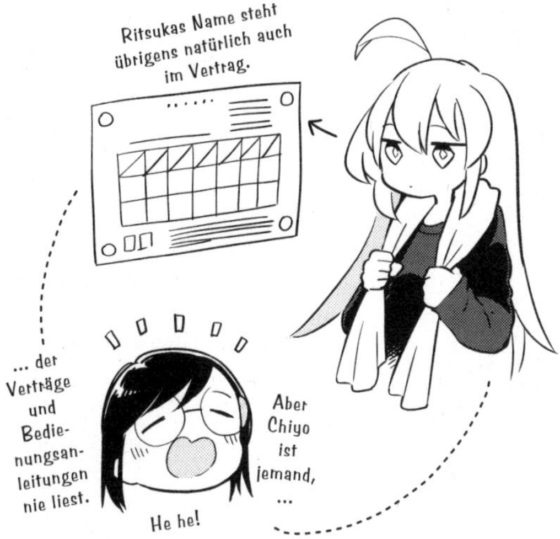
Ritsukas Name steht übrigens natürlich auch im Vertrag.
Aber Chiyo ist jemand, ...
... der Verträge und Bedienungsanleitungen nie liest.
He he!

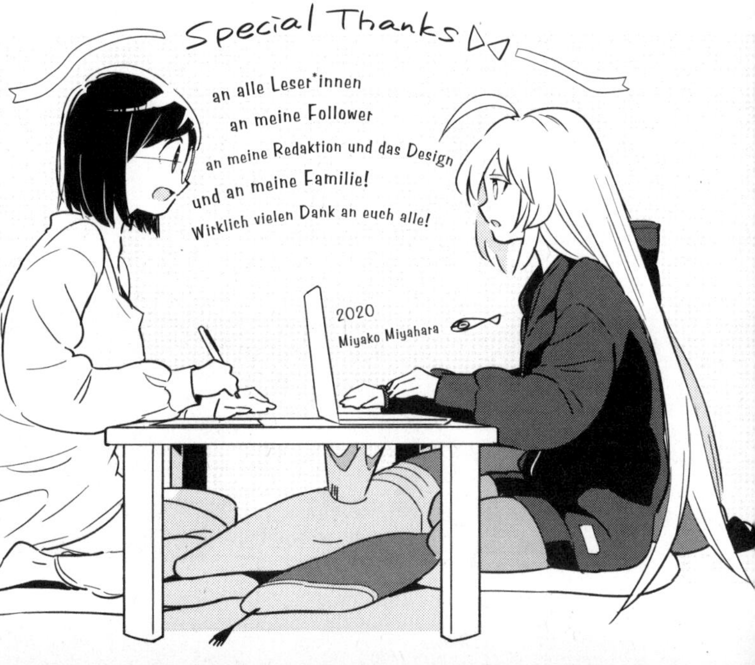
Special Thanks
an alle Leser*innen
an meine Follower
an meine Redaktion und das Design
und an meine Familie!
Wirklich vielen Dank an euch alle!
2020
Miyako Miyahara

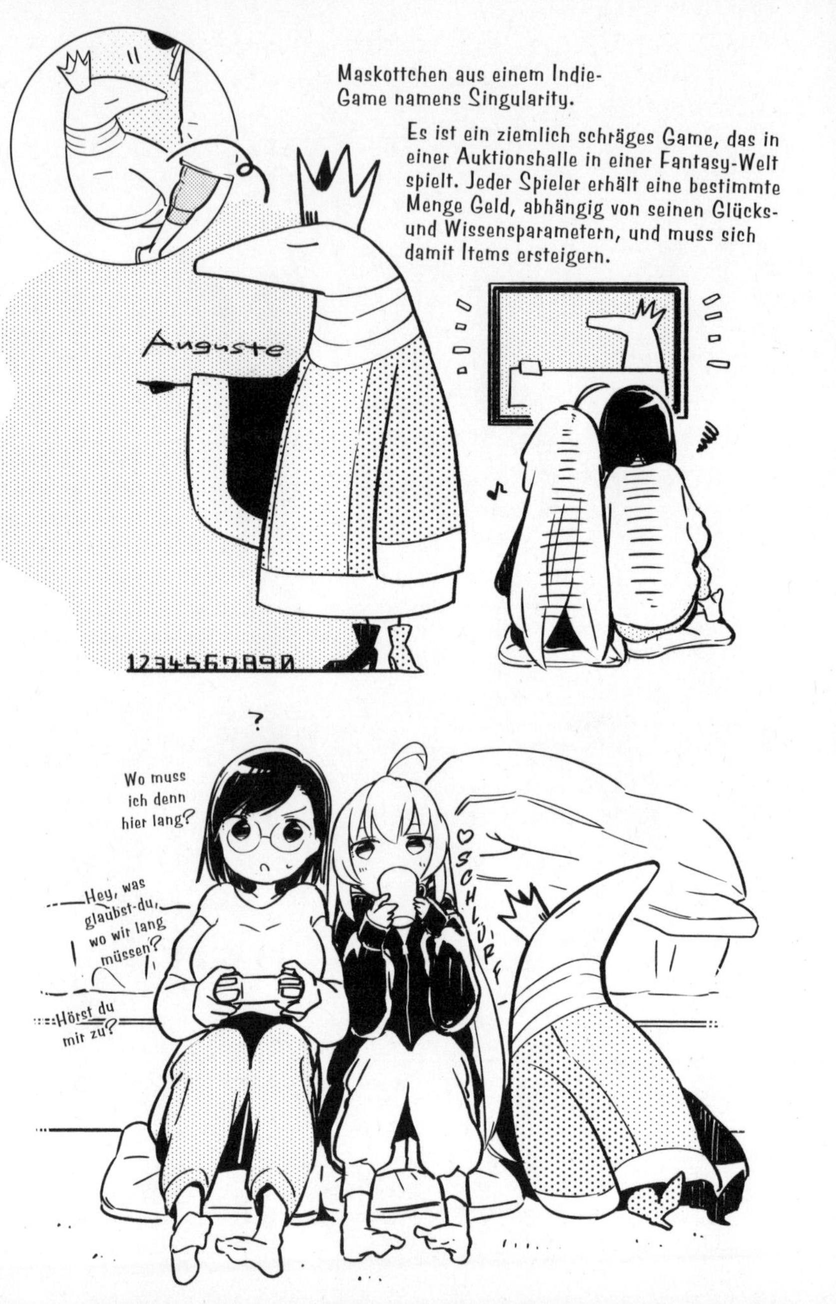

Maskottchen aus einem Indie-Game namens Singularity.
Es ist ein ziemlich schräges Game, das in einer Auktionshalle in einer Fantasy-Welt spielt. Jeder Spieler erhält eine bestimmte Menge Geld, abhängig von seinen Glücks- und Wissensparametern, und muss sich damit Items ersteigern.
Auguste
1234567890
Wo muss ich denn hier lang?
Hey, was glaubst du, wo wir lang müssen?
Hörst du mir zu?
SCHLÜRF

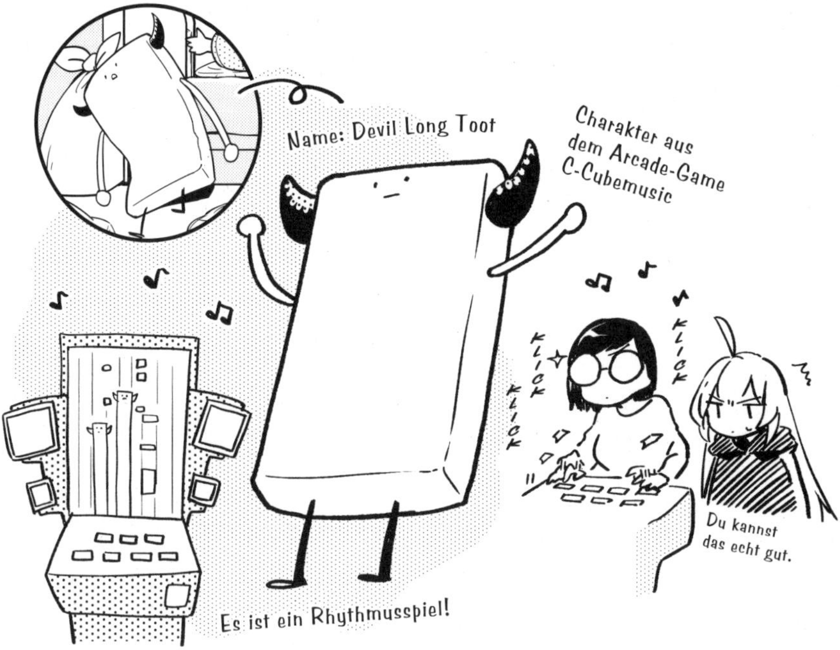
Name: Devil Long Toot
Charakter aus dem Arcade-Game C-Cubemusic
KLICK
KLICK
KLICK
Es ist ein Rhythmusspiel!
Du kannst das echt gut.

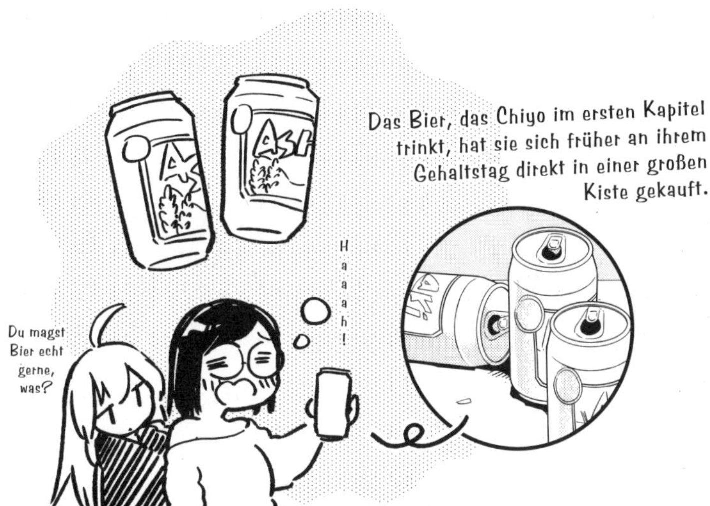
Das Bier, das Chiyo im ersten Kapitel trinkt, hat sie sich früher an ihrem Gehaltstag direkt in einer großen Kiste gekauft.
Haaaah!
Du magst Bier echt gerne, was?

Bittersüße Reue

ICHIDO DAKE DEMO, KOKAI SHITEMASU. Vol. 1

First published in Japan in 2020 by KADOKAWA CORPORATION, Tokyo.
German translation rights arranged with KADOKAWA CORPORATION, Tokyo,
through TUTTLE-MORI AGENCY, INC., Tokyo.

Deutschsprachige Ausgabe / German Edition

CH-1007 Lausanne
1. Auflage

Aus dem Japanischen von Ekaterina Mikulich

Programmleitung: Hideki Iyama / Lizenzkoordination: Ai Kono
Redaktion: Juliane Schneider / Herstellung: Sonja Lesch
Deutsche Logo- und Covergestaltung: Jenifer Hüttmann
Lettering: Paolo Gattone, Chiara Antonelli
Druck und Bindung: GGP Media GmbH, Pößneck

ISBN 978-2-88951-939-2

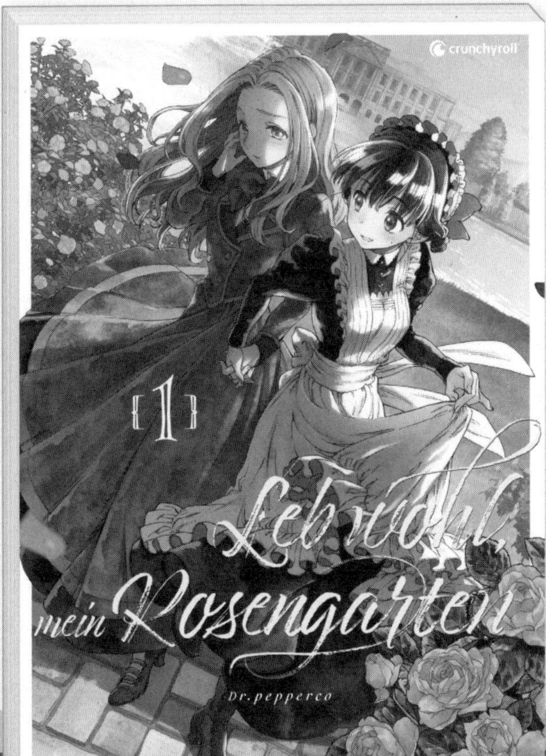
crunchyroll
1
Leb wohl, mein Rosengarten
Dr.pepperco